München – meine Liebe

MÜNCHEN meine Liebe

Geschichten und Gedichte
über eine vielgerühmte Stadt

Herausgegeben von
Fritz Fenzl

Süddeutscher Verlag

Umschlagentwurf: Kaselow Design, München
unter Verwendung einer Farbzeichnung von Hans-Peter Rasp

Bibliographie und Quellennachweis am Ende des Bandes.

ISBN 3-7991-6394-8

Satz: Typodata, München
Druck und Bindung: Clausen & Bosse, Leck

Inhalt

II.
»München leuchtete ...«
Von 1900 bis 1914

III.
In den »Strudeln des Zeitalters«
Von 1914 bis 1945

IV.

»München wie es ist und bleibt«

Von 1945 bis heute

MÜNCHEN ... meine Liebe

> »Es ist nicht gut, mich nach München zu fragen, denn ich bin in München verliebt, und Verliebte reden Torheit. Das ist eine alte Liebe ...«

Ein Geständnis von Werner Bergengruen, eine Liebeserklärung. Die Liebeserklärung frägt niemals nach einem Warum.
Warum?
Wegen der Liebe.
Und ein Münchner, der hat immer eine Ausrede, egal, was passiert, ob Liebe im Spiel ist oder nicht.

> »... Warum? Herüber von den Höhn
> haucht schwül der Föhn ...« [Dr. Owlglass]

Das ist es.
Es liegt am Föhn.
Und, woran liegt der? Der liegt an der Lage von München, und München liegt vor den Alpen und noch dazu mitten in Bayern:

> »Mitten in Bayern, dort wo grundlos die Autobahn aufhört, fängt München an. So wie der Krieg die Fortsetzung der Politik mit anderen Mitteln ist, so ist München die Fortsetzung des Autobahnverkehrs mit anderen Mitteln ...« (Helmut Qualtinger)

Auch gut. Man kann es so sehen.

> »Lassen Sie mich von der Stadt sprechen, in der ich lebe. Hat sie nicht immer zu den Städten gehört, um derentwillen Deutschland von der Welt geliebt worden ist?«

Das war Thomas Mann. Der nicht immer so »liebe«-voll mit der Stadt umging.
Über München können viele viel sprechen. Und sich viel versprechen. Dafür erklärt sich dieser Satz aus unserem Band:

> »München ist die Stadt, wo man seine Not am leichtesten verschmerzt – und seine Millionen am wenigsten genießen kann.«

So sprach Roda Roda.
Man kann genießen, man darf, muß, soll – über München auch anders denken. Heute gilt wohl eher, daß Millionen nirgends so zu genießen sind wie an der Isar. Wenn man welche hat.

*

München. München. München!
Das vorliegende Buch will nicht die Endlos-Reihe der »Wie-Schön-Ist-München!«-Literatur erweitern, widerlegen, in Frage stellen: es will überraschen! Wer alles auf der Welt hat etwas zu München zu sagen? Wer hat etwas über München gesagt?
Die Geschichten und Gedichte – erzählerisch, lyrisch und essayistisch –, die in dieser Anthologie versammelt sind, versuchen das Phänomen München von seiner historischen Entwicklung her zu erklären. Chronologisch aneinandergereiht spiegeln sie, in vier Epochen aufgeteilt, die letzten zwei Jahrhunderte wider, in denen München leuchtete, eine Revolution und zwei Kriege erlebte, im Feuersturm der Bomben fast erstickte und nach 1945 wieder, auch mit Hilfe der ›Zugereisten‹, wie ein Phönix aus der Asche zu neuem Leben und zu neuem Glanz aufstieg.

*

Grundlage der Textauswahl sind die Kataloge der MONACENSIA, der Münchner Archiv-Bibliothek, die alles, aber wirklich alles über München sammelt. Da gehört viel Liebe dazu. Egal, ob der Autor ein Münchner ist oder nicht, ob er die Isarmetropole haßt oder liebt oder der »Traumstadt«

gleichgültig gegenübersteht – in den rund 300 Seiten dieses Buches sind die verschiedenartigsten Texte gesammelt. Auch Text-Ausschnitte aus breit angelegten Werken, Texte eben, die »in München« spielen oder »von München« handeln.
Das geschieht in vier Kapiteln: »Unter all den Städten, wo ich kampieret...«, bemerkt Wolfgang Amadeus Mozart. Das Kapitel mit dieser Überschrift behandelt die Zeit von 1780 bis 1900. Dann folgt 1900 bis 1914, als »München leuchtete«. Vorsicht ist geboten vor den »Strudeln des Zeitalters«, in der unheilvollen Epoche von 1914 bis 1945. Die schwungvolle Fahrt durch Zeiten und Zeitalter schließt mit dem – nicht unbedingt seligen – Endzustand: »München, wie es ist und bleibt« – von 1945 bis heute.

*

Diese chronologische Ordnung von München-Texten soll, neben dem Lesevergnügen, lebendige Geschichte vermitteln, ein München-Bild über zwei Jahrhunderte.
München dreht sich. München drehte sich. Um München dreht es sich. Der Leser kann, wie bei einem Karussell, aufspringen, sich einige Schmankerl herauspicken, oder auch das Buch von Anfang an als literarisches Panorama der Entwicklung der Münchner Stadt genießen.

*

München... meine Liebe.
Keine Stadt beschäftigt sich so gerne mit sich selbst, dies ist eine Monacensia-Erfahrung. Der vorliegende Band möge für die Selbst-Suche des München-Liebhabers literarischer Leitfaden, Einstieg, Ausstieg, Aufstieg, Abstieg, Umstieg... sein.

Liebende müssen sich erst einmal kennenlernen. Hoffentlich habe ich da nichts vergessen.
Ein Lächeln vielleicht? P. P. Althaus entdeckte es, irgendwo, in diesem Buch:
»In der Traumstadt ist ein Lächeln stehn geblieben...«

*

Mein besonderer Dank für die freundliche Unterstützung bei der Zusammenstellung des Bandes gilt Frau Ursula Hummel und Herrn Hans Dollinger.

München, im November 1987 Fritz Fenzl

I.

»Unter all den Städten, wo ich kampieret...«

Von 1780 bis 1900

Wolfgang Amadeus Mozart

Unter all den Städten

Unter all den Städten, wo ich kampieret,
Viel musiziert und instrumentieret,
In München ich auch einst logieret,
Am Hofe dort fein konzertieret
Opera Idomenea 1780 komponieret,
Wozu in Kurfürst's Brauhaus ich mich restaurieret
An seinem Bier mich delektieret,
Mit allen Gästen mich primo amusieret
Drumm sein Ihnen dieser Spruch auch deduzieret!

Lorenz Westenrieder

Von dem Karakter der Eingebornen

Der wahre eingeborne Münchner, und Baier ist sehr leicht von einem andern wegzukennen. Er ist männlich höflich, und schämt sich, jemand eine Schmeicheley zu sagen, welche der andere nicht verdient, oder woran sein Herz nicht denkt. Er spricht über seine Angelegenheiten ohne allem Umweg, und setzt durch seine Kühnheit den höfischen Fremden in Erstaunen; denn der Eingeborne heuchelt nicht, und wo ihm etwas mißfällt, und Unrecht daucht, sagt ers geradezu, und beurtheilt öffentlich den Vornehmen, wie den Niedern. Er sagt es laut, und ins Gesicht sagt ers ihm. Diese ihm gleichsam angeborne Gewohnheit, den geraden Weg zu gehen, begleitet ihn allenthalben, und er bleibt nicht selten der Gefahr ausgesetzt, dadurch, daß er jemand, der ihn betrügen will, für ehrlich hält, übervortheilt zu werden. Ein ähnlicher Mangel an Welttugenden ist die hergebrachte Bescheidenheit, seines Verdienstes nicht zu achten. Es haben hier ununterbrochen berühmte Künstler und Gelehrte aller Arten gelebt, und sie bemühten sich nicht im geringsten, wie sie bekannt werden möchten, und sind es bey dem Ausland immer mehr, als zu Hause gewesen. Auch ist bey keinem öffentlichen Schriftenbehältniß ein ordentliches Verzeichniß ihrer Namen, und Arbeiten vorhanden; und der Künstler verbeugt sich tiefer, als er sollte. So wird ebenfalls in mechanischen Künsten mit der möglichsten Vollkommenheit gearbeitet, und z. B. die hiesigen Kutschen, Lakirarbeiten, auch wohl Stahlarbeiten etc. werden so geschmackvoll, und treflich, wie in Paris, und London, verfertigt.
Was die Wissenschaften betrift, so circuliren hier alle Kenntnisse, die der Mensch sich erklärt, oder erfunden

hat, – ob nur bey Privatpersonen, ob nur in Büchern, oder auch bey Regierungskollegiis, ist hier der Ort nicht, zu entscheiden, ist auch schon entschieden für den, der aus einer Reihe, und dem gewöhnlichen Geist statistischer Handlungen zu schliessen weis. Die Gelehrsamkeit, und das, was man Aufklärung des Verstandes, Verbesserung des Geschmacks, und Erhebung des Karakters nennt, befindet sich, im Ganzen genommen, bey dem Mittelstand. Von diesem wird geschrieben, von diesem wird auch das meiste gelesen, und gearbeitet, und der Unterricht in Künsten und Wissenschaften den übrigen Ständen ertheilt. Die Kühnheit, derer sich die Schriftsteller bedienen, hat stets die Bewunderung des Auslands verdienet, und wechselweise die inländischen Köpfe ermuntert. Man hat hier lange, wie man sagt, vergessen, was eben gegenwärtig nicht weit von uns als eine große Seltenheit, und als die Erscheinung einer mächtigen Aufklärung bewundert wird.

Die Musik gehört zu den Lieblingsfreuden der Einwohner, und in wohlgeordneten Häusern wird sie ohne Ausnahm als ein wichtiges Stück einer guten Erziehung betrachtet. Ueberhaupt sind sie sehr empfindsam, und weinen herzliche Thränen bey einer tragischen Vorstellung, wozu sie mehr, als zu lachenden Scherzen geneigt sind; daher verfehlt eine geistreiche Anstalt nie ihres Zwecks, und sie hangen mit Wärme und edler Unbeugsamkeit an jeder Einrichtung, oder altem Herkommen, wovon sie überzeugt zu seyn glauben, daß selbe sie alle betrift. Sie sprechen bey gemeinschaftlichen Dingen, als gehörten sie alle zu Einer Familie, und der Name Vaterland ist ihnen heilig, und jeder Flecken, der dazu gehört, ist ihnen wichtig. Sie lieben sehr die öffentlichen Feyerlichkeiten, wo sie Gelegenheit finden, sich versammelt zu sehen, und fröhlichen Herzens zu werden. Bey ihren Lustbarkeiten ist aller Zwang, und alle Verstellung entfernet, und die Lebhaftigkeit, und das gesellige Wesen ziehet jeden in den Kreis ihrer Freuden. Der wahre Eingeborne wird nicht erst hier gegen Fremde offen, und vertraut, er ist dieß zu allen Zeiten, und man darf mit ihm nicht Jahre lang umgehen, um zu wissen, woran man ist. Das Häßliche der Verstellung, und andre sittliche Krankheiten, welche theils der Umgang mit angesteckten Fremden, theils die Lectur mißverstandner oder wirklich schlechter Schriften verbreitet, sind indeß nicht unbekannt; und machen den Reingebliebnen schon kennbarer. – Das Blut der Altbayern wird nie versiegen; es ist hier gut seyn, und wer nur eine kleine Zeit zugegen ist, will hier seine Wohnung sich bauen.

Friedrich Nicolai

Der Karakter der bairischen Nation

Der Karakter der bairischen Nation ist in verschiedenen Schriften von der guten und bösen Seite geschildert worden. Selbst der Verfasser der Briefe eines Franzosen, schildert ihn eben nicht auf die vortheilhafteste Art. Der verkappte Anselmus Rabiosus sagt: »Der Baier ist falsch, grausam, abergläubisch und verwegen.« Dieß ist höchst ungerecht geurtheilt. Die Baiern sind grob, aber nicht hart; derb, aber nicht grausam; dreist und keck, aber nicht verwegen. Abergläubisch sind sie freilich, und der gemeine Mann ist noch dazu sehr faul und dem Trunke ergeben. Daß sie falsch wären, kann man vielleicht so wie allenthalben von einzelnen Personen, aber gewiß nicht von der Nation im Ganzen behaupten; vielmehr könnte man eher sagen, daß beym äußerlich plumpen und groben Wesen biedere Treuherzigkeit unter dem gemeinen Volke in großem Maße vorhanden ist. Unwissenheit, die beständige Gefährtinn des Aberglaubens, findet sich freilich durch alle Stände auf eine unglaubliche Weise ausgebreitet. Die Erziehung ist in so sehr schlechtem Zustande, daß man sich dieselbe nicht schlechter denken kann. So sehr Baiern mit Klöstern und Geistlichen überhäuft ist, so sehr fehlt es verhältnißmäßig im Lande an Schulen. Oft ist in einem ganzen Amtsgerichte nur eine Schule, und die Schulmeister sind höchst schlecht. Ich habe schon angeführt, daß der dritte Theil der Bauern in Baiern nicht lesen und schreiben kann. Einige tausend Bauernhöfe stehen öde. Auch der Mittelstand ist schlecht unterrichtet, und weiß fast gar nichts von Industrie. Die Erziehung des Adels ist im Ganzen in Baiern noch weit mehr vernachlässigt als in Oestreich. Ich habe selbst Beyspiele von Unwissenheit in den bekanntesten Dingen bemerkt, die ganz unglaublich waren. Literarische Kenntnisse sind (einzelne Personen ausgenommen) fast gar nicht zu finden. Die Geistlichkeit, welche das Land seit Jahrhunderten am Gängelbande geführt hat, fand immer ihre Rechnung sehr dabey, den jungen Adel, mit welchem die wichtigsten Landesbedienungen besetzt werden, in Unwissenheit zu erhalten. Wenn er nur bigott blieb, so haben die Geistlichen gern dessen Liebe zur Jagd, zum Spielen, zum Schmausen, zur Buhlerey und zu allen sinnlichen Vergnügungen begünstigt, worinn noch bis jetzt von den obersten Ständen sehr ausgeschweift wird. Dawider hat die Klerisey nichts, denn dabey kann immer noch ihre Herrschaft, auf jesuitische Art ad majorem Dei gloriam, sehr wohl bestehen. Es giebt unter der Geistlichkeit in Baiern nicht wenig Leute von Verdiensten, und verschiedne ganz treffliche Menschen von den größten Talenten und den besten Gesinnungen, welche bey weitem nicht alle öffentlich bekannt sind; aber im Ganzen herrscht dort auch unter den Geistlichen soviel Dummheit und Unwissenheit, und dabey eine so heftige Intoleranz, daß dieser Stand der daselbst so mächtig ist, eine gänzliche Reform und Umschmelzung erfahren müßte, ehe jemals in diesem Lande ein Anfang allgemeiner Aufklärung zu hoffen seyn dürfte.

Diese widrigen Züge in dem Karakter der Baiern sind zwar wirklich vorhanden; aber doch getraue ich mir nicht deshalb von dieser Nation ganz nachtheilig zu urtheilen. Es sind verschiedene Ursachen, warum die Baiern härter beurtheilt werden, als andere Nationen. Das äußerlich Rauhe ihres Karakters nimmt beym ersten Anblicke nicht für sie ein. Eine Nation, die mehr einnehmendes und geselliges hat, wird eher günstig beurteilt, wenn sie auch nicht alle Kraft der Baiern besitzen sollte. Dazu kommt, daß die Baiern in der That gar wenig Prätension machen. Sie sind so schlechtweg, mehr als sie sind wollen sie nicht seyn;

und dieß macht, daß man manche gute Seiten an ihnen, die durch die äußerliche Rohigkeit ohnedieß versteckt wird, weniger bemerkt. Ihre Rohigkeit ist übrigens mit sehr viel Kraft verbunden. Kraft des Körpers haben sie offenbar, an Kraft des Geistes fehlt es ihnen auch nicht. Das letzte zeigt sich dadurch, daß unter so unbeschreiblichen Hindernissen der Bigotterie und der drückenden Macht der Klerisey sich Männer von Talenten auf eine so auszeichnende Weise herausgearbeitet haben. Die Baiern sind rohe Kinder der Natur, unverwöhnt, voll Trieb, voll Kräfte die nur recht geleitet zu werden bedürfen. Bey einer solchen Nation gedeihet der Saamen der Aufklärung wohl noch besser als bey einer verzärtelten und weichlichen, die viel mehr sinnliche Politur hat, und nicht an freymüthiges Denken gewöhnt ist. Nur muß einer Nation wie die Baierische ist, Luft geschafft werden, damit der schwache Saamen der Aufklärung nicht ersticke. Bisher ist aber leider! eine kurze Zeit ausgenommen, daselbst das Gegentheil geschehen. Hier fehlt die Regierung gar sehr; denn sie braucht die Kräfte die in der Nation liegen nicht genug, und leitet sie nicht richtig; sonst müßte gewiß mit einem Volke in dem so viel innere Kraft liegt, sehr viel auszurichten seyn.

JOHANN PEZZL

München 1784

Die hiesigen Bürger sind, im Ganzen genommen, noch sehr wohlhabende Leute, ob sie es schon nicht gestehen wollen. Es läßt drollig, wenn ein Bauer, ein Wirth, ein Bäcker, Fleischhacker rc. dessen Körper anderthalb Klafter in der Peripherie hat, und dem ein dreifaches von Fette triefendes Unterkinn bis an die Brust herunter hängt, über schlechte Zeiten, viele Abgaben und Nahrungsmangel klagt; und wenn ihn seine werthe Hälfte, die noch um vier Spannen dicker ist, und eine dritthalb Pfund schwere silberne Kette an der Schnürrbrust trägt, in seinen Klagen unterstützt. Das dünnbeinichte, unbewadete, leichte Volk der Schneider, Perückenmacher, Goldarbeiter rc. widerlegt zwar durch seine Körpermasse seine erkünstelten Klagen nicht; aber der Kleiderpracht dieser Zünftlinge der sie von Grafen und Ministern bloß durch den Mangel eines goldenen Sterns oder Schlüssels unterscheidet, zeugt von dem Ungrund ihrer Winseleien.

Ein großer Theil Pöbels ist zwar sehr arm; aber er findet doch immer Gelegenheit, sich so viel zu verdienen, oder zu erbetteln, daß er sich einen Krug Bier anschaffen kann; und bei diesem ist er sich in seinen eignen Augen reich genug.

Die meisten Bürger sind sehr eifrig katholisch. Sie gehen fleißig in die Messen, und Predigten. Jemehr aber Schwärmerei in diesen herrscht, je größer wird der Zulauf...

Ihr Abscheu von Fleischspeisen an Fasttagen ist unendlich. Der Pöbel ist im gewissen Verstande weniger religiös, als der Bürgerstand, als der niedere und selbst als ein Theil des hohen Adels; er kömmt nur an den Kirchenthüren um zu betteln, und in die Kirche selbst aus Verzweiflung, wenn er hienieden in diesem Jammerthale keine Hilfe und keinen Trost mehr findet.

Das schöne Geschlecht verdient hier dieses Prädikat in allen Absichten. Ich habe noch nirgends so viele schöne Weiber und Mädchen auf einem Haufen beisammen gefunden; versteht sich, in einer Stadt von gleicher Grösse und Volksmenge. In allen Volksklassen, von der höchsten bis zum niedrigsten, findet man vollendete Schönheiten. Sie haben zwar nicht so durchweg die majestätischen Adlersnasen wie die Mädchen in Passau; aber ihre Physiognomien sind doch sehr interessant, und haben mehr Abwechselung. Auf ihren Wangen blühen Lilien und Rosen, und in ihrem Charakter herrscht eine liebenswürdige Naivetät. Leider! sollen seit der Ankunft der Pfälzischen Truppen, Höflinge rc. die Rosenwangen seltener, und Affektation und Koketterie allgemeiner werden. – Bei den Damen vom Adel findet man viel französische Lektüre, und bei den Fräuleins vom Halbadel, bei den Kammerjungfern, und selbst bei den Bürgermädchen viele deutsche Leserei...

In München nach meiner Zurückkunft aus Griechenland

In die Lüfte will's mich schwingen,
Möchte in den Aether dringen,
Wonn' erfüllt, wo's sonsten leer,
Kenne mich vor Glück nicht mehr.

Selig fühl' ich's um mich schwirren,
Die Gedanken schwindelnd irren
In dem weiten Raum umher,
Tauchen in ein Freudenmeer.

Alles glänzt in Rosenschimmer,
Ueb'rall freudiges Geflimmer,
Seligkeit die Seele trinkt,
Mir's von Erd' und Himmel winkt.

Jubelnd mein Geschick ich preise,
Sich in einem Zauberkreise
Wonne gegen Wonne tauscht,
Meine Seele ist berauscht.

*

Bey Legung des Grundsteins zum großen Münchner Theater

Daß er zeugend von uns werde,
Senken wir verwahrend ein
In den dunkeln Schooß der Erde
Dieses Baues ersten Stein.

Menschenwerk kann niemals währen,
Dienend der Vergänglichkeit,
Welche alles wird verzehren,
Enden selber muß die Zeit.

Ist's für mehr, denn ein Jahrtausend,
Daß gesenket er in Nacht?
Ueber ihm, da wälzt sich's brausend,
Still ist's in der Erde Schacht.

Wehe! wenn die Sonne scheinet
Einst in diesen Ort hinab,
Sich die Nacht dem Tag vereinet;
Oeffnet er sich, ist's als Grab.

*

An Lola

Die Krone habe ich durch Dich verloren,
Ich grolle aber Dir darum doch nicht,
Die Du zu meinem Unglück bist geboren,
Du warst ein ganz verblendend, sengend Licht!

Sei glücklich! dieses rufet meine Seele,
Aus ewig weiter Ferne her Dir nach;
Den Weg des Heiles endlich nun erwähle;
Das Laster bringt Verderben nur und Schmach.

Den besten Freund, der jemals Dir geworden,
Du stießest treulos ihn von Dir,
Verschlossen waren Dir des Glückes Pforten,
Bloß folgend Deiner lüsternen Begier.

Fürs Leben bleiben immer wir geschieden,
Und nie und nimmer sehen wir uns mehr,
Laß mir des Herzens schwer errungnen Frieden,
Das Leben lastet ohne ihn so sehr.

Ferdinand Raimund

Ich lob die Stadt

Ich lob die Stadt München
Mit freudigem Sinn.
Da lebt alles lustig
Und fröhlich darin.
Wer s' lang nicht hat gsehen
Und weiß nicht, was gschehen,
Der kann sich nicht fassen.
Die prächtigen Straßen,
Residenz, Glyptothek,
Da ist man ganz weg.
Das Fahren, das Reiten,
Das macht einen Gscheiten,
Einen Alten konfus.

Kurz alles, kurz alles,
Wer s' lang nicht hat gsehen,
Das ist ein Schiedunter
Gen eh, jetzt so schön.
Beim Hirsch und beim Hahn
Ißt man wie ein Gourmand,
Und dann der famosi
Kaffee beim Tambosi,
Die herrlichen Fahrten
Im englischen Garten.
Man geht so vertraut,
Und oft sieht man a Braut,
Die ein Bräutigam sucht.

Auch d' Mod ist nicht d' alte,
Mit Wuckeln und Zöpf,
Mit Stöckel an Schuhen,

Von Dünntuch die Schöpf.
Kein Zopf im Peröckel,
Kein Frau tragt ein Stöckel,
Kein Puder im Haar,
Das alles ist gar.
Mit Pantalonhosen,
Die Hüt voller Rosen,
Die Taille schön gschnürt
Und rückwärts wattiert,
Ja, so muß es sein.

Heinrich Heine

In München

Es war damals Winter in meiner Seele, Gedanken und Gefühle waren wie eingeschneit, es war mir sehr verdorrt und tot zumute. Dazu kam die Trauer um mein liebes, gestorbenes Kind... Außerdem trank ich viel Bier, weil man mich versicherte, das gäbe leichtes Blut... Endlich kam der Tag, wo alles ganz anders wurde. Die Sonne brach hervor aus dem Himmel und tränkte die Erde, das alte Kind, mit ihrer Strahlenmilch, die Berge schauerten vor Lust und ihre Schneetränen flossen gewaltig, es krachten und brachen die Eisdecken der Seen, die Erde schlug ihre blauen Augen auf, aus ihrem Busen quollen hervor die liebenden Blumen und die klingenden Wälder, die grünen Paläste der Nachtigallen, die ganze Natur lächelte, und dieses Lächeln hieß Frühling. Da begann auch in mir ein neuer Frühling, neue Blumen sproßten aus dem Herzen, Freiheitsgefühle, wie Rosen, schossen hervor, auch heimliches Sehnen, wie junge Veilchen, dazwischen freilich manch unnütze Nessel. Über die Gräber meiner Wünsche zog die Hoffnung wieder ihr heiteres Grün, auch die Melodien der Poesie kamen wieder, die Zugvögel, die den Winter im warmen Süden verbracht und das verlassene Nest im Norden wieder aufsuchen, und das verlassene nordische Herz klang und blühte wieder wie vormals – nur weiß ich nicht, wie das alles kam. Ist es eine braune oder blonde Sonne gewesen, die den Frühling in meinem Herzen aufs neue geweckt und all die schlafenden Blumen in diesem Herzen wieder aufgeküßt und die Nachtigallen wieder hineingelächelt? War es die wahlverwandte Natur selbst, die in meiner Brust ihr Echo suchte und sich gern darin bespiegelte mit ihrem neuen Frühlingsglanz? Ich weiß nicht, aber ich glaube, auf der Terrasse zu Bogenhausen, im Angesicht der Tiroler Alpen, geschah meinem Herzen solch neue Verzauberung. Wenn ich dort in Gedanken saß, war mir's oft, als sähe ich ein wunderschönes Jünglingsantlitz über jene Berge hervorlauschen, und ich wünschte mir Flügel, um hinzueilen nach seinem Residenzland Italien. Ich fühlte mich auch oft angeweht von Zitronen- und Orangendüften, die von den Bergen herüberwogten, schmeichelnd und verheißend, um mich hinzulocken nach Italien. Einst sogar, in der goldenen Abenddämmerung, sah ich auf der Spitze einer Alpe ihn ganz und gar, lebensgroß, den jungen Frühlingsgott, Blumen und Lorbeeren umkränzten das freudige Haupt, und mit lachendem Auge und blühendem Munde rief er: »Ich liebe dich, komm zu mir nach Italien!«

Gottfried Keller

Begegnung mit München

Endlich bin ich angekommen in dem gelobten Lande ... Da glühten im letzten Abendscheine griechische Giebelfelder und gotische Türme; Säulen der verschiedensten Art tauchten ihre geschmückten Häupter noch in den Rosenglanz, helle gegossene Bilder, funkelneu, schimmerten aus dem Helldunkel der Dämmerung, indessen buntbemalte offene Hallen schon durch Laternenlicht erleuchtet waren und von geschmückten Frauen durchwandelt wurden. Steinbilder ragten in langen Reihen von hohen Zinnen in die Luft, Königsburgen, Paläste, Theater, Kirchen bildeten große Gruppen zusammen, Gebäude von allen möglichen Bauarten, alle gleich neu, sah man hier vereinigt, während dort alte geschwärzte Kuppeln, Rat- und Bürgerhäuser einen schroffen Gegensatz machten. Es herrschte ein aufgeregtes Leben auf den Straßen und Plätzen. Aus Kirchen und mächtigen Schenkhäusern erscholl Musik, Geläute, Glocken- und Harfenspiel; aus mit allerlei mystischen Symbolen überladenen Kapellentüren drangen Weihrauchwolken auf die Gasse; schöne und fratzenhafte Künstlergestalten gingen scharenweis vorüber, Studenten in Schnürröcken und silbergestickten Mützen kamen daher, gepanzerte Reiter mit glänzenden Stahlhelmen ritten gemächlich und stolz über einen Platz, üppige Kurtisanen mit blanken Schultern zogen nach hellen Tanzsälen, von denen Pauken und Trompeten herniedertönten; alte dicke Weiber verbeugten sich vor dünnen schwarzen Mönchen, welche zahlreich umhergingen; unter offenen Hausfluren saßen wohlgenährte Spießbürger hinter gebratenen Gänsen und mächtigen Krügen und genossen den lauen Frühlingsabend; glänzende Wagen mit Mohren und

Jägern fuhren vorbei und wurden aufgehalten durch einen ungeheueren Knäuel von Soldaten und Handwerksburschen, welche sich die Köpfe zerbläuten. Es war ein unendliches Gesumme überall.

*

MÜNCHEN

Ein liederliches, sittenloses Nest
Voll Fanatismus, Grobheit, Kälbertreiber,
Voll Heil'genbilder, Knödel, Radiweiber...

LUDWIG STEUB

Des Kronprinzen Maximilian Hochzeit im Oktober 1842

Bei uns ist alles voller Freuden, die fröhlichste Aufregung geht durch alle Gassen der Stadt, von einem Ende des Weichbildes bis zum anderen, vom Erdgeschoß bis ins Dachstübchen. Der Reigen unserer Feste ist eröffnet seit dem Tage, als die junge Kronprinzessin ihre neue Heimat in unserer Königsburg betrat. Daß die liebliche Braut, die Prinzessin Marie von Preußen, mit herzlichem Willkomm werde aufgenommen werden, war vorauszusehen, aber die jubelnde Aufgeregtheit bei ihrem Empfange war am Ende doch noch überraschend. Es war in der Tat ein schöner Tag, als selbst die kolossale Ludwigstraße zu eng wurde für die Tausende, welche im Sonnenschein auf und ab wogten, die voll Freude und Spannung durcheinander drängten in der festlich geschmückten Gasse, aus deren Fenstern ungeheure Banner flaggten.
An ihrem Anfange, wo das Gebiet der Stadt beginnt, war dagegen ein grüner Triumphbogen erbaut, auf welchem der Willkomm zu lesen, den die Harrenden der Erwarteten, längst Ersehnten mit Herz und Mund entgegentrugen. Alle die Freudenbezeugungen der Städte, der Märkte und Dörfer an der Straße – noch im letzten Orte, zu Schwabing, standen die Landleute mit einem sinnigen Gruße bereit – alle diese Huldigungen hatten die Ankunft etwas über die angesagte Stunde verzögert; endlich aber ging ein froher Ruf durch die Menge, welcher deutlich kundgab, daß der rechte Augenblick gekommen sei. Über dem bunten Gewimmel sah man die Helme der Kürassiere funkeln, die dem Zuge voranritten, die Gasse öffnete sich, die Reiter zogen vorüber, der Wagen nahte, ein tausendfacher Will-

komm stieg donnernd auf und in offenem Viergespann erblickten wir an der Seite der Eltern, des Prinzen Wilhelm von Preußen und seiner Gemahlin, ein holdes, jugendliches Frauenbild, lieblich gerötet von der Aufregung des Tages, mit zauberhafter Freundlichkeit die Bürger grüßend, die sie jubelnd in ihre Stadt geleiteten. Es ist unter allen, die da waren, nur *ein* Entzücken über die frohe Feierlichkeit dieser Stunde, nur *eine* Freude über die anmutige Persönlichkeit der schönen Fürstin.

Der Vollständigkeit nach wäre nun zu erzählen, wie sich von da an Feier an Feier drängte; es wäre der reiche, noch lange nicht endende Kranz der großen und kleinen Feste zu besprechen, die vom Hofe, von der Stadt, von den Familien gefeiert wurden, die hohe Vermählung selbst, die Theaterstücke, Festspiele, beleuchteten Häuser, die Bälle, Gastmähler und Bankette – indes wir wollen, um bald zum heutigen Festtage zu gelangen, nur etwa den unendlichen Jubel hervorheben, der an dem Abend erscholl, als die hohen Neuvermählten zum erstenmal das Theater besuchten und an die Brüstung der königlichen Loge vortretend sich dem zahllosen, glänzenden Publikum zeigten – diesen Jubel, der, gar nicht mehr zu beschwichtigen, in immer neuen Salven aufschlug und nur spät erst die Trompeten nach langen, fruchtlosen Versuchen zu Worte kommen ließ.

Seit drei Tagen ist nun auch die ganze Stadt hochzeitlich aufgeputzt. Von den Firsten herunter senken sich mächtige Fahnen, blau und weiß, schwarz und weiß, in die volkreichen Gassen und an den Wänden hinauf von unterst bis zu oberst blühen freundliche Ziergärten mit Bildern, Namenszügen, Wappenschilden, mit Flaggen, Tapeten und anderem prangenden Ornate ausgelegt. Manche Fronten sind so reich und zierlich, so prachtvoll und so glänzend, daß man glauben sollte, das Portal führe unmittelbar in einen Feenpalast – am besten von allen Gegenden der Stadt hat uns aber der feierliche Schrannenplatz gefallen.

So stehen wir denn am heutigen Tage, den die Freude der Bayern über die Hochzeit ihres Königssohnes so bedeutsam und so volkstümlich verschönt hat. Wir haben nun vor allem der 36 Brautpaare zu erwähnen, welche die acht bayerischen Kreise ausgestattet und hierher gesendet haben. Es war gewiß ein preiswürdiger Gedanke, alle Gauen des Landes durch solche Festgesandte an der Feier und an ihren Freuden teilnehmen zu lassen. Die Idee hat hier höchlich angesprochen und ebenso groß wie die Freude unserer Landsleute, sich als Hochzeitsgäste in der wunderreichen Hauptstadt zu finden, war wohl die Neugier der Münchener, die Stellvertreter aller Gebiete des Königreichs im Feierstaate sich gegenüber zu sehen. Heute früh 10 Uhr war nun die bestimmte Stunde, wo der Festzug vom Rathaus herunter über den Schrannenplatz und durch die Kaufingerstraße zur Trauung in die Kirche ziehen sollte; und so stand denn geraume Zeit vorher schon auf dem Platze und in der Gasse unzähliges Volk.
Endlich kommt der Zug. Voraus ein Bannerträger mit der Fahne von München, dem Mönche im goldenen Felde, und dann die Bergschützen von Lenggries und Wackersberg, über 100 Mann, mit ihren Spielleuten, welche die Schwegelpfeife bliesen und die Trommel rührten, prächtige Hochländer mit buschigen Schnurrbärten und roten Backen in ruhig fester Haltung einherschreitend, mit grünen Röcken, den grünbebänderten Hut mit den Spielhahnfedern und dem Gemsbarte auf dem Haupte, den sichern Stutzen im Arm.
Auf die grünen Schützen der Berge folgten also die 36 Hochzeitszüge. Die Brautleute erschienen mit ihren Brautführern und Hochzeitsladern, den jugendlichen Kränzeljungfern, mit dem Ehrenvater, der Ehrenmutter und den Gästen – alle zusammen an 400 Personen. Einzelne Genossenschaften waren zu Fuß, andere saßen in langen, reichverzierten Wagen, die von vier stolzen, urkräftigen Rossen

gezogen wurden. Da gab es viele wunderliche Trachten zu beschauen, die zum größten Teil noch jetzt im Ansehen sind, wenn auch hier und da mit lobenswertem Takte um einige Dezennien zurückgegriffen wurde, um alte, funkelnde Prachtstücke, die jetzt vielleicht außer Übung gekommen, wieder glänzen zu lassen. Es wäre aber zu große Arbeit, den farbenreichen Zug nach all seinen Gewandstücken zu schildern und die 36 Landsmannschaften gesondert abzumalen und so wollen wir denn nur einzelne herausheben.
Zuerst kam also der elegante Brautwagen der Landeshauptstadt, von welchem die hübschen Töchter von München herablächelten, die zierlichen Gestalten mit dem blitzenden Riegelhäubchen und dem reichverschnürten Mieder, an dem die hundertjährigen Hecktaler hängen. Mit den Oberbayern erschienen auch die Reichenhaller, denen die heimatlichen Bergschützen das Geleit gaben, mit grauen Joppen und spitzen Hüten. Mit den Mädchen von München in ihrer modernen städtischen Zierlichkeit mochte man die Hochzeiterin von Schrobenhausen, »der Stadt an der stillen Paar, treu dem Königshause immerdar«, zusammenhalten, die in alter bäuerlicher Pracht, die Haare gepudert und abwärts mit roten Bändern in einen dicken Zopf geflochten, eine schwere, weitausgreifende Krone auf dem Haupte trug. Nach dem Brautpaare aus dem Gebirge von Rosenheim fuhren die rotjackigen Jungen von Straubing, die mächtig auf ihren Trompeten bliesen, stolz auf ihre Hochzeiterin, die auch in roter Jacke prangte. Hierauf in offener Kalesche die Passauer, die schönen Mädchen von Passau mit den goldenen Hörnern auf den Köpfchen, sämtlich jenes berühmten Schlages, der am Innstrom erblüht von seinen Quellen im Engadin durch Tirol und durch das bayerische Hügelland hinunter bis zu seinem Einfluß in die Donau. Dann die Rottaler Bauernjungfern mit kufenförmigen Kronen von Flittergold und

nach diesen die ferne Pfalz in städtisch züchtiger Einfachheit – den Reichtum ihrer Herzen beweist das Geschenk der Burg Hambach, das die Pfalz am Rhein in diesen Tagen dem Königssohn zu Füßen legte. Ferner die Oberpfälzer von Kemnath, wo der Bräutigam mit dem Säbel zur Hochzeit geht, die Mädchen mit hohen, dünnen Zylindern auf dem Scheitel, welche seltsam nicken, und die Hemauer, denen der Brautführer das Schwert vorantrug. Mit den Oberpfälzern waren 76 Bergknappen gekommen, die nun in schwarzer Bergmannstracht, den Hammer im Arme, in Reih und Glied vorüberzogen, ihre Trompeter voran – ein in unserer Ebene selten gesehenes Korps. Dann folgten die Bambergerinnen mit den gigantischen Barthauben und wieder im offenen Wagen die Ratsherren von Kronach in schwarzem, spanischem Gewande mit goldenen Ketten, sehr stattlich anzusehen – ein beneidenswertes Bild für alle anderen schwarzfrackigen Ratsherren unserer Zeit. Hierauf die kräftigen Männer aus dem oberfränkischen Mistelgau mit breiten schwarzen Hüten in alteigentümlicher Landestracht. Aus Mittelfranken waren die Knoblauchsbauern da, die um Nürnberg wohnen und große Blumenfreunde sind – aus Unterfranken waren Hochzeitleute von Würzburg gekommen und feine Mädchen damit, mit niedlichen Florhäubchen geschmückt, in weiße Stoffe gekleidet, leicht und elfenhaft und wohl berechtigt, mit den Töchtern von München und Passau um den Preis der Zierlichkeit zu ringen. Diesen folgte ein Hochzeitszug aus dem reichen Schweinfurtergau, wo das Frauenvolk hohe, kegelförmige Hauben trägt, deren Ausläufer als breite Bänder über den Rücken flattern. Die Mädchen dieses Gaues erfreuen sich besonders schmächtiger Füßchen und behaupten mit koketter Ironie, sie hätten nicht Geld genug, sich große Schuhe machen zu lassen.

Den Schluß bildeten die Schwaben. Zuerst ein Zug von Trompetern aus Augsburg in altdeutschen Sammetröcken und Baretten, dann die zwei Brautzüge aus der alten Augusta, 32 Personen. Die Frauen von Augsburg trugen noch die goldenen reichsstädtischen Boggelhauben, die Mädchen von Kempten aber jene riesenhaften scheibenförmigen Gebäude, die sie Radhauben nennen. So zogen also in spannender Mannigfaltigkeit der Gewänder, glitzernd in Gold und Silber und in reichem Spiel der Farben die jungen Brautpaare, ihre Verwandten und Landsleute in die Kirchen zur Trauung. Von den Dächern herunter wallten ihnen die Festbanner entgegen, aus den bekränzten vollen Fenstern bewunderten sie die Herren und Frauen, auf der Gasse freute sich unzähliges Volk an den stattlichen Männern und den anmutigen Jungfrauen, welche lächelnd vorüberfuhren, während die Trompeten und Waldhörner, die im Zuge reichlich verteilt waren, ermutigend dareinschmetterten.

Als sie, die Katholiken in der Michaelskirche, die Protestanten in der Matthäuskirche getraut waren, kamen sie wieder zusammen und begaben sich allerwege durch dichtes Gedränge des Volkes in den Pschorrkeller, wo ihnen in dem weiten Raume ein Mittagsmahl bereitet war, das die Stadt München gab, welche überhaupt die Honneurs des Festes mit großartiger Freigebigkeit zu machen wußte. Im weiten Hofe des Pschorrkellers stellten nun die Festordner den Zug wieder auf zum feierlichen Gange über die Theresienwiese. Hier kamen auch die festlichen Symbole hinzu, die ihm die letzte Weihe gaben – alle Landsmannschaften ließen ihre Banner wehen und allen voran wehte die große Fahne mit dem Wappen des Königreichs. Nun ging's freudig hinab in die Wiese, auf welche eine herrliche Herbstsonne herunterleuchtete, und vors königliche Zelt, wo die Mistelgauer einen heimischen Brauttanz begannen und ihre Jungfrauen weidlich schwangen, zum großen Vergnügen der Hunderttausende, welche auf dem Tanzplatz standen. Dann reihten sich alle auf die Bänke, die für sie aufgeschlagen waren, gegenüber den königlichen Herrschaften, um das Rennen zu beschauen. Wir unterlassen die weitere Schilderung der Feier, müssen uns aber noch bei dem tiefen Eindruck aufhalten, den der Festzug auf alles Volk, hoch und nieder, hervorbrachte. Manchem Beschauer wurden die Augen feucht und selbst weither gekommene ausländische Gäste gestanden gern ihre Rührung ein. Es ist das Volkstümliche, das so wirkt, die Freude an der Art des eigenen Stammes, der Gedanke, wie viel Schönes und Herrliches, anscheinend Unmögliches sich durch einträchtigen Sinn, durch Liebe und Begeisterung für teure Namen ermöglichen lasse. Es ist etwas Prächtiges um ein volkstümliches Volksfest! Wollte Gott, wir Deutschen alle hätten bald Anlaß, ein großes, deutsches Volksfest zu begehen, sei's an den Ufern des Rheins oder der Donau, wo dann die Seemänner von Danzig und die Weinbauern der Pfalz, die Dithmarschen und die Zillertaler nebeneinander erscheinen mögen im pangermanischen Festzug!

KARL STIELER

Die nationale Metropole des Südens

Wenn es schon schwierig ist, ein bedeutsames Einzelleben in seiner schöpferischen Gestaltung darzustellen, so wächst diese Schwierigkeit, wenn es sich vollends um eine Gesamtheit handelt, um ein halbes Jahrhundert, um eine große historische Stadt, wo die Macht des Talentes, wo die Kraft der Widersprüche, wo die Fülle des Werdens uns vertausendfacht entgegentritt.

Gleichwohl wagen wir den Versuch, denn die geistige Entwicklung Münchens erscheint uns so merkwürdig und eigenartig, daß sie wohl mit keiner andern Stadt zu vergleichen ist. Nach langer Unbedeutendheit wird sie mit einem Male der Mittelpunkt der deutschen Kunst unter Ludwig I., der Mittelpunkt der deutschen Wissenschaft unter seinem Sohne und die nationale Metropole des Südens unter seinem Enkel. Schlag auf Schlag ging diese Entwicklung vor sich; in Jahrzehnten ward errungen, was anderwärts die Frucht von Jahrhunderten war: es geht ein wunderbarer Zug der Ergänzung durch die Regierungsepoche jener drei erlauchten Fürsten, die in wahrhaft historischem Geiste drei große Gebiete nacheinander dem Bayerlande gewannen.

Diese ganze Gestaltung erscheint so außergewöhnlich und so abnorm, daß sie schon dadurch zur besonderen Darstellung berechtigt; allein dieses Recht wird gewissermaßen zur Pflicht, wenn man bedenkt, wie wenige sich im allgemeinen dieses Ganges der Dinge bewußt sind. Es liegt ja im Wesen des Menschen, daß er das Gute und auch das geistig Gute wie etwas Selbstverständliches hinnimmt, daß man im Vollgenuß der Gegenwart jener Arbeit kaum mehr gedenkt, die vergangene Geschlechter für uns getragen.

Paul Heyse

König Max und das alte München

München war im Jahr 1854 eine Stadt von wenig über 150000 Einwohnern. Schon im Sommer 1842 auf der Reise mit meinem Vater und dem Petersburger Onkel über Dresden, Prag, Wien, Graz und Ischl war ich auch nach München gekommen, wo wir König Ludwig's große künstlerische Unternehmungen zum Theil noch im Werden fanden.

Noch hatten wir nur erst das Modell der Bavaria in der hohen Bretterhütte auf der Theresienwiese bestaunt, waren in der Basilica auf den Gerüsten herumgeklettert, auf denen Heß und Schraudolph ihre Fresken malten, und in der Ludwigskirche legte Meister Cornelius die letzte Hand an sein großes jüngstes Gericht. Jetzt, zwölf Jahre später, fand ich die schöne Kunststadt an der Isar in vollem Glanz, freilich noch räumlich weit beschränkter als heutzutage. Das Siegesthor und die noch unvollendeten Propyläen begrenzten damals im Norden und Westen, das Hoftheater im Osten die Stadt, die erst durch König Max bis an den schönen, starken Strom fortgeführt wurde, während nach Südosten hin die Straßen sich ohne Abschluß bald ins freie Feld verliefen, und die Vorstädte Au, Giesing, Haidhausen und Schwabing sich's noch nicht träumen ließen, daß sie dermaleinst in den Ring der Stadt einbezogen werden sollten. Es lag damals auch noch eine Menge großer Gärten zwischen den Häusermassen verstreut, wenn auch der jetzt so lustig grünende Dultplatz noch eine dürre Wüste war, da man zu gewissen Zeiten dort die Budenstadt hinpflanzte. Den Berliner aber, der diese in fröhlichem Aufschwung begriffene lachende Stadt betrat, heimelte sie im Vergleich zu den endlosen Straßenzügen

und schwerfälligen Palästen seiner Vaterstadt fast mit ländlichem Reize an, während doch wieder die vielen neuen und alten Kirchen und die drei großen Museen dem Ganzen ein vornehmes Gepräge gaben und die malerischen, alterthümlichen Stadttheile daran erinnerten, eine wie lange, merkwürdige Geschichte dies Isar-Athen zu erzählen hatte.
Nicht minder fand sich der Norddeutsche, zumal wenn ihm das muntere Blut des »fahrenden Schülers« noch in den Adern floß, durch die ungebundenen Sitten und den farbigen volksthümlichen Zuschnitt des Lebens angezogen, wenn er auch manches Liebgewohnte vermißte.
So gab es zum Beispiel keine eigentliche Geselligkeit, kein uneingeladenes Eintreten bei Freunden, sehr selten eine Hausfreundschaft, wie ich sie von meinem Elternhause, der Kugler'schen und anderen Berliner Familien her gewöhnt war.
Die Männer gingen allabendlich in ihr gewohntes Bierhaus, die Frauen saßen in sehr zwangloser Toilette zu Hause und empfingen höchstens eine Freundin – gelegentlich wohl auch einen »Freund«, den das Négligé nicht abschreckte. Wenn ein Gast von fern zugereis't kam, bestellte ihn sein Münchener Gastfreund auf den Abend ins Wirthshaus, oder, wenn er ihn zu seinem Tische einlud, kam die Magd herein, zu fragen, was der Herr zu Nacht speisen wünsche. Das wurde dann nebst dem trefflichen Abendtrunk aus dem nächsten Wirthshaus »über die Gasse« geholt. Ich erinnere mich sogar, daß Kobell uns einmal ausnahmsweise zum Abend einlud, ein Drama mit anzuhören, das ein ihm empfohlener junger Poet der Familie vorlesen wolle. Als wir alle versammelt waren, trat der Hausherr herein, begrüßte uns freundlich und sagte: »Nun, unterhalten Sie sich gut! Ich muß in meine Gesellschaft.«
Wir konnten, als die Lectüre begann, freilich begreifen, daß

er es vorgezogen hatte, in sein »Alt-England« zu gehen. Aber von den ortsüblichen Bräuchen der Gastlichkeit hatten wir doch einen seltsamen Begriff bekommen.
Desto liebenswürdiger erschien uns hier im Süden gegenüber der strengen Sonderung der Stände, die in der Heimath herrschte, der freiere Verkehr der verschiedenen Gesellschaftsklassen unter einander an öffentlichen Orten, der schon an Italien erinnerte. Zwar konnte es in München nicht vorkommen, wie ich es in Rom erlebt hatte, daß ein Bettler im Café von Tisch zu Tische ging und, nachdem er so viel gesammelt, um seinen Kaffee zu bezahlen, sich ohne Verlegenheit unter die Gäste setzte, um vom Kellner wie jeder Andere bedient zu werden. Aber die demokratisirende Macht des Bieres hatte doch eine Annäherung bewirkt. Der geringste Arbeiter war sich bewußt, daß der hochgeborene Fürst und Graf keinen besseren Trunk sich verschaffen konnte als er; die Gleichheit vor dem Nationalgetränk milderte den Druck der socialen Gegensätze. Und wenn im Frühling noch der Bock dazu kam, konnte man in manchem Wirthsgarten eine so gemischte Gesellschaft zwanglos beisammen finden, wie sie in Berlin nirgends anzutreffen war.

*

Weihspruch in das »Goldene Buch« der Stadt München

Feste Mauern, hohes Dach,
Tempelhalle, Prunkgemach,
Markt und Gassen, Brück' und Tor
Schaffen nicht der Städte Flor,
Wenn sich kraftvoll nicht erweist
Ihrer besten Bürger Geist.

Schöne Stadt am Isarstrand,
Weit und breit mit Ruhm genannt,
Was dich hoch erhoben hat,
Dank' es jener Männer Tat,
Die begabt mit Geistesmacht
Trefflich Werk in dir vollbracht:
Fürsten, denen Tag um Tag
Dein Geschick am Herzen lag,
Meistern tiefer Wissenschaft,
Künstlern, reich an Sonnenkraft,
Rüst'ger Bürger Fleiß und Müh'n,
Daß Gewerb' und Handel blüh'n.
So vom Ehrenkranz umlaubt
Trägst du stolz dein altes Haupt,
Hochwart du der deutschen Art,
Drin ein bied'res Volk sich schart.
Zeuge denn dein gold'nes Buch
Mannigfach in Bild und Spruch,
Wer in dir geschafft, gelehrt,
Dein' und seinen Ruhm gemehrt,
Daß im Enkel, stellt die Schar
Edler Ahnen sich ihm dar,
Stachelnd Ehrbegier erwacht,
Bis auch er dir Ehre macht,
Bis auch ihn man wert erkennt,
Daß ihn hier die Chronik nennt.
Und so wachse Blatt um Blatt
Glück und Ruhm dir, teure Stadt,
Durch der Zeiten Sturm und Not
Ungebeugt. Das walte Gott!

Ernst von Possart

Von Franz Lachner zu Hans von Bülow

Jahre waren seitdem ins Land gegangen; immer mehr Freunde eroberte sich der Genius Richard Wagners, und jetzt sollte ihm in dem jungen König ein mächtiger Schirmherr gerade an derjenigen Bühne erstehen, wo Lachners Wille seither fast schrankenlos gewaltet; dieser unvermutete Schlag traf den eifrigen Anhänger der klassischen Schule tief ins Mark. Mehr und mehr kam er zu der Erkenntnis, daß es seine Kraft überstiege, mit der neuen Zeit und ihren Aposteln zu paktieren. Die erste Aufführung von »Tristan und Isolde« unter des Meisters Augen und Hans von Bülows Leitung sollte am 15. Mai 1865 vor sich gehen, mußte jedoch im letzten Augenblicke, als das Publikum schon am Platze war, wegen Indisposition der Frau Schnorr von Karolsfeld abgesagt werden und fand endlich am 10. Juni statt. Von Tag zu Tag wurde der Kampf erbitterter, Spaltungen im Orchester begannen, ein Teil der Musiker schlug sich auf die Seite Bülows, der ältere Stamm blieb seinem früheren Feldherrn getreu, von der Bühne zog sich die Parteiung in die Gesellschaft, sie setzte sich in den Gasthäusern fort, und bald stand ganz München unter dem Eindruck, daß sich eine gewaltsame Katastrophe im Theater vorbereiten werde.
Sie blieb nicht aus. Am 10. Dezember 1865 verließ Richard Wagner notgedrungen die bayerische Residenz und begab sich nach Genf. Aber auch Franz Lachner fühlte, daß der Boden unter seinen Füßen schwanke. Er legte grollend den Dirigentenstab nieder. Am 1. April 1867 übernahm Bülow die oberste Leitung der Oper und zugleich im Vereine mit dem damals noch provisorisch fungierenden Musikintendanten Freiherrn von Perfall die Organisation der neuge-

gründeten königlichen Musikschule. Es folgte im Juni 1868 die Premiere der »Meistersinger von Nürnberg« mit meinem Freunde Franz Betz als »Hans Sachs«. Von Tag zu Tag mehrten sich die Anhänger der neuen Richtung, immer enger verschanzten sich auf der anderen Seite die Bekenner der alten Lehre, die getreuen »Lachnerianer«, gegen das Eindringen der ihnen verhaßten »Zukunftsmusik«. Freiherr von Perfall hatte den schwierigsten Stand; es bedurfte seiner ganzen Gewandtheit und Vorsicht, um dem Ausbruch ernster Mißhelligkeiten vorzubeugen.
In jener Zeit spielte sich eine interessante Episode ab, die für die damalige Stimmung bezeichnend ist. Immer noch schaffenskräftig, hatte Franz Lachner in der selbstgewählten Muße seine fünfte Suite vollendet. Der Intendant, redlich bemüht, beiden Parteien Rechnung zu tragen, lud den greisen Komponisten ein, die erste Aufführung seines neuesten Werkes selbst zu leiten. Das gesamte musikalische München geriet in Erregung, als die Nachricht sich verbreitete, daß Franz Lachner nach langer Zeit den so ruhmvoll geführten Dirigentenstab wieder in die Hand nehmen werde. Die erste Abteilung des Konzertes sollte Hans von Bülow dirigieren, die zweite war seinem berühmten Vorgänger allein überlassen.
Je näher der Tag der Aufführung heranrückte, desto mehr wuchs die Spannung des Publikums und die Begierde der noch immer mächtigen Lachnergemeinde, ihrem lang entbehrten Meister aufs neue zu huldigen.
Der 28. Mai 1869 brach an; schon eine Stunde vor Beginn des Konzerts waren die weiten Hallen des königlichen Odeons von einer dichtgescharten Menschenmenge bis in den letzten Winkel gefüllt. Ich stand am Eingang zum Musikzimmer »eingekeilt in drangvoll fürchterlicher Enge«. Das erwartungsvolle Auditorium schenkte dem ersten Teil des Programms nur geringe Aufmerksamkeit, kaum, daß den einzelnen Nummern, die Bülow in seiner

geistvollen Weise mit gewohnter Feinsinnigkeit dirigierte, ein matter Applaus folgte. Da verklangen die letzten Töne der Schumannschen Genovefaouvertüre, und Bülow verließ das Dirigentenpult, um den Schöpfer der fünften Suite persönlich auf das Podium zu geleiten.

Die Erregtheit der Menge war auf das höchste gestiegen, als sich endlich die Tür des Musikzimmers öffnete und der alte Herr an der Seite Bülows mit seinen wohlbekannten kleinen Schritten auf die Tribüne zuging. Ein tausendstimmiges befreiendes »Ah!« durchlief den Saal, und sobald das napoleonische Profil des greisen Meisters völlig sichtbar geworden, brach ein orkanartiger Beifallssturm los; Publikum und Orchester erhoben sich von den Sitzen, Damen schwenkten ihre Tücher, Minuten und wieder Minuten verstrichen, bis Franz Lachner, der mit bescheidener Gebärde, vorgeneigten Hauptes dastand und diesen Jubel regungslos auf sich herniederrauschen ließ, endlich den Taktstock ergreifen konnte. Aber kaum hatte er die in München von ihm historisch gewordenen zwei kurzen Schläge auf das Pult getan, das Zeichen zum Beginne gebend, als das Beifallsrasen von neuem begann. Unvergeßlich wird es mir bleiben, mit welch liebevoller Hingebung das Orchester an jenem Abend spielte, wie das Publikum Satz um Satz da capo verlangte und endlich am Schluß der Suite in langanhaltende, stürmische Huldigungen ausbrach.

Als sich der Altmeister nach zahllosen Hervorrufen endlich verabschieden durfte und in das Musikzimmer zurückschritt, beglückwünschte ihn Hans von Bülow in seiner verbindlichen Weise zu dem großartigen Erfolge. Der Alte verneigte sich stumm. »Nicht wahr, Herr Generaldirektor«, rief Bülow, »das Orchester hat herrlich gespielt?« Da warf der alte Herr den Cäsarenkopf in den Nacken und sah seinen Nachfolger mit durchbohrendem Blick an: »Ja, ja, ich glaub's wohl, ein Orchester, das ich 30 Jahr lang dirigiert hab', kann man net in zwölf Monaten ruinieren!« – Der schlagfertige Bülow war sonst nicht leicht um eine sarkastische Antwort verlegen, allein die knorrige Art dieser Zurückweisung machte ihn doch verstummen. Er biß sich auf die Lippen und trat schneebleich zurück. Die nachwirkende Bitternis dieses demütigenden Wortes aber vergällte dem verwöhnten und empfindlichen Manne das Leben in München. Hatte er sich doch niemals recht wohl hier gefühlt! Ein ungeahnter Zufall sollte willkommenen Anlaß bieten, die ihm mehr und mehr verleidete bayerische Hauptstadt zu verlassen.

Frank Wedekind

Tagebücher 1889

5. Juli 1889

In Landshut kaufe ich die Neuesten Nachrichten, die ich vom ersten bis zum letzten Buchstaben durchlese und kann die letzte Stunde vor Ungeduld kaum ruhig sitzen. Endlich, kurz nach Freising, sieht man die Türme von München.

München erscheint mir auf den ersten Blick das reine Buxtehude. Die Straßen schmutzig und eng. In einem Zigarrengeschäft sehe ich noch die nämliche Auslage stehen, die ich vor 3 Jahren dort gesehen. Ich gehe in den Franziskaner, der mich durch sein schmieriges Äußere und Innere anekelt. Dann auf die Wohnungssuche. Finde eine reizende Bude, die aber erst auf den 1. August frei wird. Schließlich miete ich mich Adalbertstraße 41, IV ein bei einer alten Frau, die Vorausbezahlung wünscht. Nach Auseinandersetzung meiner Verhältnisse sieht sie davon ab. Mit einem ℔ Kirschen gehe ich in den Englischen Garten, der mich gegenüber dem Tiergarten sehr stimmungsvoll berührt und von dort ins Café Luitpold. Darauf zu Bennat, den ich wider Erwarten noch zu Hause treffe. Er hat eben eine Karte an Baumgartner geschrieben und fügt einen Gruß von mir bei. Abends 8 Uhr geht er, Hilpert mit Frau und Feurer auf den Hackerkeller. Da es erst 6 Uhr ist, gehe ich zum Bahnhof, um meinen Koffer zu holen. Beim Weg durch die Luisenstraße werde ich Paul Heyses ansichtig, der seinen Apollokopf zum Fenster hinausstreckt. Ich trage meinen Koffer nach Hause, nicht ohne mir viel darauf einzubilden, mache einigermaßen Toilette und sehe beim Fortgehen eine hübsche junge Dame in der Küche, die ich für meine Nachbarin, die Malerin, halte. Es ist aber die

Tochter meiner Wirtin, Direktrice im Geschäft Schütze unter den Arkaden.
Auf dem Hackerkeller finde ich die ganze Gesellschaft versammelt: Bennat, Herrn Hilpert, der findet, ich hätte gewonnen, Frau Hilpert, die findet, ich hätte nicht gewonnen, Fritz Hilpert, einen kleinen vorwitzigen Bengel, den ich auf 12 Jahre schätze, der aber schon sechzehn ist. Den alten Feurer mit seiner jungen Frau und deren Schwester, Fräulein Klingenfeld, die Ibsen-Übersetzerin, dann eine Cousine Hilperts, ein junges, nicht häßliches Mädchen, das sich beim Herzog von Bayern einen Zwicker hat ordinieren lassen und den Anspruch erhebt, die Gesellschaft zu unterhalten, und außerdem verschiedene mir unbekannte Herren und Damen. Das Gespräch ist sehr animiert, und ich fühle mich über die Maßen wohl, wozu der herrliche Abend, die freie Aussicht und die angenehme Luft nicht wenig beitragen. Gegen Berlin der reine Landaufenthalt.
Auf dem Heimweg wird mir die Cousine durch einen Cousin weggeschnappt, dafür schließt sich mir der alte Hilpert an und schimpft weidlich über den deutschen Kaiser. Bennat fragt mich eingehend nach den Berliner Tingeltangelverhältnissen, ob es wirklich ein Sodom sei.

6. Juli 1889
Nachdem ich vorzüglich geschlafen, gehe ich zu Dr. Muncker, verspüre aber schon auf dem Weg das lebhafteste Verlangen nach Bier. Dr. Muncker lebt in Fehde mit seiner Wirtin, die aus Rache eine Konfusion veranstaltet, statt mich zu melden. Er empfängt mich sehr liebenswürdig und sieht aus wie ein junger Seelsorger, seine beiden Stuben äußerst reinlich mit Bücherregalen ausgekleidet, er selber lang und proper, wohlwollend gesprächig, mit schwarzen Locken, wenig Hinterkopf, blauen Augen, starker, krummer Nase, einem weichen Mund und etwas vorstehendem Kinn. Auf mein Geständnis hin, daß ich an

einem Lustspiel arbeite, gerät er einigermaßen in Verlegenheit. Wir verabschieden uns auf morgen abend Hofbräuhauskeller. Ich gehe zum Essen in die Engelsburg, die sich sehr herausgemacht hat. Das ganze Lokal voll Studenten und Einjährigen. Ich kaufe mir eine Pfeife und Tabak und gehe nach Hause, wo ich bald einschlafe und träume, Thomar sei nach München gekommen. Ich kann es kaum glauben und betaste ihn daher verschiedentlich, um mich davon zu überzeugen, daß ich nicht träume. Sodann träumt mir ein Rührstück, das sich ohne Störung und sehr harmonisch vor meinen Augen abspielt.
Um acht gehe ich in den Hofbräukeller zu einer Maß und einem Geräucherten. Ich fürchte beinahe, daß ich vor lauter Gemütlichkeit nicht werde arbeiten können. Ich fühle mich angesichts dieses Bierlebens in ein früheres Jahrhundert versetzt. Unendlich lächerlich kommt mir die Art und Weise vor, wie zu unserer Studentenzeit über den Wert der Kunstdenkmäler ganz bestimmte Parolen ausgegeben wurden, die dann von jedem mit überlegener Miene weiterverbreitet wurden. Bis 12 im Café Luitpold. Abends in meiner Nähe in der Nordendstraße eine fürchterliche Rauferei in einem Wirtshaus. Aus dem heillosen Lärm hört man nur das eine Wort »Raus! Heraus!« Die ganze Straße gerät in Aufregung und schimpft über die Polizei, die sich nicht blicken läßt. Einige Fiaker fahren vor, offenbar um die Beschädigten zu transportieren...

Felix Schlagintweit

cand. med. in München

Am 9. August 1889 bestand ich mein Absolutorium, schmückte mich mit dem schönen rotweißroten Absolviabande, der Mütze und einer großen, von »ihr« gestickten Atlasschärpe und führte stolz als erster Präses meine teure Emmy bei allen Festen und Tänzen den Bamberger Philistern vor. Wie reizend war sie dabei. Ich fühlte deutlich, daß sie immer stolzer gerade darauf wurde, ihre Liebe zu mir armem Studenten gegen ihre ganze reiche Familie durchzusetzen, ohne viel Wesens davon zu machen.

Ja, so schwärmt die Jugend! Eine solche Studentenliebe ist wohl etwas sehr Schönes, sie hält einen von allen ordinären Genüssen ab, legt sich aber doch über alles, wie ein zarter Schleier, ich will nicht gerade sagen, wie ein Meltau. Alle Freundschaften, namentlich alle Begegnungen mit anderen jungen Mädchen und Frauen, die gerade mir armem Glücklichen so reich zuteil wurden, habe ich durch diese Liebesbrille sehen müssen, sehen wollen. Wie unfrei mich das machte, fühlte ich noch nicht vor Liebesglück und Studiereifer. Beides konnte ich gut trennen oder vereinbaren.

Eines schönen Oktobertages zog ich als cand. med. in das geliebte München ein. Natürlich gleich mit dem Hochrad vom Hauptbahnhof aus. Ich schwinge mich hinauf und rolle lustig in die Schillerstraße hinein. Ich wollte von da in die Goethestraße, wo ich mit meinem ebenfalls Medizin studierenden Freunde Andres hoch oben bei Frau Birzele, einer alten Witwe mit Perücke, eine gemeinsame Bude erkoren hatte. Allein ich komme nicht weit. Schon an der Landwehrstraße winkt mich ein Polizist von meinem hohen Stahlpegasus herab, da damals das Radeln in der

Schillerstraße verboten war. Er schrieb mich auf und verriet, daß dies fünf Mark koste. Viel zuviel für einen, der bloß hundertundzwanzig Mark im Monat hat und zum ersten Male ein hochgemuter Studiosus sein will. Ich schlug ihm vor, ob ich die fünf Mark nicht »absitzen« könne. Er belehrte mich, daß dies nur im Falle der Uneinbringlichkeit mein Los ganz von selber würde. München geht schon gut an, dachte ich mir und zahlte.
Nun begann wirklich ein wildes Studium. Namentlich die Anatomie, der Sektionssaal, die Leichen machen auf einen jungen Mediziner, der eben vom Gymnasium kommt, einen tiefen Eindruck. Der Ernst, der von diesen Toten ausgeht, überwältigt. Es kommt einem in diesen Hallen so vor, als sei alles, was man früher getrieben, nur »Literatur« gewesen.
Bald war ich im Anatomiesaal heimisch und dank meiner angeborenen Handgeschicklichkeit ein Meister im Präparieren, so daß ich schnell einen kleinen Ruf im Präpariersaal hatte. Oft habe ich dem sächsischen Kollegen Bach, »Bächlein« genannt, oder dem dicken Preußen Langheld geholfen. Diese beiden »Ausländer« als meine Freunde ansehen zu müssen, brachte meine beiden Freunde Schorsch und Andres, die Stockfranken, zu wilder Eifersucht. Ich wurde ein unzuverlässiger Windhund gescholten.
Notizen im Tagebuch: Sehr trübselige Geldlage! Mein armer Geldbeutel! – sind leider häufig. Einmal habe ich acht Tage lang nur von einem Schwartenmagen, den Andres von seiner Mutter geschickt bekam, mitgelebt. Aber niemals habe ich einen Pfennig Schulden gemacht oder gehabt, auch später in meinem Leben nicht. Wahrscheinlich war das sehr dumm, und ich bin auch gar nicht stolz darauf.
Besonders muß ich erwähnen, daß uns, wenigstens damals, der Begriff Münchner Bohème, das »Schwabin-

gern«, noch ganz unbekannt war. Waren wir doch eher Sendlinger als Schwabinger in unserem Mediziner-Viertel. Was hörten, was sahen, was lasen wir damals? Die »Ehre« von Sudermann brachte mich aus dem Häuschen. »Sie ist so herrlich, daß ich das Schauspiel nochmals sehen muß, bevor ich etwas darüber sage«, schrieb ich nach Hause und ins Tagebuch ...

Für Ibsen hatten wir noch gar nichts übrig. Wenn ich denke, daß Franziska Reventlow schon damals einem Ibsenklub angehörte, dann ist es fast beschämend für uns süddeutsche Provinzler, daß wir keinen literarischen Kreis fanden, der uns die Augen geöffnet hätte. Vielleicht sind wir aber der Kaffeehausliteratur dadurch entschlüpft. Auch Nietzsche kannten wir nur vom Hörensagen.

Zum Tanzen wurde ich durch meine Münchner Verwandten gebracht, worin meine beiden Freunde eine Art Verrat an meiner »Braut« erblickten.

Aber wie tanzen ohne Frack? Doch mein Freund Langheld, der lustige norddeutsche Mediziner, lieh mir den seinen. Mein Gott, ich nahm mich bei seiner Taille darin aus wie Jonas im Bauch des Walfischs. Der Unions-Ball, den ich mit meinem zu großen Frack zierte, hieß: »Im Schatten des Eiffelturms«, um den sich die Völker der Erde in buntem Gemisch versammeln. Er fand in den Centralsälen statt. Ein Vorstand stellte mich auf Betreiben meiner Kusinen einer Unzahl junger Damen vor, die an meinem zu großen Frack weiter keinen Anstoß nahmen, so daß meine Tanzkarte – »Tanz-Ordnung« stand darauf – im Nu vollbesetzt war. –

Oskar Panizza

Über die Stadt München

Fremder: Welche Stadt! Welche Stadt!

Einheimischer: Welcher Pfuhl, welcher Pfuhl – sagen Sie lieber!

Fremder: Lassen Sie mich – lassen Sie mich bewundern! Das wird das zukünftige Rom. Der Papst ist tot – es lebe München!

Einheimischer: Nach dem Verbrauch des Weihrauchs könnten Sie recht haben. Wir haben hier 12000 Marienstatuen…

Fremder: Das macht nichts – lassen Sie die Leute. Es wird immer Menschen geben, die Statuen umklammern wollen – besser eine Maria als eine Astarte, die – ah, lassen Sie mich, ich kann's nicht sagen – von ihren Priestern das Entsetzliche verlangte…

Einheimischer: Besser die Hoden als den Kopf verloren!

Fremder: Nein, nein, so schlimm ist es nicht. Ich sage Ihnen, diese Bojer oder Bayern oder Bajuvarii --- woher kommt es eigentlich?

Einheimischer: Sagen Sie, diese Böotier…

Fremder: Nein, so arg ist es nicht! Das ist ein altes Scheltwort… Inzwischen haben sie die preußischen Exerziermeister gehabt…

Einheimischer: …welche sich das Saufen und ihnen nicht den Stechschritt gelehrt haben.

Fremder: …macht nichts, macht nichts! Nein, was ich sagen wollte: diese Oberbayern, dieses herkulische Geschlecht, aus Nacken und Haar bestehend, und das Messer im Hosenschlitz, brauchte eine kindliche, weinerliche, weiblich-süße Religion, 'was Zartes in Blau – anders waren diese Ochsenfiesel gar nicht zu rühren – und, sehen

Sie, das ist ihnen diese Maria – blauer Himmelsmantel, silberne Sternchen, 'ne Taille zum Abbrechen, süßes Köpfchen, kirschrote Lippen...

EINHEIMISCHER: Ah, nôtre Dame de Munich? »Unsre liebe Frau«?

FREMDER: Précisement! C'est bien cela! – E bissl 'was zum Gernhaben.

EINHEIMISCHER: (lacht) Haha, Sie haben das Münchnerische sich rasch angeeignet ... das heißt: Sie müssen Obacht geben! »Gern haben« hat eine entsetzliche Nebenbedeutung...

FREMDER: Wirklich?

Jakob Wassermann

Gründung des Simplicissimus 1896

Bei der immer spürbarer werdenden Seelenlosigkeit und der Unverbundenheit von Person zu Person, die dem literarischen Leben in Deutschland eigen ist, war mir die Erinnerung an die Gründungszeit des »Simplicissimus« immer wie ein angenehmer Lichtpunkt. Ich kam im wahrsten Sinn aus der Tiefe des Lebens, als mich Albert Langen in seine magischen Kreise zog, und das ist hier kein leeres Schmuckwort, denn es war in der Tat etwas Behexendes an dem Mann; seine Flinkheit, die Überfülle seiner Ideen, seine Triebkraft, seine Unermüdlichkeit, die bis zur Besessenheit ging, die List und Kunst, die er anwandte, Menschen an sich zu ketten, um sie seinen Zwecken dienstbar zu machen, sein durch keine Skepsis und keine Erfahrung zu besiegender rheinländischer Enthusiasmus schließlich, alles das hatte etwas von einem unwiderstehlichen Wasserstrudel; man konnte ihm nicht entkommen... Die Mischung von gallischer Flüssigkeit und Heiterkeit und deutschem Eigensinn, das Vergnügen an Geist, Bewegung, Farbe, Spannung und rascher Wirkung, das er aus Paris mitbrachte, das trotzige Rebellentum, die Kombinationsgabe und der Blick für Menschen und ihre spezifischen Eignungen, die Bestandteile seines widerspruchsvollen Charakters waren, all dies im Verein befähigte ihn außerordentlich zu der Aufgabe, die er sich gestellt. Ich war an ihn empfohlen worden; ohne viel Umstände erklärte er sich bereit, einen Roman von mir zu drucken. Solche Entschlüsse hatten bei ihm nichts Feierliches und Großartiges, bei einem Gespräch nach Tisch wurde man einig, meist unter Stichelei und Scherz. Er war mit dem fertigen Plan zur Gründung des »Simplicissimus« bereits nach München gekommen, doch erst der Titel des Blattes, der, wenn ich mich recht erinnere, von Otto Erich Hartleben stammt, übte jene Bezauberung auf Langen, deren er stets bedurfte, um eine Sache mit innerlichem Anteil zu betreiben. Alsbald gewann der Plan seine Form, die Form Leben. Geld war da, wenn es ausging, wurde neues beschafft. Und hauptsächlich waren Männer da, Menschen, Persönlichkeiten von beträchtlichem Zuschnitt. Björnstjerne Björnson, in seinem Nebenamt Langenscher Schwiegervater, tauchte mit seiner genialen Rede- und Gegenwartsgewalt in diesem seltsamen Redaktionsbüro auf, Dagny, die Tochter, schön, spottsüchtig, von unbezähmbarer Lebhaftigkeit und den jüngeren Literaten sehr geheimnisvoll erscheinend; der düster verschlossene Knut Hamsun; zum Lektor, mir selbst übergeordnet, war Sven Lange bestellt, ein liebenswerter Mann, der mir viel Anerkennung und geistige Hilfe erwies, schwer durchschaubar in seiner Hülle von dänischer Ironie und scheu verbindlichem Nurnichtzunahe. Aber es ist fast trivial, noch mehr Namen zu nennen, die heute, nach dreißig Jahren, in aller Munde sind; ich will nur nicht vergessen, die erstaunliche Wirkung zu erwähnen, die das Erscheinen Wedekinds ausübte, Erscheinen und Erscheinung, beides war gleich merkwürdig. Langen hatte ihn aus Zürich gerufen. Zwischen ihm und Langen bestand eine Art von furioser Anziehung, von wildgewordener Freundschaft, von materieller Abhängigkeit auf der einen Seite, die sich in Beschimpfungen Luft machte, von Bewunderung und Wissen um die hohe Besonderheit auf der andern, die sich gern in Machtbeweisen und Dresseurspäßen verleugnete. Eines Tages stand er mitten im Zimmer, wie aus dem Boden gewachsen, ganz Zirkusdirektor, im grauen Zylinder und grauen Gehrock, mit vier Bärten im Gesicht und steinern unerbittlicher Miene.

II.

»München leuchtete…«

Von 1900 bis 1914

Alix du Frênes

Oktoberabend 1901

Das Gittertor zwischen den zwei angerußten Sandsteinsatyrn kreischte leise in den Angeln. Dann schnappte das Sicherheitsschloß ein. Gabriele steckte beide Hände in die Taschenschlitze ihrer Matrosenbluse und fröstelte. Die herbstliche Feuchtigkeit lag schon seit der Dämmerung wie eine Haube über der Stadt. Und hier am Bavariaring schien diese Kappe ihre Ränder ganz eng anzulegen.
Gabriele lief unter den Gaslampen, immer nah am Rand des Trottoirs entlang, um nicht zu weit aus dem Bereich der grünlichen Lichtkegel zu geraten. Die Hände ließen sich nicht ganz bis zu den Ärmeln in die Blusentaschen stecken: Das gab dann wieder die fleckigen roten Stellen an den Handgelenken.
Die Theresienwiese zu ihrer Linken sah wie ein Hexentanzplatz aus mit unzähligen kleinen Nebelschwaden über dem schwarzen Boden; eine lichtlose Riesenfläche, befremdlich leer und ein wenig unheimlich: Alle Karussell- und Schaubudenbesitzer hatten ihre Zelte schon abgebrochen, und zum Schlittschuhlaufen war es noch nicht kalt genug. Die älteren Leute behaupteten, wenn man erst einmal über zwanzig sei, gehe die Zeit viel schneller... Quer über die Straße lief ein Hund. Sein Schatten tanzte groß über das nasse Trottoir. Ein gefleckter Dalmatiner. Sie fürchtete sich nicht vor Hunden. Nur ihre Schwester Marianne schrie, wenn sie einen sah. Der Hund lief hin und her und schnupperte an allen Bäumen und Laternenpfählen. Dann war er dicht bei ihr. Gabriele zog die rechte Hand aus der Blusentasche und streichelte ihn hinter den Ohren: »G'hörst du niemand?«
Klack, klack, klack – der Schatten, der zu dem Spazierstock

gehörte, stolperte über den Hundeschatten: »O doch, er gehört schon jemand, wenn Sie erlauben, mein Fräulein.« Gabriele steckte die Hand sofort in ihre Blusentasche zurück. Sie blinzelte in das Licht der Straßenlampe und sagte nichts mehr; sie haßte es, plötzlich angesprochen zu werden.

Der Herr lächelte, lüftete ein wenig den runden schwarzen Hut und ging weiter. Sein Dalmatiner schwänzelte jetzt um den Spazierstock und um dünne Hosenbeine herum.

Das Theresiengymnasium lag finster und verschlafen an der Breitseite des großen leeren Platzes. Aber durch die kahlen Vorgartenbäume links und rechts der Beethovenstraße konnte man die Wolkengardinen hinter den Fenstern sehen und da und dort einen Kronleuchter an der Stuckdecke. Bei der Lessingstraße klingelte eine Trambahn ab. Gabriele probierte es gar nicht zu laufen. Sie ging erst recht langsam und sah den Spitzen ihrer schwarzen Schnürstiefel zu, wie sie das nasse Pflaster traten. Andere in ihrem Alter waren viel weiter. Das kam davon, wenn man einmal in der Schule sitzenblieb. Andere waren mit siebzehn schon lang über alles hinaus.

An der Trambahnhaltestelle stand ein Paar. Die Frau trug ein Komplet aus dunkelgrünem Tuch mit Fuchsverbrämung; sie hielt den Schirm aufgespannt. Gabriele hatte ein ganz ähnliches Komplet neulich bei Auracher im Schaufenster gesehen. Ein kleines Schild war daneben angebracht: »Pariser Modell.« Pariser Modelle waren teuer.

Gabriele lief auf und ab, weil ihr kalt war. Sie hätte sehr gut ihren Mantel anziehen können, aber an den hatte man schon dreimal einen neuen Besatz annähen lassen müssen; er sah nichts mehr gleich. Sie umschloß mit der Linken den kleinen Geldbeutel in der Blusentasche.

Der nächste Trambahnwagen kam vom Goetheplatz her.

Die vordere Lampe war von einem ganz feinen Dunst umgeben. Der Herr und die Dame stiegen vor Gabriele auf

die Plattform. Man fuhr noch nicht gleich weiter. Das kleine Rad über der langen Verbindungsstange war an den schwankenden elektrischen Drähten ausgerutscht; der Schaffner sprang ab und steuerte mühsam das widerspenstige Gestänge zurück an seinen Platz. Es gab Leute, die behaupteten, mit den Pferden sei es schneller gegangen, wenn man die ständige Stangerlkalamität in die Fahrzeit mit einrechne.
Die Fensterscheiben waren beschlagen; es roch nach nassen Mänteln und nach dem Patschuli der Fuchsverbrämten. Gabriele rieb mit der Hand, in der sie das Trambahnbillett hielt, immer wieder die Fensterscheibe ab. Aber die elektrifizierte Innenstadt lag wie hinter einem Tüllvorhang.
Kurz vor der Haltestelle am Hoftheater mußte sie sich vordrängen. Eine Virginia brannte sie im Genick. Beim Aussteigen hörte sie noch die freundliche Erkundigung des alten Herrn, der hinter ihr gestanden hatte: »Hab i Eahna brennt, Fräulein?«
Nein, nein, sie hätte ganz und gar nichts gespürt, rief sie zurück, steckte die Hände wieder so tief es ging in die Blusentaschen und lief die Straße hinauf.
Sie zerknitterte das Trambahnbillett und ließ es fallen. Es fiel neben ein Kellergitter und blieb da liegen. Es war damit eigentlich wie mit allem: Alles fiel immer bis nah an ein Ziel heran und blieb dann liegen. Die Mama hatte eine Putzmacherei, die nicht schlecht ging, sie war sogar immer nah daran, ein großes Hutgeschäft zu werden, aber sie blieb trotzdem schon seit fünf Jahren auf dem gleichen Stand.
Vom Hotel »Vier Jahreszeiten« schaukelte eine heitere Gruppe von Damen und Herren über die Straße herüber. Die Frauen ähnelten zerzausten Hühnern. Gabriele blieb einen Augenblick stehen und preßte die Lippen aufeinander. Sie würde später immer in der Droschke fahren, wenn das Wetter schlecht sein sollte.

Sie war noch nie in den »Vier Jahreszeiten« gewesen, aber sie sah, seit sie denken konnte, von den Fenstern der elterlichen Wohnung aus die Schwingtüren des Hotels, die am Abend von rötlichem Licht erfüllt waren; sie sah die Ankünfte und Abreisen und im Winter die großen Auffahrten zu den Galasoupers. Denn seit sie denken konnte, lebte sie hier im Haus Numero 34 der Maximilianstraße hinter den halbrunden Fenstern des Zwischenstocks, die zwar bis zum Boden reichten, es aber trotzdem nie recht hell werden ließen in den Zimmern.

THOMAS MANN

München leuchtete…

München leuchtete. Über den festlichen Plätzen und weißen Säulentempeln, den antikisierenden Monumenten und Barockkirchen, den springenden Brunnen, Palästen und Gartenanlagen der Residenz spannte sich strahlend ein Himmel von blauer Seide, und ihre breiten und lichten, umgrünten und wohlberechneten Perspektiven lagen in dem Sonnendunst eines ersten schönen Junitages.

Vogelgeschwätz und heimlicher Jubel über allen Gassen…

Und auf Plätzen und Zeilen rollt, wallt und summt das unüberstürzte und amüsante Treiben der schönen und gemächlichen Stadt. Reisende aller Nationen kutschieren in den kleinen, langsamen Droschken umher, indem sie rechts und links in wahlloser Neugier an den Wänden der Häuser hinaufschauen, und steigen die Freitreppen der Museen hinan…

Viele Fenster stehen geöffnet, und aus vielen klingt Musik auf die Straßen hinaus, Übungen auf dem Klavier, der Geige oder dem Violoncell, redliche und wohlgemeinte dilettantische Bemühungen. Im »Odeon« aber wird, wie man vernimmt, an mehreren Flügeln ernstlich studiert.

Junge Leute, die das Nothung-Motiv pfeifen und abends die Hintergründe des modernen Schauspielhauses füllen, wandern, literarische Zeitschriften in den Seitentaschen ihrer Jacketts, in der Universität und der Staatsbibliothek aus und ein. Vor der Akademie der bildenden Künste, die ihre weißen Arme zwischen der Türkenstraße und dem Siegestor ausbreitet, hält eine Hofkarosse. Und auf der Höhe der Rampe stehen, sitzen und lagern in farbigen Gruppen die Modelle, pittoreske Greise, Kinder und Frauen in der Tracht der Albaner Berge.

Lässigkeit und hastloses Schlendern in all den langen Straßenzügen des Nordens... Man ist von Erwerbsgier nicht gerade gehetzt und verzehrt dortselbst, sondern lebt angenehmen Zwecken. Junge Künstler, runde Hütchen auf den Hinterköpfen, mit lockeren Krawatten und ohne Stock, unbesorgte Gesellen, die ihren Mietzins mit Farbenskizzen bezahlen, gehen spazieren, um diesen hellblauen Vormittag auf ihre Stimmung wirken zu lassen, und sehen den kleinen Mädchen nach, diesem hübschen, untersetzten Typus mit den brünetten Haarbandeaus, den etwas zu großen Füßen und den unbedenklichen Sitten... Jedes fünfte Haus läßt Atelierfensterscheiben in der Sonne blinken. Manchmal tritt ein Kunstbau aus der Reihe der bürgerlichen hervor, das Werk eines phantasievollen jungen Architekten, breit und flachbogig, mit bizarrer Ornamentik, voll Witz und Stil. Und plötzlich ist irgendwo die Tür an einer allzu langweiligen Fassade von einer kecken Improvisation umrahmt, von fließenden Linien und sonnigen Farben, Bacchanten, Nixen, rosigen Nacktheiten...

Es ist stets aufs neue ergötzlich, vor den Auslagen der Kunstschreinereien und der Basare für moderne Luxusartikel zu verweilen. Wieviel phantasievoller Komfort, wieviel linearer Humor in der Gestalt aller Dinge! Überall sind die kleinen Skulptur-, Rahmen- und Antiquitätenhandlungen verstreut, aus deren Schaufenstern dir die Büsten der florentinischen Quattrocento-Frauen voll einer edlen Pikanterie entgegenschauen. Und der Besitzer des kleinsten und billigsten dieser Läden spricht dir von Donatello und Mino da Fiesole, als habe er das Vervielfältigungsrecht von ihnen persönlich empfangen...

Aber dort oben am Odeonsplatz, angesichts der gewaltigen Loggia, vor der sich die geräumige Mosaikfläche ausbreitet, und schräg gegenüber dem Palast des Regenten drängen sich die Leute um die breiten Fenster und Schaukästen des großen Kunstmagazins, des weitläufigen Schönheitsgeschäftes von M. Blüthenzweig. Welche freudige Pracht der Auslage! Reproduktionen von Meisterwerken aus allen Galerien der Erde, eingefaßt in kostbare, raffiniert getönte und ornamentierte Rahmen in einem Geschmack von preziöser Einfachheit; Abbildungen moderner Gemälde, sinnenfroher Phantasien, in denen die Antike auf eine humorvolle und realistische Weise wiedergeboren zu sein scheint; die Plastik der Renaissance in vollendeten Abgüssen; nackte Bronzeleiber und zerbrechliche Ziergläser; irdene Vasen von steilem Stil, die aus Bädern von Metalldämpfen in einem schillernden Farbenmantel hervorgegangen sind; Prachtbände, Triumphe der neuen Ausstattungskunst, Werke modischer Lyriker, gehüllt in einen dekorativen und vornehmen Prunk; dazwischen die Porträts von Künstlern, Musikern, Philosophen, Schauspielern, Dichtern, der Volksneugier nach Persönlichem ausgehängt... In dem ersten Fenster der anstoßenden Buchhandlung zunächst, steht auf einer Staffelei ein großes Bild, vor dem die Menge sich staut: eine wertvolle, in rotbraunem Tone ausgeführte Photographie in breitem altgoldenem Rahmen, ein aufsehenerregendes Stück, eine Nachbildung des Clous der großen internationalen Ausstellung des Jahres, zu deren Besuch an den Litfaßsäulen, zwischen Konzertprospekten und künstlerisch ausgestatteten Empfehlungen von Toilettenmitteln, archaisierende und wirksame Plakate einladen.

Blick um dich, sieh in die Fenster der Buchläden! Deinen Augen begegnen Titel wie ›Die Wohnungskunst seit der Renaissance‹, ›Die Erziehung des Farbensinnes‹, ›Die Renaissance im modernen Kunstgewerbe‹, ›Das Buch als Kunstwerk‹, ›Die dekorative Kunst‹, ›Der Hunger nach Kunst‹; – und du mußt wissen, daß diese Weckschriften tausendfach gekauft und gelesen werden und daß abends über ebendieselben Gegenstände vor allen Sälen geredet wird...

Hast du Glück, so begegnet dir eine der berühmten Frauen in Person, die man durch das Medium der Kunst zu schauen gewohnt ist, eine jener reichen und schönen Damen von künstlich hergestelltem tizianischen Blond und im Brillantenschmuck, deren betörenden Zügen durch die Hand eines genialen Porträtisten die Ewigkeit zuteil geworden ist und von deren Liebesleben die Stadt spricht, – Königinnen der Künstlerfeste im Karneval, ein wenig geschminkt, ein wenig gemalt, voll einer edlen Pikanterie, gefallsüchtig und anbetungswürdig. Und sieh, dort fährt ein großer Maler mit seiner Geliebten in einem Wagen die Ludwigstraße hinauf. Man zeigt sich das Gefährt, man bleibt stehen und blickt den beiden nach. Viele Leute grüßen. Und es fehlt nicht viel, daß die Schutzleute Front machen.

Die Kunst blüht, die Kunst ist an der Herrschaft, die Kunst streckt ihr rosenumwundenes Zepter über die Stadt hin und lächelt. Eine allseitige respektvolle Anteilnahme an ihrem Gedeihen, eine allseitige, fleißige und hingebungsvolle Übung und Propaganda in ihrem Dienste, ein treuherziger Kultus der Linie, des Schmuckes, der Form, der Sinne, der Schönheit obwaltet … München leuchtete.

München

Mauern wo geister noch zu wandern wagen
Boden vom doppelgift noch nicht verseucht:
Du stadt von volk und jugend! heimat deucht
Uns erst wo Unsrer Frauen türme ragen.

*

Herbergen in der Au

Bemalte erker zeitengraue balken
Und schindeln rufen auf die welt von eh..
Verwunschner dorfplatz wo vom mund des schalken
Ein leiersang uns trifft wie tötend weh.

WILHELM BUSCH

Nach München, der berühmten Stadt

Heut ist er leider nicht zugegen,
und leider weiß er auch weswegen;
seitdem er alt und schwach geworden,
hört er zum Stubenhockerorden.

Zum Glück besitzt er einen kühnen,
sehr flinken Kerl, ihn zu bedienen,
der sich schlechthin Gedanke nennt
und schneller als ne Wachtel rennt. –

Wohlan, so mach dich auf die Füße
und trag die allerschönsten Grüße
nach München, der berühmten Stadt,
die mir so gut gefallen hat,

daß ich seit längstvergangnen Tagen
bis heute noch mit Wohlbehagen
und sicher bis zum Lebensschluß
getreu an sie gedenken muß.

Otto Julius Bierbaum

München

Noch immer bevölkert sich um die Zeit, wenn der Hundstern regiert, die sonst im Besitze stämmiger Bajuwaren befindliche Stadt an der grünen Isar mit Sendboten des feineren nördlichen Geistes, die nicht »naa« sagen, sondern »nee« (was schon lautlich eine viel entschiedenere Verneinung ist), auf eine phantastisch verwegene Art den »Gamsjaga« herausbeißen durch eine Aelplertracht aus den Magazinen Berlins, Dresdens, Rixdorfs, Potschappels und am liebsten schon auf der Maximiliansstraße zu jodeln anhüben. Süß singt der sanfte Sachse, selig vom Hofbräubier, die Ludwigsstraße entlang und zeigt der holden Gattin im praktischen Lodenrock, der an der wonnigen Hüftausladung durch reichlich angebrachte Knöpfe und Schließen amazonisch emporgerafft ist, ihr entschiedenes Gegenbild: die kunstreiche Aesthetin von Schwabing, die korsettlose, schlanke, schleppgewandige, an der alles fließt, fällt, hängt, was nur fließen, fallen und hängen mag. Aber der gebieterische Berliner knarrt, schnarrt und schnaubt, getragen und geschoben vom Gefühle angeborener Ueberlegenheit, von Sehenswürdigkeit zu Sehenswürdigkeit und bringt mit feinem imperatorischen Laufschritt die gute Stadt München ganz aus ihrem alten, braven, königlich-bayrischen Tempo. Indessen ist auch er entzückt von der Residenz der Wittelsbacher und benimmt sich hübschen Kellnerinnen gegenüber, wenn seine Frau nicht dabei ist, so kordial, daß er nicht selten einen Klaps auf die herablassenden Finger kriegt. Es herrscht die bekannte eine Stimme: München ist doch eine wundervolle Stadt!

Ist das aber auch wirklich wahr? Oder ist es nur eine schöne Lüge?

Untersuchen wir den Fall! Rufen wir Zeugen auf! – Sie drängen sich massenhaft herbei, eifrig beflissen und bereit, für und wider auszusagen.
Ein junger Student, frisch vom königlich-sächsischen Gymnasium in Wurzen entlassen, drängt ungestüm vor und erklärt: München ist die Perle unter den deutschen Städten, denn es ist die Stadt des freiesten, fröhlichsten Lebens. Hier gibt es die muntersten, verliebtesten Mädchen und die tolerantesten Zimmerwirtinnen.
Er möchte noch viel sagen. Das Wort Kathi schwebt ihm auf der Zunge. Wir schneiden es ihm unbarmherzig ab und lassen den nächsten vor, einen eleganten Herrn anfangs der Dreißiger, von dem wir annehmen wollen, daß er einer der kleinen Gesandtschaften angehört, die hier noch immer (wohl nur zu ihrer Unterhaltung) unterhalten werden.
Er erklärt: München ist nicht übel. Im Schauspielhaus wird recht ordentlich gespielt. Auch das Deutsche Theater bietet manchmal einiges Divertissement, wenn ihm die Akquisition einer spanischen Tänzerin gelungen ist. Aber die horizontalen Damen sind nicht auf der Höhe der heutigen Kultur. Unglaubliche Dessous zuweilen. Die paar gut angezogenen sind in festen Händen. Das Gros der Matschakerln allzu primitiv. Mehr für Gemütsansprüche.
Läßt die Scherbe fallen und macht einem weniger eleganten jungen Manne Platz, der auf ungeordnetem Haar einen ausgedehnten, nicht durchaus soignierten Filzhut, im übrigen ein dunkelblaues Hemd, orangegelben Flatterschlips und eine Jacke aus gerieftem Plüsch trägt. Sein wilder Bart ist schwarz wie sein Auge und der Rand seiner Fingernägel. Er spricht mit slawischem Akzent und in einem temperamentvollen Tonfalle: Ich kenne nicht München. Ich kenne nur Schwabing. Schwabing ist schön, ist beinahe Montmartre. Hat herrliche Weibmenschen, billige Ateliers und Rahmenhändler, die sehr lange Kredit geben, bis sie Rah-

men zurücknehmen mit Bild darin. So lernt man gratis, und das Genie wächst. Oh, es wächst sehr in Schwabing, und im Café Stephanie wird es bewundert.
Er zündet sich die ausgegangene Zigarette an und geht im wiegenden Schritt genialer Zuversicht von dannen.
Der Schritt dessen, der an seine Stelle tritt, ist nicht wiegend, sondern schwer; er drückt nicht Genialität, sondern Solidität aus. Es ist der berühmte Herr Nudlmeier, der jetzt spricht. Spricht? Nein, knurrt. Ins Hochdeutsche übersetzt, lautet seine Aussage wie folgt: Es gibt überhaupt kein München mehr. Seit 1871 ist diese Stadt langsam, aber sicher, preußisch geworden. Es ist rum mit aller Gemütlichkeit. Tritt man jemand auf den Fuß und sagt, wie sich's gehört: Oha, Herr Nachbar! so wird das als unhöflich übel vermerkt. Geht man irgend wohin zum Bier und packt seinen Käs und sein »Durcheinand« (Aufschnitt) aus, so sieht einen die Kellnerin mißbilligend an. Das Bier wird mit jedem Jahre dünner, und, wohin man spuckt, spuckt man auf einen Preußen. Wenn nicht die »Keller« noch wären und die Schwemm im Hofbräuhaus, und der Salvator, und die »Wies'n« am Oktoberfest, so könnte man gerade so gut überhaupt gleich nach Berlin auswandern.
Der nächste Zeuge spricht auch münchnerisch, aber der Dialekt ist schon hochdeutsch unterwachsen. Es ist Nudlmeier der Jüngere, der sich dem Sinne nach also vernehmen läßt: München ist aus einem schmutzigen Bierdorfe zur modernen Großstadt geworden. Die kleinbürgerliche Hauptstadt Bayerns hat sich zur großzügigen Kapitale Süddeutschlands entwickelt. Es ist sozusagen jetzt eine zweite Reichshauptstadt. Alle Fortschritte gedeihen hier auf das herrlichste. Zwar ist es kleiner als Berlin, dafür ist es aber schöner. Hier blüht und gedeiht die Kunst höchst wunderbar. Mit jedem neuen Hause entsteht ein neues Atelier. So groß München auch geworden ist, man könnte, nähte man alle Leinwand zusammen, die hier im Laufe eines Jahres

mit Oelfarben bedeckt werden, ein Zeltdach darüber spannen.
Herr Nudlmeier junior entfaltet die Münchener Neuesten Nachrichten und liest zur Bekräftigung seiner Aussage einen Artikel vor, in dem die Worte »bodenständig« und »wurzelkräftig« etwas eintönig zwar, aber durch fortwährende Wiederholung doch sehr eindringlich wirken, gleich den Paukenschlägen in einer patriotischen Blechmusik.
Das regt einen Herrn im Hintergrunde auf, dessen Stimme indessen trotz seiner Aufregung einschmeichlerisch sonor klingt, wie er, mit angenehmer Verbeugung vortretend, sagt: Mein Name ist Meier-Graefe. Ich könnte einfach auf meine berühmte Entwicklungsgeschichte hinweisen, die ja auch der Verfasser dieses niedlichen Artikels mit einiger Furcht, wenngleich nicht mit vollem Verständnisse gelesen hat, aber bei der grundlegenden Wichtigkeit, die meine Entdeckung des, wie ich annehmen darf, in den geistigen Besitzstand der Welt übergegangenen Entwicklungsgesetzes hat, möchte ich doch ausdrücklich betonen: München war einmal von einer gewissen Bedeutung für die Kunst, aber, so gewiß Herr von Uhde eigentlich nie über Muncaczy hinausgekommen ist, während die Kunst Liebermanns in die Zukunft hineinwimpelt (an der Fahnenstange hängend, die in Paris steht), so gewiß ist der einzige Ort, wo in Deutschland etwas wie ein Abglanz der wirklichen, einen, unteilbaren Kunst wahrgenommen werden kann, Berlin: das Berlin der Firma Cassirer. Ehe diese Firma keine Filiale in München errichtet, ist an eine Zukunft der Münchener Kunst keinesfalls zu denken...
Noch viele Zeugen lassen sich vernehmen. Herr von Possart kreuzt die Arme napoleonisch über der Brust und beleuchtet mit den blauen Strahlen seines allen dramatischen Anforderungen entgegenkommenden Auges das Prinzregenten-Theater bengalisch. Ein Hartschier läßt sich in Gala bewundern und fragt: Wo gibt es noch solche spanische

Reiterstiefel, wo diesen silbernen Kübelhelm, wo solche Tressen über solchen Bäuchen? Isaren-, Schwaben-, Franken-, Pfälzer-, Braunschweiger-, Bayern-, Makaren-, Ratisbonen-, Transrhenanenburschen legen ihre Korpslisten vor und beweisen, daß nirgendwo der S.-C. so blüht, wie an der Isar, und sie fügen aufs bestimmteste hinzu, daß damit gleichzeitig der Vorrang der Münchener Universität vor allen andern bewiesen sei. Eine ganze Legion munterer und netter Ladnerinnen, Putzmacherinnen, Näherinnen, Kellnerinnen und andrer Mädchen weiblichen Geschlechts (was heutzutage nicht mehr durchaus Tautologie ist), erbietet sich, zum Ruhme Münchens und seines Faschings unter Anführung des berühmten Nero und des Barons Reznicek einen »Frassäh« zu tanzen. Der prächtige alte Papa Schmidt stellt sich trotz seiner sechsundachtzig Jahre mit seinem Kasperle Larifari und einer wahren Heerschar fideler Buben und Mädeln ein, die so herzhaft über eine Puppenkomödie des alten Pocci lachen, daß es einem erwachsenen Herzen sonderbar wonnigweh zumute wird. »Wo gibt's das noch?« fragt er, »als in der Münchener Stadt?« Skiläufer kommen, angeführt von einem Eskimo, der Olaf Gulbransson heißt; Radfahrer, voran Alf Bachmann in Islandshandstrümpfen; Bergkraxler mit Eispickel, Schneereifen und Seil; und alles was überhaupt einen Sport treibt, vereinigt sich in dem Rufe, daß München mit seiner Umgebung ein idealer Sportplatz sei...

*

Münchener Studentenlied

Ein Geschpusi muß ich haben!
Alles wankt, doch das steht fest:
so ein liebes, kleines Mädchen,
das sich gerne haben läßt.
Ein Geschpusi muß ich haben.

Denn ich bin nun so geschaffen,
daß ich Mädchen lieben muß;
Nulla dies sine linea
heißt: kein Tag sei ohne Kuß;
denn ich bin nun so geschaffen.

Ach, so was im Arm zu haben,
Mund an Mund und Brust an Brust,
dafür laß ich alle Alten,
Cäsar, Cicero, Sallust...
Ach, so was im Arm zu haben!

Zwar ich habe nur ein Zimmer,
und das Zimmer ist sehr klein,
doch es können darin zweie
ganz unbändig glücklich sein,
in dem einen kleinen Zimmer.

Also komm und laß nicht warten!
Auf dem Tisch steht schon ein Strauß,
und das kahle kleine Zimmer
sieht heut ganz verwegen aus.
Also komm und laß nicht warten!

JOSEF RUEDERER

Der Fasching

Glitzernde Lichter in scharf geschliffenen Schalen, ausgestreut über einen weiten Saal, schwere Samtvorhänge in breiten Goldumrahmungen, weiße Putten als lachende Säulenträger, hohe Spiegel von schmalen Stäben in gleichmäßige Scheiben geteilt, das ist der Rahmen, Zeus und Venus im hohen Olymp mit dem halbnackten Hofstaat, das ist die Decke, und glattgefegtes Parkett in regelmäßiger Dreieckform gefalzt, das ist der Boden. Darauf wirbelt's herum in allen Schattierungen, von Gelb zu Rot, von Grün zu Blau, es wirbelt in Flittern und Spitzen, in Federn und Bändern. Alles Bewegung, alles Rhythmus, erzeugt von den Klängen eines wiegenden Walzers. Hingebend wird er getanzt, die kleinen Logen entlang bis zum Hintergrund des Saales. Dort sendet eine Riesenmuschel leuchtende Sonnenstrahlen zur Höhe, und in ihr thront, als ob es zur Fuchsjagd reiten wollte, das große Orchester in scharlachfarbenem Frack, heller Weste und schwarzer Krawatte. Jetzt eben hört es zu spielen auf. Die Fiedelbogen, die hoch und nieder gingen in gleichmäßigem Tempo, rasten wieder ein paar Minuten, die Baßgeigen werden an die Wand gestellt wie hilflose Gliederpuppen, die Blasinstrumente werden nach unten gehalten. Drinnen im Saale aber bricht's los, schmetternd und jubelnd. Die Dominos schwingen die Fächer, die Tänzer streichen die Glatzen ab oder fahren mit dem Taschentuch über das heiße Gesicht. Und in den Logen kracht's mit froher Verheißung von den Pfropfen der Sektflaschen. Aber schon ruft's zum nächsten Tanz, zur Française. Und da stürzt es wieder aus allen Ecken mit jener Hast, die fürchtet, zu spät zu kommen. Man hebt kreischende Weiber über die Brüstung der

Logen, man pufft nach allen Seiten, man drängt und schiebt ohne Rücksicht, ohne Pardon. Mit Not und Mühe stellen Tanzordner die einzelnen Schlachtreihen auf. Tönen aber die ersten Klänge, dann löst sich's in Vor- und Zurücktreten, in Komplimente und Kußhände, in Balancieren und Drehen. Immer lauter tönt der Jubel, immer kecker fliegen die Röcke – da, bei der vorletzten Tour hebt sich im rasenden Ringelreih das wiehernde Lachen zum bacchantischen Gebrüll. Als ob der Hörselberg losbräche mit Faunen und Nymphen. Alle die hochgehobenen Weiber mit fuchtelnden Armen und strampelnden Beinen erscheinen in diesem Augenblick wie ein ungeheures Ganzes, ein Riesenpolyp, der mit den Männern erst Fangball spielt, ehe er sie gänzlich verschlingt.
Das ist der Höhepunkt, die eigentliche Sensation des Karnevalfestes. Bal paré hat es der Münchner getauft, und das Theater, in dem er's alle Wochen feiert, das Deutsche. Ist der letzte Française getanzt, der Kehraus gespielt, dann verschwindet man langsam. Der eine ins Bett, wenn dies nützliche Möbel noch nicht ins Leihhaus gewandert ist, der andere zu Weißwurst und Bockbier, der dritte ins Café Luitpold. Viele schleichen in Frack und Lackschuhen durch Matsch und Schnee direkt wieder zum Ladentisch, um Rosinen oder Heringe zu verkaufen, andere sinnen auf neue Vergnügungen und gehen die paar Schritte weiter zum Prachtbau des Münchner Justizpalastes...

Tilly Wedekind

»Franziska«

Im Herbst las Frank sein neues Stück »Franziska« öffentlich vor, im Vortragssaal des Hotels »Vier Jahreszeiten«. Ich saß im Parkett. Während Franks Vortrag, dem das Publikum mit wachsendem Interesse folgte, bewegte sich der Boden unter uns. Ein Erdbeben. Frank las gerade die Stelle, da Christus in der Unterwelt Helena gegenübertritt. Plötzlich schwankte der Saal, die Kronleuchter pendelten hin und her, und dann ging das Licht aus. Auf dem Podium fiel hinter Frank irgend etwas Schweres zu Boden. Das Publikum wurde unruhig. Viele sprangen auf und drängten dem Ausgang zu. Das dauerte einige Sekunden. Frank hatte weiter vorgetragen, im Dunkeln. Er konnte seinen Text auswendig.

Das Schwanken hörte auf, das Licht ging an, die Leute setzten sich wieder und Frank las zu Ende.

Der Beifall war nach dem ausgestandenen Schreck besonders lebhaft. Er galt wohl auch Franks Unerschütterlichkeit und der seltsamen Wirkung seines Stückes während des Erdbebens.

Im Jahr darauf, 1912, wurde »Franziska« in den damaligen Kammerspielen in der Augustenstraße uraufgeführt. Direktor war der Ungar Eugen Robert. Frank gab die männliche Hauptrolle und ich spielte die Franziska.

Kurz vor der Premiere ereignete sich wieder einer jener Zwischenfälle, wie sie für Wedekind-Aufführungen typisch waren.

In einem Akt, in dem Theater im Theater vorkommt, treten die himmlische und die irdische Liebe auf, anzusehen wie auf Tizians Gemälde: das heißt, die himmlische Liebe muß nackt sein, nur mit einem roten Mantel über der Schulter.

Die Rolle wurde von der wunderhübschen Lili Breda gespielt, die später mit Gottfried Benn befreundet war und sich seinetwegen das Leben nahm. Sie war so nackt, wie man damals eben zu sein wagte.
Dem Münchner Zensor, der wie üblich der Generalprobe beiwohnte, war es zuviel. Die Nackte, erklärte er, könne keinesfalls gestattet werden.
Ein Kniefall, wie Frank ihn seinerzeit vor Adele Sandrock machte, hätte ihm diesmal nichts genützt. Und einen Krach, wie mit Gertrud Eysoldt, konnte er sich nicht leisten. Also fiel er in Ohnmacht.
Direktor Robert machte dem Zensor heftige Vorwürfe: Man könnte doch nicht Leben und Gesundheit des Dichters Wedekind gefährden, indem man eine der wichtigsten Szenen seines Stückes verbot.
Der Zensor gab nach. Die Szene wurde gespielt.
Allerdings wurde sie drei Tage nach der Premiere dann doch verboten, und die Nackte mußte bekleidet werden.

LUDWIG THOMA

Torggelstube

Eine Weinwirtschaft am Platzl, in der die Zunftstube der bedeutenden Literaten war. Wer aus der Fremde kam und dort das Handwerk grüßte, durfte sich an den Tisch setzen, an dem Meister Wedekind Tag um Tag, im frostigen Winter, im jungen Frühling, im heißen Sommer und im hinsterbenden Herbste saß und Rotwein trank. Manchmal warf er ein bedeutendes Wort unter die gierig Horchenden, die es sich merkten und weitertrugen und auch niederschrieben.

Keines seiner Worte verwehte, denn die ungeheuren Schalltrichter des Jüngers Joachim fingen das Leiseste auf, und ein nie fehlender, stets dabeisitzender Literaturprofessor reihte es sogleich ein ins Bedeutende, Faustische oder anekdotischem Wesen sich Nähernde.

Hier war es, wo das auserwählte Volk der Geistigen auf das Erscheinen der »Franziska« harrte und dieses neue, zwischen den Torggelstubennächten entstehende Werk des Meisters als Offenbarung ersehnte.

Ein Zufall fügte es, daß ich an jenem bedeutsamsten Tage der Erstaufführung, an einem Nebentische sitzend, Zeuge des Ereignisses ward. Der Platz des Meisters war leer, als ich das Gastzimmer betrat, einige Stühle lehnten umgeklappt an dem geweihten Tische. Eine einzige elektrische Lampe war aufgedreht und beleuchtete spärlich die kulturhistorische Ecke.

Lag die Vorahnung großer Ereignisse darüber?

Das Servierfräulein, das immer so verzeihend lächelte, wenn sich ein geistiger Führer der Nation über die bourgeoise Gewohnheit des Bezahlens hinwegsetzte, war sichtlich aufgeregt.

Da und dort flüsterte sie Gästen zu: »Heut is d' Franziska.« »Was is heut?« fragte ein gewöhnlich aussehender Herr zurück. Ein münchner Rentner, ein Privatier sozusagen. Man warf ihm von rechts und links unwillige Blicke zu; das Servierfräulein zog die Achseln in die Höhe.
Wie kam der Mensch eigentlich da herein?
Eine bleischwere Stunde verstrich langsam.
Draußen vor der Torggelstube stand die lange Reihe der Droschken; die Kutscher standen in einem Kreise zusammen, und jeder trank seine Maß Hofbräuhausbier.
Seltsam, wie in großen Momenten das kleine Leben unbeirrt und ewig gleich weitergeht.
Ein paar Straßen weiter wurde eben »Franziska« aufgeführt, und hier war alles wie sonst. Leute gingen ins Hofbräuhaus, setzten sich in die qualmende Halle, Leute kamen heraus, es roch nach Bier, nach Käse, nach Gebratenem.
Es war eine Nacht wie sonst. Komisch eigentlich!
Ich saß an meinem Nebentische und las in einer Zeitung. Zuweilen blickte ich auf das Servierfräulein, das immer unruhiger wurde. Man kennt ja die Stimmung, wenn man auf ferne Schritte horcht... »Jetzt... jetzt... jetzt bringen s' ihn...«
Endlich!
Die Glastüre wurde aufgestoßen. Der Literaturprofessor stürmte mit wehendem Mantel herein, hinter ihm kamen gewöhnliche Menschen, bedeutende Menschen und wieder gewöhnliche.
Der Jünger Joachim kam; er war blaß und sah angegriffen aus wie eine Wöchnerin. Er hatte eben ein Telegramm zur Welt gebracht.
Immer wieder klappte die Türe auf und zu; geräuschvolle Theaterbesucher kamen und füllten die Stube mit schwirrenden Gesprächen.
Am Tische der Bedeutenden war es totenstill. Der Litera-

turprofessor hatte das erlösende Wort noch nicht gefunden. Er rang sichtlich darnach. Der Jünger Joachim saß verängstigt auf seinem Stuhle; es war ein Wagnis gewesen, zu telegraphieren, noch vor das maßgebende Urteil gesprochen war.

Sollte...?

Und wirklich schlug in diesem Augenblicke der Professor auf den Tisch und rief: »Nein! Nein! Da kann ich nicht mehr mitgehen. Das verstehe ich einfach nicht mehr...«

In der Stube wurde es still, die Gespräche verstummten.

War man an einem Wendepunkt angelangt?

Das Servierfräulein stellte sich an den Tisch der geistigen Führer.

»Und??–?–«

Niemand antwortete ihr.

Der Professor suchte fieberhaft nach einer Spalte in der Wand, die sich vor seinen Geist geschoben hatte.

Der Jünger Joachim war bleich und tief erschüttert.

Wer wird auch so schnell telegraphieren! Dieses verfluchte Gesetz der Fixigkeit!

Stühle rückten, eine Bewegung ging durch den Raum.

Der Meister kam. Ein paar Getreueste folgten ihm.

Als er auf seinem Platze saß, löste sich die Spannung der Tafelrunde.

Bewundernde Worte erklangen.

Der Literaturprofessor brachte seine Zweifel vor, nicht als Zweifel, sondern als ehrerbietige Fragen.

Und es wurde ihm Erleuchtung zuteil.

Mit knappen, hingeworfenen Randbemerkungen goß Wedekind eine Flut von Licht über alles Dunkle aus.

Faust zweiter Teil war es, an den man analog zu denken hatte.

Verständnis huschte über die verängstigten Gesichter und legte sich breit und sonnig auf die Miene des Literaturprofessors.

Die Einreihung ins ganz Große, ins Symbolische, ins Faustische vollzog sich.
Der Jünger Joachim glänzte; er brauchte seine Bewunderung nicht umzuparkieren, und sein Telegramm stempelte ihn zum Erkennenden, Vorausschauenden.
So vollzogen sich in München die großen literarischen Ereignisse.

ANNETTE KOLB

Ein ungeheures Fest

Als ein ungeheures Fest, mit einem Glanz ohne Ende, rauschte in der zweiten Hälfte des April der Frühling weiten Atems durchs Land. In den Anlagen gab es Bäume und Büsche genug: sie fingen ihn ganz. Nicht nur die Wiesen, die Gebirgsbäche und Wälder. O nein, auch die Straßen, die simplen Dächer sogar. Noch war man gerne in der Stadt. Sie war noch schön im Geläute ihrer Glocken. Im Glaspalast wird am frühen Vormittag die Blumenausstellung feierlich eröffnet. Sie ist das Werk des Herrn Lautenschlag. Mittelalterliche Klostergärten, ganz verwunschene, wunderschöne, liegen nach Süden, hingeträumt nach Norden englische Parkanlagen; dann führen die braunen Sandwege an französisch gestutzten Hecken entlang, Bernheimer hat gern manche Barockfigur geliehen für dies Rondell, für jene Anhöhe, jenes Beet, inmitten jener Rosenwelt... Draußen ist Militär aufgestellt. Flotte Leutnants lassen Kommandorufe an ihre Kompanie ergehen. Nun Musik! In offenen Kaleschen der alte Prinzregent, dann die Prinzen, in hellen Kleidern die Prinzessinnen. Die meisten Hochrufe erntet noch Prinz Alphons, weil er am leichtsinnigsten, Prinzessin Elvira, weil sie am verführerischsten und schönsten ist. Tusche, Musik. Die Hofchargen, die Diplomaten. Herr Lautenschlag ist längst drinnen zum Empfang. Aber die Kinder schauen noch lange zum Fenster hinaus. Himmellange Fahnen wehen blauweiß von den angrenzenden Häusern und dem monumentalen Glasbau; die ganze Veranstaltung hat bei aller Festlichkeit und allem Dekorum etwas Urgemütliches und Ungezwungenes, sie ist so typisch bayrisch, daß es die heimischen Herzen erfreut. Erst als die Straßen sich wieder leeren, begeben

sich auch die Damen Lautenschlag in die Ausstellung, ein aufgeplusterter Mathias an der Seite der Schwestern.
Herr Lautenschlag hat bei solchen Anlässen kein Auge für die Seinen. Sie müssen es sich gefallen lassen, daß er sie gänzlich ignoriert. Auch allzu viele Lobreden hört er daheim nicht gern; die Blätter mit den langen Spalten, in welchen die Fachleute sich über seine Gartenkunst aussprechen, bleiben im Bureau. Indes schlagen die Düfte der Blumen aus den Toren und den geöffneten Scheiben bis ans Haus. Die Militärkapelle spielt des Nachmittags, der Glanz dieser Ausstellung ist einzig an Herrn Lautenschlags Namen gebunden, der Andrang ist gewaltig, trotzdem wird sich in vierzehn Tagen ein Riesendefizit ergeben. Denn Herrn Lautenschlags Gartenanlagen, die privaten wie die öffentlichen, stellen sich jederzeit so teuer heraus, daß sie mit dem Kostenvoranschlag in keinerlei Verhältnis stehen. Aber wir sind noch nicht so weit. Vorläufig ist erst der 26. April, und für morgen nachmittag ist ein Tee anberaumt: einer von den ganz großen. Es muß zugegeben werden, daß Madame Lautenschlag, ob sie auch eine Hausfrau in Gottes Zorn ist, einen Salon in vollendeter Weise zu halten weiß. Sie ist dann in ihrem Element wie eine Dame aus dem Dix-huitième.
Mathias will die Kuchen besorgen helfen. Sie wird ja dabei sein, muß sie doch helfen servieren. Dienerschaft tritt keine dabei hervor. Und wieviel ist denn vorhanden? Kaum mehr als man zum Türöffnen bedarf.
Mathias ist der Snob der Familie. Manchmal gelingt ihr ein erfolgreiches Veto, wenn eine Einladung sich auf jemanden erstreckt, der ihr einer so hohen Ehre allzu unwert erscheint. Ha! wie die Wagen sich wieder vor dem Hause stauen werden! Da kommen die von Zwingers nicht heran. Eine Welt, ein ganzes Planetensystem trennt die Lautenschlagschen von den Zwingerschen Tees. Wollen wir ein wenig zu diesen hinübersehen? Dort sind sie alle Tage und

gelten als nichts Besonderes. Den von Zwingers ist der Genius des Geldes bis auf Widerruf gewogen. Denn hier war Solidität, Sinn für Ordnung und System. Zwar beziffert sich, was man wohltätigen Zwecken zuwendet, recht hoch, doch fehlt dabei nicht das ökonomische Bestreben. In den Schlafzimmern wird nicht gefeuert. Selbst im härtesten Winter bleiben die Fenster geöffnet; das Geld, das hinausgeht, kann auch wieder herein.

Von den Töchtern – es sind deren fünf – hat die älteste, wie einst ihre Mutter, bei der indessen zur Greisin gewordenen reichen Tante ihr Zuhause. Die zweite ist die nicht schöne, aber ungemein kluge, gebildete und angenehme Dorothea; lebhaft, freundlich, meist in Gedanken und zerstreut.

Lange nicht so einfach steht es um Hedwig, diese wahrhaft sensationelle, fast überlebensgroße, statueske Erscheinung, und infolge einer mysteriösen Krankheit so schlank, daß auch die faltigsten Kleider über das Nichtvorhandensein ihres Busens wie ihrer Hüften nicht im geringsten hinwegtäuschen. Statuesk wirkt auch das goldblonde Haar, das ihr wie eine natürliche Krone entstrahlt. Hedwigs tägliche Nahrung besteht in zwei Eidottern in einem Gläschen Tokaier verrührt. Das ist alles. Ihre ein wenig unnahbare Art hängt mit diesem superioren Speisezettel zusammen. Unvermeidlichen Ekel muß in ihr der Anblick dampfender Speisen: Fisch, gar Braten mit seinen üblichen Zutaten, und mehr noch die Tischgesellschaft erregen, die mit sichtlicher Befriedigung diesen für Hedwig so ungenießbaren Dingen zusprach. Ist ihr Ton leicht überheblich, so fesselt ihr Deutsch durch die vollkommene Natürlichkeit ihres englischen Akzentes, Madame Lautenschlag preist des öfteren ihre yeux de diamant. Sie leuchten in einem klaren, aber keineswegs kränklichen Gesicht. Krank oder nicht, hat die schöne Hedwig einen feurigen Bewerber, während Dorothea nunmehr dicht vor ihrer Hochzeit steht.

Dies also waren die beiden interessanten Schülerinnen der Frau Lautenschlag, der zuliebe Mrs. von Zwinger die zwei jüngsten Töchter von dem ohnedies stark in Mitleidenschaft gezogenen Bechsteinflügel fernhält. Musik? Die brauchte man vor allem, wenn Besuch kam, um die leicht einschläfernde Konversation zu beleben oder den Worteschwall ordentlich in Gang zu bringen. Und dafür genügten zwei. Zwar hätte sich ja als Dauereinspielerin die freundliche, aber reizlose Gertrud besser geeignet. Edel auch sie. Doch nicht so rasch wie für ihre Schwestern dürfte ein Freier sich melden. Ein permanenter Stockschnupfen beeinträchtigt ihre Sprechweise. Mit dem ein wenig blöden, aber forschenden Blick ihrer wasserblauen Augen – es sind die gütigen und duldsamen Augen eines Schlachtopfers – sieht sie den Dingen gerne auf den Grund – und erkennt nichts!
Von unserer Candida haben wir schon gesprochen. Sie ist die weitaus Jüngste und steht auch deshalb den Lautenschlagschen Mädchen am nächsten. Zwischen ihr und Gertrud kommen zwei Brüder, der ältere mit dem Ausruf ›Victory‹ bei seiner Geburt begrüßt und meistens Vicky genannt und der hübsche Tobby, Abgott seiner Mutter.
Somit hätten wir die ganze, wohlgeratene Schar...
Es geht auf halb fünf Uhr. Dunkelheit ist schon im Anbruch. Binnen kurzem wird dieser Tag der Vergangenheit anheimfallen, so wenig zurückzuholen sein wie Millionen oder Myriaden vor ihm. Sie kennt keinen Unterschied zwischen der Eiszeit und dem Gestern... Das Zwingersche Haus sieht nach Westen, der große Garten bildet die andere Straßenseite. Die Sonne bereitet sich zum Untergange. Die Fenster scheinen von bebenden Schleiern durchleuchtet, sie flimmern wie Augen, die in Tränen stehen. Rosa Streifen ziehen am schönen Münchner Himmel hin; aber die meist beschatteten Bäume sind noch

kahl, und rechts an der Kreuzung wuchtet der Riesenbau aus schwarzem Gebälk und finsterem Glas...

Sind ihre Gäste gegangen, so obliegen ihr zumeist noch allerlei gesellschaftliche Pflichten von derselben Art wie ihr Five o'clock. »Motherle, don't forget your purse«, darf die treuherzige Candida sie erinnern, wenn jene sich anschickt, in ihre prachtvolle, etwas abgetragene Pelzjacke zu fahren, die ihr ein wenig schief, aber gar nobel vom Rücken hängt. Hilfsbedürftigen beizuspringen: die Rolle lag ihr. An ihre eigene Familie aber sollte keine Armut sich heranwagen. Ihre Schwiegersöhne hatten vermögende und angesehene Männer zu sein, wie sie nur reiche und schöne Bräute für Victory und Tobby in Aussicht nahm.

Die wirklich weltfremden, in den Wolken lebenden Leute waren gewiß nicht die bibelfesten Zwingers, sondern die drastischen Lautenschlags.

Es ist halb sechs Uhr. Gehen wir rasch hinüber. Dort ist jetzt der ›Tee‹ im vollsten Schwung. Candida ist immer eingeladen. Aber sie muß warten, bis die Damen Schorn und Selby sich empfehlen.

LENA CHRIST

Das Mädchen vom Lande

Am Ostbahnhof stand schon meine Mutter und empfing uns mit großer Freude. Ich reichte ihr die Hand und sagte, der eben erhaltenen Lehren eingedenk, möglichst nach der Schrift: »Grüß Gott, Mutter!«

»Schau, schau, wie gebildet die Leni schon wordn ist! Da wird aber der Vater viel Freud habn, wenn er so ein g'scheits und vornehmes Töchterl kriegt.« Mit diesen Worten zog sie mich rasch an sich und führte mich an der Hand, während der Großvater sich hinter uns immer mit seinem Schneuztüchl zu schaffen machte.

Wir stiegen in eine Pferdebahn, und während sich die Mutter mit dem Großvater unterhielt, sah ich unverwandt durchs Fenster und starrte die hohen Häuser und Kirchen an und staunte über die kurzen Röcke und Hosen der Kinder, die gerade aus einer Schule kamen. Am Marienplatz, wo wir aussteigen mußten, denn damals führte noch keine Pferdebahn nach Schwabing, vergaß ich beim Anblick des Fischbrunnens plötzlich meine ganze gerühmte Bildung und schrie, indem ich eilig darauf zulief: »Großvatta, do schaug hera, wie dö Fisch's Mäu aufreißn!«

Entsetzt wandte meine Mutter sich ab, während mein Großvater mich am Ärmel ergriff und mir zuflüsterte: »Bscht, sei stad, Dirnei! Mäu derf ma ja jatz nimma sagn, Mund hoaßt's do jatz!«

Und damit nahm er mich bei der Hand und zog mich weiter. Doch vor der Residenz gab es einen neuen Zwischenfall. Dort zog eben die Wache auf, und ich rief beim Anblick der im Paradeschritt aufmarschierenden Soldaten: »Ah, Muatta, Vata, dö schaugts o! Dö gengan ja grad wia meine hülzern' Mandln, dö wo...«

»Um Gottes willen, Leni«, fiel mir die Mutter ins Wort, »sei doch still! Das ist ja Majeschtätsbeleidigung!«
Während ich noch über dies letzte Wort nachdachte, zogen sie mich schon durch die Ludwigsstraße, und stillschweigend trottete ich nun nebenher, bis wir nahe dem Siegestor in eine Seitenstraße einbogen.
Vor einem hohen Hause, auf dessen rötlicher Fassade mit großen Buchstaben das Wort »Restaurant« geschrieben stand, machten wir halt. Unter dem Tore stand schon mein neuer Vater und empfing uns mit herzlichen und guten Worten. Wir traten durch den Hausgang in einen kleinen Garten, von dem aus eine Tür in die Küche führte. Nachdem uns die Mutter dort an einen kleinen Tisch gesetzt hatte, lief sie schnell in die Wohnung und zog sich um; denn es war Mittag, und die Köchin begann schon zu jammern, weil sie bei der großen Zahl der Gäste mit dem Anrichten allein nicht fertig zu werden vermochte. Die Gastwirtschaft, die der Vater schon vor der Hochzeit übernommen hatte, war nämlich damals wegen der guten Küche von den Studenten sehr besucht. Mit offenem Munde sah ich nun dem Trubel im Gastzimmer und in der Küche zu und getraute mir mit dem Großvater kaum ein Wort zu reden vor Angst, die Mutter in ihrer aufgeregten Geschäftigkeit zu stören. Als es etwas ruhiger geworden war und die meisten Gäste fort waren, bekamen auch wir zu essen und gingen danach in die Gaststube zum Vater, der den Großvater nach vielem fragte: was die Großmutter mache, wie es mit dem Vieh gehe, wie es mit der Arbeit daheim sei und auch, was ich bisher getrieben. Da gab ihm der Großvater über alles Auskunft.

GEORG QUERI

Münchner Märchen

Es war Fasching. Der Jüngling tanzte und verliebte sich. Und als der Fasching um war, ging er in das Haus seiner Tänzerin und sagte zu ihr:
»Heiraten taat ich gern.«
Aber die Jungfrau errötete und sprach:
»Fragn S' z' Ostern wieder nach. Ich kann doch an Salvator net auslassn.«

GUILLAUME APOLLINAIRE

Kleinhesseloher See

Am Rand eines Sees
Vergnügte man sich damit Steine aufprallen
Flache Kieselsteine über das Wasser
Zischen zu lassen das kaum tanzte

Barken waren verankert
In einem Hafen
Man band sie los
Nachdem sich der Trupp eingeschifft hatte
Und einige Tote ruderten
Mit ebensoviel Kraft wie die Lebenden

Auf dem Bug des Bootes das ich steuerte
Sprach ein Toter mit einer jungen Frau
Sie trug ein gelbes Kleid
Mit einem schwarzen Mieder
Mit blauen Bändern und einem grauen Hut
Geschmückt mit einer kleinen zerfetzten Feder

Ich liebe dich
Sagte er
Wie der Täuberich die Taube liebt
Wie das Nachtinsekt
Das Licht liebt

Zu spät
Antwortete die Lebende
Stoßt sie weg stoßt sie weg diese verbotene Liebe
Ich bin verheiratet
Seht den Ring der glänzt
Meine Hände zittern
Ich weine und möchte sterben

Die Barken waren angekommen
An einem Ort von dem die Cheveaulegers wußten
Daß hier ein Echo antwortete vom Ufer
Man ließ sie nicht ausfragen
Es gab so närrische Fragen
Und Antworten so passend
Daß man vor Lachen hätte sterben mögen
Und der Tote sagte zur Lebenden

Wir würden zusammen so glücklich sein
Über uns wird sich das Wasser wieder schließen
Doch du weinst und deine Hände zittern
Einer von uns wird nicht mehr wiederkommen

Man hatte die Erde wiedergewonnen und das war die
Rückkehr
Die Verliebten liebten sich untereinander
Und ihre schönen Lippen vereinigten sich
Sie schritten in ungleichen Abständen dahin
Die Toten hatten die Lebenden gewählt
Und die Lebenden
Tote
Ein Wacholderstrauch machte manchmal
Den Eindruck eines Gespenstes

Die Kinder zerrissen die Luft
Indem sie mit hohlen Wangen
In ihre Pfeifen aus Schneeballholz bliesen
Oder aus Hollunder
Während die Militärs
Jodler anstimmten
Und sich antworteten wie man es macht
In den Tiroler Bergen

In der Stadt
Nahm unser Trupp nach und nach ab
Man sagte sich
Auf Wiedersehen
Auf morgen
Auf bald

Viele gingen in die Bräuhäuser
Einige verließen uns
Vor einer Hundeschlächterei
Um dort ihr Abendbrot zu kaufen

Übersetzt von Georg Schneider

Franziska von Reventlow

Tagebuch-Notizen

7. Juni

Abendspaziergang um den See, wir reden ernste Gespräche und daheim im Dämmern das Aufklärungsgespräch, vor dem ich soviel Angst gehabt hatte. Aber es kamen weder die Fragen, die ich fürchtete, es interessierte ihn wohl, machte aber keinen großen Eindruck, und schließlich erklärte er, es wäre doch schade, und viel netter wär's, wenn die Frauen von allein Kinder bekämen und »wozu das alles? Es ist gerade so, wie wenn eine Maschine eine ganze Menge Ventile hätte statt einem«.

Im Bett klagte er dann noch, daß es gar nicht hübsch wäre, ein Mann zu sein, Frauen wären so viel schöner. Ich meinte dann, es wäre doch schön, daß man als Mann ein wenig Anteil an den Kindern hätte, und wenn man die Frauen liebte usw. Aber er seufzte und sagte: »Ach nein, ich glaube nicht, und das Leben ist doch eine komische Sache.«

14. Juni

Bubi morgens ohne Hut und Bücher aus der Schule, der Lehrer hatte ihn geohrfeigt. Ihn also herausgenommen. O weh – und ich bin dem Mann zweihundertfünfzig Mark schuldig.

15. Juni

Nachmittags gegen fünf zum Hochwasser, dann von Großhesselohe zu Fuß bis München und bei Thalkirchen auf die Brücke. Machte großen Eindruck. In strömendem Regen zurück.

16. Juni

Vormittags geglast. Nachmittags lange geschlafen.

1. Juli

– ja immer so weiter. Es ist eigentlich ein ganz fröhlicher Sommer, das kaputte Herz ist wieder ganz geworden und ich bin ganz mit mir und Bubi allein. Und der liebe Adam, der gute. Günther seh' ich wenig mehr und mag ihn auch nicht sehen. Immer Angst, es könnte wieder etwas zurückkommen, und ich könnte wieder Gefühl für ihn haben. Damals hat mir doch alles verdammt wehgetan. Und er hat sich auch geirrt – ach, Schluß damit. –

Ich wäre so glücklich, wenn meine äußere Lage anders wäre. Das Leben ist mir wieder ganz sonnig.

3. Juli

Regensonntag mit Rolf Brockdorff, spät mit Bubi heim. Die Woche geglast und kein Geld.

7. bis 14. Juli

Elendig herumgelegen, Kopf- und Bauchweh recht verzweifelt, kein Geld und kann nichts tun. Wir können bald nicht mehr Trambahn fahren – Oberammergau wird nichts – ich bin eigentlich ganz ruhig und ganz gleichgültig. Aber ich will ein Ende machen, so oder so. Also beschlossen, hier die Bude zuzumachen und nach Berlin, dort alles versuchen, und wenn es die Friedrichstraße sein sollte. Ich will nicht mehr.

Noch einmal aufgerafft, Ansichtsgläser gemacht, dann drei Tage hier herumgezogen und einen Tag Kochel, hoffte immer, aber – froh, als ich mit Bubi wieder zurückfahren konnte, bin viel zu nervös, um mit Menschen zusammen zu sein.

15. bis 19. Juli

Ein Glas nach dem andern.

19. Juli, Donnerstag

Zu Holm, um wegen des Buches zu fragen, noch unentschieden, aber eine Übersetzung. War ich selig, gleich hundert Mark Vorschuß und nachmittags mit Bubi Einkäufe gemacht. Am liebsten möchte ich gleich alles verputzen, aber man ist jetzt gebranntes Kind und vernünftig. Günther getroffen, mich abends abgeholt. Englischer Garten – Mondschein – Gott sei Dank, meine Sentiments sind völlig vorbei.

20. Juli

Günther zum Frühstück und Mittag. Abends mit Wahls Hofbräu und Ceylon-Teestube.

Samstag, 21. Juli

Nachmittags im Schandwetter in der Stadt, Bubi Handschuhe und eine rote Badehose gekauft, die er zu Hause vor Freude den ganzen Abend über den Kleidern trägt. Ich mir auch Batisthöschen gekauft, und am Sonntagmorgen führen wir darin einen großen Freudentanz auf.
Fünfzig Mark für verkauftes Bild, jetzt schwimmen wir wieder, geben aber natürlich gleich wieder zuviel aus.

Sonntag, 22. Juli

Früh Übersetzung, nachmittags Kintopp, der lang' entbehrte. – Todesnachricht von Onkel Georg. Heimweh. Der Mann ist mir in meiner Jugend sehr viel gewesen.

24., 25. Juli

Englischer Garten, Übersetzung. Rauchen seit zehn Tagen abgewöhnt, fühle mich viel wohler dabei. Adam im Stephanie getroffen, dann Petrichs. Abends Stern.

27. Juli

Schon um halb fünf aufgewacht. Ganz allein den herrlichen Morgen genossen, das Bübchen schläft noch. Ich glaube, ich könnte noch einmal jung werden. (Schaf)
Bubi lernt jetzt schwimmen – endlich aus eigenem Antrieb, nachdem er früher nicht dazu zu bringen war.

28. Juli

Es geht auf einmal wieder so glatt, eine ganze Masse Geld zusammengekommen. Wundervoll, so ein paar Stunden ruhig dazuliegen und sich keine unmittelbaren Geldgedanken machen zu müssen. Abends Günther. Ich mag es nicht, es macht mich momentan doch wieder sentimental. Konnte nicht einschlafen und war traurig.

29. Juli

Still gelegen, sehr elend und sehr vergnügt. Alles geht wieder einmal in staunenswerter Weise.
Aber das Voraus-Heimweh fängt schon an. Wenn ich vom Mittagsschlaf aufwache, ist mir gräßlich zumut. Ich habe mein rotes Zimmer so sehr gern. Es ist viel Schönes, viel blöde Illusionen und viel Trauriges drin gewesen. – Winterabende – ich sehe, daß ich doch noch nicht zuviel dran denken darf. Dann reißt es wieder.

30. Juli

Stadt, Einkäufe, Handschuhe, Blusen etc. Muß mich jetzt sehr zusammennehmen, um nicht einen furchtbaren Anfall von Leichtsinn zu bekommen. Es ist zu überwältigend. Nachmittags Stephanie, Adam erwartet, der nicht kam. Dann todmüde mit Bubi im Leopold gesessen und Blätter gelesen.
Freu' mich, daß er seine Wasserangst überwunden hat, die ihm in allen vorigen Jahren gar nicht abzugewöhnen war. Jetzt geht er mit Seligkeit zum Baden, schade, daß ich nicht mit dabei sein kann. – Nachmittags Koch, abends mit ihm Ceylon-Teestube.

Sonntag, 31. Juli

Noch vier Sonntage in München – dann fort. Weiß selbst nicht recht, wie mir dabei zu Mute ist.
Das Schlimmste ist die Trennung von Bubi, alles andere macht mir nichts aus. Aber dies ist kaum zu ertragen. Jetzt hab' ich ihn dreizehn Jahre, und nie getrennt. Und nun? Wenn ich ihn einmal weggebe, kommt's mir vor, als ob alles aufgelöst wäre, und wer weiß, wann ich ihn wieder nehmen kann. Mir graut schon vor den einzelnen Momenten – wenn ich ihn an die Bahn bringe und dann noch

allein hier bin. Die Reise nach Berlin ohne ihn, die ersten Tage dort ohne ihn, die erste Nacht, wo er nicht neben mir in seinem Bettchen liegt.

1. August

Gestern mit Koch Ratskeller und Teestube, saßen vor dem Kamin und hielten Teegespräche. Ich habe mich so darauf gefreut, ihn zu sehn, aber er war nicht so, wie ich mir gedacht hatte, nicht mehr wie früher. Damals war es irgend etwas Besonderes, jetzt ist er wie irgend jemand anderes. Er hat den fernen Charme verloren.

1. bis 15. August

Übersetzung, morgens immer im Englischen Garten, göttliche Sommermorgen, Boot gefahren – »Schwenten« gefüttert. Dann heimwärts arbeiten. Bubi geht baden – ich habe natürlich zu Gott und der Welt keine Zeit. Mittags Schwabinger Brauerei und Leopold. Arge Wehmut nach dem vorigen Sommer – ich möchte wieder eine schöne Amour haben, es ist so traurig ohne, aber es findet sich kein geeignetes Objekt.
Nein, das Leben ist auch so schön, sehr still, sehr sommerlich, sehr Bubi. Und Geld, ich kann doch jetzt ruhig leben, wenn's auch nur eine Zeitlang ist, es spannt doch alle Nerven wieder aus. – Hier und da Koch, einen Abend Ludwigshöhe und an seinem letzten Abend im Englischen Garten am See zu Abend gegessen.

Karl Wolfskehl

Das unsterbliche München

Nicht von München als Kunststadt im engeren Sinne, nicht von Kunstpolitik, Fehlern, Mißgriffen, Aufgaben soll hier die Rede sein. Der besondere geistige Charakter Münchens, das einzigartige Fluidum dieser Stadt soll aufgezeigt werden, wir wollen sehen, woraus es entstand und sich nährte, sich erhielt, sich wandelte und was es jetzt bedroht, vielleicht schon zerstört hat.

Der so oft geäußerte Vorwurf, München sei, wenn nicht gegen, so doch ohne die eingeborenen Münchener zu seiner besonderen Eigenart erwachsen, ist zwar in diesem Umfange durchaus übertrieben, weist aber – soweit er zutrifft – auf eine für die neuere europäische Geistesgeschichte überhaupt bedeutsame Wirklichkeit. Wenn wir von den aus München selbst oder den eigentlichen Bayernprovinzen herstammenden Malern absehen (und in dieser München als Stätte des Geistes überhaupt wertenden Betrachtung muß das Auge weiterdringen), so ist allerdings München durch Nichtmünchener, ja zum Teil auch durch Nichtbayern geschaffen und erhalten worden. Aber dies ist durchaus kein Einwand gegen das Menschentum, in dessen Mitte dies nicht zugehörige München erstand und lebte. Im Gegenteil. Wie kommt es, muß man sich fragen, daß nicht nur die einzelnen aus dem gesamten deutschen Sprachgebiet, ja oft genug aus außerdeutschen Kulturen stammenden Persönlichkeiten hier Heimat im geheimnisvollsten Sinne des Wortes finden konnten, sondern, daß auch alle Bewegungen europäischen und insonderheit deutschen Geistes während der letzten drei Menschenalter hier, wenn nicht ihre Entfaltung, so doch die Möglichkeit lebendiger Ausgestaltung fanden – wieder in

weitem Umfang ohne Beihilfe, Zutun, Mittun der Münchener? Das Problem ist einzigartig und ergreifend.
Weist es doch auf tiefere Zusammenhänge, auf ein Mitwirken von Kräften, von Kräften jener Art, deren symbolischer Ausdruck und Zusammenfassung von den Alten als »genius loci«, als besondere der betreffenden Stätte entstammende, mit ihr innig verwachsene gotthafte Wesenheit – gewissermaßen als deren gestaltete Idee – Dienst und Anbetung fand. Eine wundersame Beziehung waltet zwischen den Lebendigen und ihrem Mutterboden, bedingend und bedingt, eine Wechselwirkung, ein Zusammenklingen. Sie waltet nur, wo ungebrochenes, mit den Erdkräften verwurzeltes Dasein aus innerer Notwendigkeit, natürliche Voraussetzungen, gegebene Umstände zu geschichtlichem Werden erwachsen läßt. Wo solches der Fall ist, entstehen in allen Abstufungen selbsteigner, selbstgenügsamer oder aber übergreifender, Fremdes einbeziehender, einschmelzender Verwirklichung bis zu den größten Gestaltungsformen, den Kultureinheiten, alle menschlich echten Dinge. Ein sonderbares Gesetz, auf das noch wenig geachtet wurde, scheint dabei zu verlangen, daß die Ausgangs- und Brennpunkte dieser jeweils besonderen Eigengestaltungen an gleichsam verhüllter, von außen gesehen »zufälliger« Stelle liegen, der schaffende Geist auch hier »wehet wo er will«. Wie im Altertum etwa Athen und nicht Korinth einerseits und das meerferne schlecht zu verteidigende »irgendwo« gelegene Rom andererseits das geschichtliche Leben nach innen und außen bedingten, so scheint es überall und jederzeit gewesen zu sein. Die Beispiele ließen sich häufen. Es ließe sich diesem Gesetz vielleicht manches seiner Geheimnisse abahnen, ablauschen, hier aber genügt der Hinweis: auch München stand und steht unter diesem Gesetz. Weder durch seine geographische Lage noch seine welthistorische Wichtigkeit ist sein einzigartiges Sondergeschick erklärbar, und auch der Wille der Fürsten und

Führer, die es vor hundert Jahren aus dem Dunkel emporhoben, konnte nur Gestalt gewinnen infolge der verborgenen Zusammenhänge, die den Strom deutscher Geistesentwicklung mit Notwendigkeit an diese Stelle lenkten. Denn das kann man heute, vielleicht am Ende einer ganzen Zeitrunde, rückschauend aussprechen: durch hundert Jahre ist München der Ort gewesen, der alle gestaltenden Kräfte des deutschen Geisteswesens, alle, durchaus nicht bloß die bildkünstlerischen, einmal lockte, abstimmte, an sich zog. Die einzelnen Persönlichkeiten, die Gruppen, die Ideen, die Methoden: alles fand hier in irgendeiner Weise oder zu irgendeiner Epoche und Phase seines Werdens eine entscheidende Einwirkung. War München nicht die Geburtsstätte geistiger Bewegungen, so wurden diese anderswo entstandenen Keime hier zum Blühen gebracht, oder kamen als mehr oder weniger absurder Most hier zum Gären, ihr besonderer Lebensduft entwickelte sich hier, schuf und belebte die Atmosphäre, die München zauberisch umgab, die unnachahmlichen Lebensmöglichkeiten erzeugten für Jugend und Geist eben »München«, jene begrifflich so schwer zu umfassende und dennoch unserem Gefühl so deutliche, so vertraute Einheit von Werden und Verschwenden, von ewiger Gegenwart, zweckloser Schönheit, Hingabe und Rausch: noch einmal gesagt von Jungsein. Dieses München, schon beim ersten, dem königlichen Erwachen aus der kurfürstlichen Residenzenge und -stille, in seinen Grundzügen erkennbar, bei Gottfried Keller, im »Grünen Heinrich«, also in den ersten vierziger Jahren, schon in vollem Gedeihen, hat sich von da ab, durch alle Wandlungen der Zeit, alle Versuche, ihm den Wein abzugraben, vor allen Dingen nicht trotz, sondern wegen des Raubbaus, den es mit sich selber trieb, immer reicher und rauschvoller, immer mehr zu sich selber, zu seinem eigenen Bild gestaltet bis in die letzten Zeiten hinein, bis es sich selber zu der Gefahr wurde, die es heute bedroht. Es gab durch das ganze Jahrhundert und darüber hinaus bis zu dem großen allgemeinen Zusammenbruch neben der durch die Jahrhunderte gefestigten und verklärten Europamitte Paris nur noch eine Geisteshauptstadt mit nach allen Seiten offenen Toren, alles aufnehmend, allverstehend und allbildend und in seinem kleineren Ausmaß ebenso wichtig: München und noch einmal München. Dies München bestand die ganze Zeit durch nur in geringem Maße aus Stadtbürtigen (trotzdem, darauf kommen wir noch zu sprechen, das urbürtige und ansässige Münchnertum von größter Daseinswichtigkeit dafür war), aber woher auch einer kam oder welchen Ursprungs die künstlerischen oder geistigen Ideen auch waren: alles, was sich hier zusammenfand, wurde in dem besonderen Sinne des Wortes münchnerisch, half den spezifischen Charakter dieses Münchnertums erhalten, erweitern, sichern. Hier wurde alles menschlicher, in einem fast griechischen Verstande sinnenhafter, hier kam man »zu sich«, hier fielen die Hemmungen von Herkunft und Gewohnheit, hier mochte man sich geben oder bewahren, hier war Licht und helle hohe Luft, Freiheit und Einsamkeit für jeden, den danach verlangte. Ob man sich kannte oder nicht, sich befehdete oder gelten ließ, alles war dieselbe große Familie, alles bildete jenes München, das keiner von außen erkennen, erspüren konnte, in dem man mitatmen, das man mit sein mußte, um davon zu wissen. Und dies München erhob sich freischwebend, so schien es, über der Stadt der Eingesessenen, der Gleichgültigen oder Ablehnenden, es wurde und bestand trotz dieser, wurde von ihnen eher gehemmt als gefördert. Gewiß, so schien es. Aber in Wahrheit verhielt es sich ganz anders. Gerade diese andere Welt, dieses in überkommener selbstgenügsamer Weise schlechthin existierende, seine »Königlich Bayerische Ruh« eifersüchtig wahrende prächtige Münchner Volkstum war die Grundlage, man möchte sagen der Mutterboden für das andere, das koloniale München, das Geistmünchen. Hier rühren wir an ein Mysterium, denn es handelt sich nicht um eine Verwirklichung aus dem Prinzip des Gegensatzes, sondern darum, daß dieser Mutterboden Kräfte barg, die er zwar nicht selber entwickelte, die aber dem Lebensgesetz des Übergangs, des Übertragens dennoch ins Gestalten, in wirkende, wirksame Betätigung drängten, Bild werden wollten, Bild, das heißt Verwirklichung, Ausdruck. Und so ergab sich der seltsame (wenn auch geschichtlich nicht einzig dastehende Vorgang), daß die jenes Geistmünchen schaffenden und erhaltenden Nichtmünchner im Grunde die Darsteller, die Ausführer, die Verwirklicher (Auslöser) jener im Münchner Wesen, im Münchner genius loci gebundenen Kräfte geworden sind, Auswirkungen wurden, in weitem Umfang das Instrument, in dem die Urmelodie von Volk und Boden zum Klingen kam. Und andererseits: Indem dies nichtmünchnerische München dem Bodenständigen zur Selbstdarstellung verhalf, es gewissermaßen zu sich selber befreite, hielt es die gebundenen Kräfte wach und stark, ließ es die Münchner Münchner sein, war es, geistig verstanden, der stete Abnehmer ihres Überflusses, Überschusses, hielt es München volkhaft und jung. Ja, wir rühren hier an ein wirkliches Geheimnis, auf das behutsam gedeutet werden mag, das wir nicht weiter zu entschleiern trachten. Genug, es bestand, es waltete. Aus ihm erklärt sich das unendliche Heimatgefühl, das jeden hier überkam, alle herbeizog und beglückte. Auch mit dauerndem Dankgefühl erfüllte. Man wußte sich daheim und zu Gast, geborgen und verpflichtet, man war gesichert und stets auf dem Sprung.

Und diese wundersamen Zusammenhänge sind heute gestört. Noch ist es schwer, vielleicht auch nicht wünschenswert, allzu deutlich zu werden. Vielleicht handelt es sich um einen vorübergehenden Prozeß, eine der nur blühenden Gesunden verbürgenden Krankheiten, wie sie das Leben des Einzelnen oder organisch verbundener Gesamtheiten an Wendepunkten zu überkommen pflegen. Vielleicht ist es eine Einzeläußerung des jetzigen deutschen, ja des allgemeinen europäischen Zustandes und seiner tiefen, angstvollen, immer gespenstischer werdenden Verworrenheit. Wir wollen weder deuten noch vorhersagen, wir wollen nur feststellen was ist, wir wollen, nachdem wir darauf wiesen, was war und wie es wurde, dem Heut seinen Spiegel vorhalten, daß es im Selbsterkennen sich finden möge. Aussprechen heißt ja bannen, beschwören. Und so sei es gesagt: München ist drauf und dran, seinen Zauber einzubüßen, matt zu werden, seine eigene Scheingestalt, Maske, hinter der das Nichts gähnt. Es ist somit in Gefahr, seine Naivität zu verlieren, sich selber nur noch zu spielen, zweckhaft zu werden und seiner früheren Magie als Lockmittel zu bedienen, sich in jedem Sinne »auszustellen«. Man wende nicht ein, dies sei von jeher so gewesen, München habe immer mit sich selber geprunkt, von jeher Fremdenindustrie gehabt. Und mit der Gastlichkeit sei es auch nie so weit hergewesen, immer habe es seine Besten ziehen lassen und die Münchner Künstler- und Geistesgeschichte sei in weitem Umfange eine Geschichte der Einbuße, der Lahmheit und mangelnden Initiative. Alle diese Einwürfe treffen nicht den Kern. So wie Überschwang und Verschwendung zum Wesen alles lenzhaften Daseins gehören und so wie Blühen eine Sache für sich und mehr und was anderes noch als die Voraussetzung zum Fruchtansetzen ist, so hat es München, dem Münchner Geheimnis niemals ernstlich geschadet, wenn es seine Adoptivkinder nicht dauernd behielt, wenn es die Kräfte scheinbar nicht nutzte, die in ihm staken und voll Spannung waren. Nie gab es früher einen wirklichen Verlust, ein beängstigendes Wenigerwerden, immer wieder war eine neue Jugend mit neuen Zielen – und dennoch demselben Gesamtgeist entsprungen – auf dem Plan, alle Wunden schlossen sich narbenlos, und die mangelnden Verwirklichungen, Betätigungen, die so oft beseufzten »versäumten Gelegenheiten« dienten dazu, halfen das Dasein zu entzwecklichen, zur einen Selbstbetätigung anzuspornen. Man hatte von und nach außen nichts zu erwarten, fühlte sich dennoch gehalten, gehoben, ermöglicht – es gibt keine bessere Voraussetzung für den »schönen Schein«, die unbekümmerte Hingabe an die Idee, für eben das, was München ausgemacht hat. Und dem auch alle die anderen Versuche und Versuchungen zur Verstofflichung niemals schadeten. Fremdenindustrie und Gründungen –, wie weit, wie tief griffen die früher in das München, von dem hier die Rede ist? Und wie kommt es, daß heute nicht nur ehr- und furchtsame Kunstpolitiker, Statistiker und Registratoren, daß wir alle heute jeden Wegzug wie eine schwere, lang nachzitternde Erschütterung empfinden, daß uns Veranstaltungen ohne Geschmack, einengende Verordnungen, unbegreifliche Verbote (alles Dinge, die es von jeher hier gab, die man nicht merkte, die nicht störten, oder die Anlaß gaben zu tausendfältigem Scherz oder noch verinnerlichterer Betätigung, was könnte man hier für Beispiele anführen), daß all dies uns heute bös, mürrisch, verdrossen oder verzagt macht, daß wir München nicht mehr wie früher als gastliche Stätte preisen, auch woanders leben könnten? Die Frage stellen heißt zwar nicht sie beantworten, aber sie verdeutlicht, worum es sich handelt, was auf dem Spiel steht. Keine andere deutsche Stadt, sie möge bieten, sich bemühen, wie und soviel sie wolle, könnte hier in die Bresche treten, mit dem Aufhören Münchens würde ein Jungbrunnen versiegen, ohne den wir uns ein erdentstammtes deutsches Geistesleben nicht vorzustellen vermögen, und wir sprechen offen und ungeschmückten Wortes von dem, was droht, weil eine seelische Erkrankung, eine falsche und verderbliche Mischung der psychischen Säfte oft dadurch der Heilung nähergebracht wird, daß man sie ins Bewußtsein rückt, daß man sie aussagt. Dieser Absicht, dieser Hoffnung geben wir Raum. Möglich, daß diese Worte eine Diskussion entfachen und entfesseln, die in ihrem Für und Wider die Tatsachen und ihren Ursprung deutlicher beleuchtet, das Wesen der Erkrankung erkennen läßt, zu ihrer Heilung beiträgt. Wir haben uns absichtlich beschieden, Diagnosen zu stellen, wir haben die Symptome aufgezeigt. Und indem wir das Bild des einstigen, des einzigen, des unvergleichlichen Münchens aufriefen und vor Augen stellten, wollten wir das Heute am Gestern stärken, die Hoffnung in uns und allen wachhalten, daß die jetzige Krisis vorübergehe, daß dies einzige München ein ewiges sei, das unsterbliche München.

Meine erste Skizze
Eine Autobiographie

Manchmal weine ich keine Tränen.
Ich berausche mich täglich.
Gerne mache ich sündige Spiele.
Ich bin ein Knäuel von Sinnlichkeit.
Mein Kopf wird herumgeworfen.
Meine guten Gefühle werden von brutalen Händen erdrückt.
Ich schiele.
Ich rezitiere lyrische Anthologie.
Nachts tanze und schreie ich durch die Straßen.
Mein Mund ist ein Strich.
Meine Augen sind manchmal groß und leuchtend.
Mein Nacken ist ausrasiert.
Ich habe schlanke Beine.
Jeder Briefträger ist mein Vater.
In meinen Haaren beseitigt man den Schweiß der Hände –
Aber in der Sonne sind sie fließendes Gold.
Ich bin Marietta.

München, Frühling 1913

Beschauliche Weisheit

Es stand ein Mann am Siegestor,
der an ein Weib sein Herz verlor.
Schaut sich nach ihr die Augen aus,
in Händen einen Blumenstrauß.
Zwar ist dies nichts Besunderes.
Ich aber – ich bewunder es.

*

Fasching 1914

Der wildeste, bewegteste und lustigste Fasching, dessen ich mich in meiner ganzen Münchener Zeit erinnere, war der letzte vor dem Kriege, im Februar 1914. Ich denke an ein Fest bei Körting, das vom Abend bis zum übernächsten Morgen dauerte – wir sprachen nachher von der Nacht vom Dienstag zum Donnerstag – und endlich mit einem Frühschoppen in einer noch nie betretenen Kneipe abgeschlossen wurde. Ich denke vor allem an unser abenteuerliches »Gespensterfest« bei Köster, dessen Wohnung zu einer wahren Spukkammer hergerichtet war. Das Licht war auf eine grünviolette Färbung gebracht worden, an die Wände waren die schauerlichsten Greuel gemalt, am Eingang lag ein ausgestopfter Herr mit offenem Mantel, dem ein Regenschirm aus dem Bauch ragte, die Gesichter der Festteilnehmer waren mit Kreide verschmiert, über die sich rote Streifen zogen oder sie waren sonstwie geisterhaft entstellt, die Frauen waren in mächtige Laken gehüllt oder es hingen ihnen Algen und Wasserrosen in den offenen

Haaren. Jeder, der kam, fröstelte zuerst; aber dann entstand aus dem Schauer, den die Umgebung ausströmte, aus dem lachenden Willen, keine abergläubischen Empfindungen aufkommen zu lassen, eine so mutwillige und ausgelassene Stimmung, wie ich sie nie vorher oder nachher miterlebt habe. Die Männer wischten sich die Malerei aus den Gesichtern, die Frauen aber wurden in dem bleichen Licht immer schöner, je mehr der Tanz, die Bowle und die Tollheit der Laune ihnen Farbe gab. Weisgerber, Unold und Körting, die die künstlerische Vorarbeit geleistet hatten, war ein Meisterwerk gelungen. Es war eine der letzten Veranstaltungen jenes Faschings, des Münchner Faschings überhaupt. Wenige Monate später begann ein anderes Gespensterfest, von dem viele unserer Freunde, Weisgerber, Jacobi, Franz Marc nicht zurückkehrten, für uns andere ist eine andere Welt geworden. Die freie Unbefangenheit des Genießens hat in ihr keine Stätte mehr.

III.

In den »Strudeln des Zeitalters« ...

Von 1914 bis 1945

Ernst Heimeran

Mein erster Kuß

Sie saß vor mir jeden Tag in der Viertelnachsieben-Tram, wenn ich in die Schule fuhr. Sie war schon in der Kirche öfters vor mir gesessen. Aber jetzt trug sie ein schwarzes Käppchen, und das machte mir ihre blonden Löckchen auf einmal anziehend. Außerdem war es Mai geworden, und vor allem hieß sie Hero.

Mit Entzücken erspähte ich auf ihren säuberlich eingeschlagenen Büchern und Heften diesen herrlichen Namen, indessen der Schaffner die Stationen ausrief. Keine Leopold-, keine Ludwigstraße konnte sich mit dem Namen Hero messen; doch ist er meinem Ohr für immer diesen Haltestellen eingeprägt. Es sind lauter heroische Stationen aus dem heroischen Zeitalter.

»O laß mich dein Leander sein!« dichtete ich vor mich hin. Das lag nahe, und ich hätte es ihr mit Leichtigkeit zuflüstern können. Man saß in dicht hintereinander gereihten Rohrgeflechtsitzen, die einen beständig dazu versuchten, dem Vordermann in den Hals zu blasen. Wie verlockte es denn auch meinen Mund, ihrem Nacken das liebende Geständnis zuzuatmen! Ich schrieb es indessen auf einen Fetzen, den ich aus dem lateinischen Präparationsheftchen herausriß, und steckte ihr den beim Aussteigen zu.

Ich hatte ihr darin, als Postskriptum sozusagen, vorgeschlagen, uns nachmittags am Trambahnhäuschen zu treffen und Du zu sagen. Statt ihrer erwartete mich ihr kleiner Bruder, überreichte mir ein hellblaues Briefchen und sagte artig, er solle auf Antwort warten. Ich entnahm dem süßen Umschlag ein Kärtchen mit gerundeten Ecken, das mir in wunderbar gestochener Handschrift kündete (ich besitze es heute noch): »Es tut mir sehr leid, daß Sie sich heute vergeblich bemühen, da ich ans Bett gefesselt bin. Ginge es nicht am Samstag zu der nämlichen Zeit, jedoch tunlichst draußen an der Burgfriedenstafel der alten Heide? – Sie haben mich um das Du gebeten. O wie gern will ich Dich so nennen und wie gern es wieder von Dir hören. Du allein sollst mein Leander sein. Deine Hero.«

Ich staunte. In meiner Handschrift hätte ich keine zwei Sätze auf dem Billett untergebracht.

»Was darf ich also bestellen?« erinnerte mich der kleine Postillon. »Ja, es ist recht. Gute Besserung!«

Es war das erstemal, daß ich die allsamstägliche Pfadfinderübung schwänzte, um mich bei der gußeisernen Burgfriedenstafel einzufinden. Vom nahen Exerzierplatz hallte Maschinengewehrgeknatter, am blauen Himmel übten Flugzeuge. Es schlug drei vom Friedhofskirchturm, als wir uns die Hand gaben.

Wir folgten erst der von Pappelblüten beschneiten Landstraße; wo es aber heißt: »Halt bei Annäherung des Zuges!«, hielten wir querfeldein auf den Wald zu. Über die Grassteppe hinstolpernd begegneten uns Munitionsarbeiterinnen, schweigend und mit schwefelentstelltem, gelbem Haar. Hero hatte eine weiße Bluse an, oben mit einer Schmetterlingsbrosche zusammengehalten.

Unsere Gespräche berührten erst die gemeinsame Vergangenheit – die Linie 26 vor allem –, dann unsere fernste Zukunft, wie es wohl um uns stünde, wenn wir alt geworden seien; es bereitete einen sonderbaren poetischen Genuß zu denken, alles wäre schon längst vergangen und vorbei. Hierauf mußten wir uns aber wohl mit der Gegenwart beschäftigen. Das fiel mir weit schwerer. Doch dank ausgedehnter Lektüre wußte ich, daß ein Liebespaar vor allem einmal Arm in Arm geht. So taten wir denn auch.

Auf dem holprigen Gelände ging es Arm in Arm freilich noch viel unbequemer denn zuvor. Mit hochgezogener Schulter führte ich die ein wenig zu klein geratene Hero

über Kies und Schollen; ich schleifte sie förmlich, und der Arm tat mir weh. Dennoch traute ich mich nicht nachzulassen, hielt Hero vielmehr mit aller Kraft an meine Seite gepreßt, bis wir endlich den Wald erreichten.
Aber ein Posten wies uns zurück. »Gesperrt!« sagte er. »Ihr müßt euch schon einen anderen Platz aussuchen.« Im Walde wurde geschossen.
Wir streiften am Rande des Gehölzes entlang, aber überall war heute Schießgebiet. Mich überkam ein großes Verlangen nach der versäumten Pfadfinderübung. Als uns immer neue Posten aufs freie Feld hinauswiesen, blieb ich endlich stehen, schlenkerte meinen pelzigen Arm, umfaßte Hero und küßte sie. Ich drückte meinen staubigen Mund hartgeschlossen auf ihre kleinen Lippen und verharrte so einige Zeit, da ich gelesen hatte, daß richtige Küsse minutenlang dauern.
Nase gegen Nase gestellt, den Atem anhaltend, wartete ich indessen vergeblich auf das eigentliche Ereignis des ersten Kusses, das in Büchern offensichtlich über Gebühr besungen worden war. Dies feststellend, nahm ich meinen Mund weg und brachte Hero auf dem kürzesten Weg nach Hause.
Immerhin, ich hatte getan, wozu ich mich als Mann verpflichtet hielt. Sobald ich wieder allein war, verklärten sich auch die Gefühle, so wie es vielen Anfängern mit der Musik geht: allein können sie ihre Stimme vorzüglich, aber beim Zusammenspiel geht der einfachste Lauf nicht mehr. Ich verfaßte ein feuriges Gedicht und schickte es meiner Hero mit der Post. Fortan verdankten wir der Post unsere tiefsten Erlebnisse, und vielleicht ist auch dieses Blatt nichts als ein spätes Billett an Adresse unbekannt.

Wilhelm Hausenstein

Dichtermilieu in der Ainmillerstraße

Eine Zeitlang lebte Rilke in einem Häuschen der Keferstraße, ganz nahe am Englischen Garten, in einer Abseitigkeit, die in München noch möglich ist; der Bach, der vorbeifloß, die Blüte des Maitags, das rote, gelbe Blatt des himmlischen Oktobers war »sein« Vers – unmittelbar empfangen wie von Gott.

Um das Ende des Krieges wohnte er an der Ainmillerstraße, neben dem Malerzeichner Paul Klee, draußen in Schwabing. Von der Atelierwohnung im vierten Stock blickte man nordwärts auf ein System ziegelroter Dächer; darüber stand blau und heiß der Junihimmel. Das Milieu war ihm fremd; es war ihm geborgt. Wunderbar zu sehen, wie er nun zwischen Abneigung und Abstand die Mitte fand: wie er die Sachen eines anderen mit milder Hand dazu erzog, gleichnisweise ihm zu gehören, ihm, dem Gast, und wie er ihnen dennoch die Fremdheit ließ. Wunderbar zu sehen, wie er diesem doppelsinnigen Zustand das Zeichen der Gültigkeit aufprägte, wie er das Fremde sanft zu meistern wußte, wie er die Extreme dieses Zustandes in seiner feinen Person aneinanderband mit Bändern aus der starken Seide des Dichtergeistes. Er gab der Situation, die nicht die seine war, mit seiner schönen Heimlichkeit die Würde eines Gedichtes: eines uneingestandenen und dennoch wirklichen Gedichtes. Auf der Prosa des Zustandes lag der nämliche Heiligenschein aus fast unsichtbarem Gold, der den Spaziergänger auf der Ludwigstraße, im Hofgarten allzeit umwob. Ein Pult war da, an dem Rilke stehend zu schreiben pflegte. Ein rührendes Pult: aus Fichtenholz, schmal, mit brauner Wasserbeize gebeizt. Auf diesem Pult hatten die Arme im blauen Anzug gelegen; darauf hatte die langsam schreibende Hand sich bewegt; die kalligraphischen Züge wie aus einer vornehmen Kanzlei waren auf dieser schrägen Holzplatte erblüht als Blumen. Dies alles verblieb nun dem Pult; dies alles überglänzte das Pult mit einem Glanz, den die Unmerklichkeit so schön machte wie den Glanz der Sonne und des Mondes. Man spricht vom Dichter. Mir schien, diese Situation vermöge den Dichter so unmittelbar zu erweisen, noch unmittelbarer vielleicht als seine erlauchten und innigen Verse es je getan haben. Dieser Dichter vermochte das Schwerste: nur ein »Gast« zu sein. Er mußte wohl ein Dichter sein, um dies zu vermögen. Mit leiser Hand fuhr er über das Unmögliche des Lebens zwischen fremden Gegenständen hin, über dies Provisorische, – und siehe da: Die Situation wurde seine Strophe, und also wurde sie wahr, wirklich, gültig. So wurde sie mehr als Eigentum... Darf ich vor meinem Gewissen verschweigen, daß seine noble Fassung mich einmal und öfter aufbrachte? Daß die vollkommene Reinheit, Zärtlichkeit und die Weite seines Wesens mich revoltieren konnte und die böse Lust weckte, seinen auf der feinsten Waage gewogenen Worten heftige Worte, grelle Worte, unüberlegte entgegenzusetzen, ja ihn aus der metaphysischen Entferntheit seines Lebens, obwohl sie ja doch das wahre Leben war, herzureißen in eine der Banalitäten, die von der menschlichen Gesellschaft für Wirklichkeit ausgegeben werden? Ich schäme mich des bösen Antriebs und bin dem unbekannten Gott dankbar dafür, daß er mir die Kraft gab, die schlechte Lust zu unterdrücken. Wie entsetzlich würde ich den Dichter erschreckt haben. Ich maß es, als ich sah, wie ihn der Einbruch eines weißen Terrors im Mai des Jahres 1919 vernichtete. Wer des Geistes verdächtig war, wurde von Gewehrkolben heimgesucht. Bei Rilke schlugen Kolben und Kommißstiefel eines Morgens um fünf Uhr an die Tür; er sei ein Bolschewist. Dieses Ereignis hat ihn aus München, aus Deutschland vertrieben.

Ricarda Huch

Kurt Eisners Ermordung

Auf der Ludwigstraße fanden wir lebhafte Bewegung: Spaziergänger, wie man sie an so schönen Tagen zu sehen pflegt, Neugierige wie wir, vor allen Dingen Proletarier in großer Menge. Sie waren augenscheinlich zu einem kleinen Demonstrationszug geordnet, wie man solche seit der Revolution häufig zu sehen bekommt. Es fällt jedermann auf, daß man unter ihnen Gesichter sieht, die man sonst nicht sah: böse, unmenschliche, gefahrdrohende. Kamen sie früher aus ihren Höhlen nicht in die eleganten Viertel? Oder haben Krieg und Revolution fast vergessene Masken von den Gesichtern gelöst? Sie sehen unsereinen mit unverhohlener Drohung im Vorübergehen an, sie machen wüste Bemerkungen, die wir verstehen können und auch verstehen sollen. Man mag sie bemitleiden; aber Grauen flößen sie ein. Vielleicht wäre die Stimmung doch nicht so unheimlich gewesen, wenn die Elektrische gegangen wäre. Es ist unbeschreiblich, wie das Aufhören dieses sonst nur des Nachts ruhenden Geräusches den Charakter des großstädtischen Organismus verändert. Es ist wie das Atmen eines ungeheuren Geschöpfes, das zu verenden scheint, wenn der schnarchende Atem nicht mehr geht. Ein ängstliches Gefühl ergreift einen unwillkürlich; die Stille hat etwas von der seltsamen Stille vor dem Erdbeben, in der man die bangen Vögel zirpen hört. Nach fünf Minuten kehrten wir ohne Kaninchen und ohne Uhrkette um; ohnehin waren alle Geschäfte geschlossen. Die Ahnung drängte sich uns auf, daß die Kugel, die Eisner traf, eine neue Epoche der Revolution eingeleitet hatte.

Im Laufe des Tages vernahm man Genaueres über die Vorgänge des Morgens. Daß Eisner, der auf dem Wege zum

Landtage getötet wurde, die Urkunde seiner Abdankung in der Tasche gehabt habe; daß die Kunde seines Todes in den eben eröffneten Landtag gebracht wurde; daß der Vorsitzende eine Ansprache hielt, um seinem Beileid und seiner Entrüstung Ausdruck zu geben; daß gleich darauf ein Mann mehrere Schüsse abgab, von denen einer den Minister Auer traf und schwer verwundete, während die andern einen Zentrumsabgeordneten, dessen Namen ich vergessen habe, und den Major von Jahreiß töteten. Major von Jahreiß war der einzige, der sich dem Mörder entgegenwarf, um ihn zu entwaffnen; die andern waren weggelaufen oder hatten sich verkrochen, was augenscheinlich das Allgemein-Menschliche ist. Zuerst wurde dies Attentat so dargestellt, als sei es eine Art Totenopfer für Eisner gewesen; später hieß es, die Unabhängigen hätten sowieso die Absicht gehabt, die Eröffnung des Landtages zu verhindern, und dieser Angriff stehe mit der Ermordung Eisners in keinem Zusammenhange. Wie dem auch sei, der gewaltsame Tod Eisners kam der Bergpartei erwünscht: Die Schuld, daß die Umwälzung aus dem verhältnismäßig richtigen Fahrwasser gerissen wurde, um nach links abzustürzen, konnte den Konservativen zugeschoben werden. Über den Mörder Eisners hörte man verschiedenes: Er sollte einer alten bayrischen Adelsfamilie angehören, er sollte ein Jude sein; andere behaupteten, sein Vater sei ein echter Graf Arco, seine Mutter eine reiche Jüdin. Nach allen Berichten war er noch sehr jung, schmächtig und sehr wunderlich; nicht eben, wie man sich Harmodios und Aristogeiton vorstellt.

[...]

»Es ist merkwürdig«, hörte ich ein junges Mädchen sagen, »bis jetzt hörte ich fast täglich seufzen: Ist denn keine Kugel für den Eisner gegossen? Und seit er erschossen ist, bejammert jeder seinen Tod und verflucht seinen Mörder.« So schwer ist es, über Zuneigung und Abneigung, das Fließendste, was es gibt, etwas Bestimmtes auszusagen. Eisner war durchaus nicht sehr bekannt im Volke gewesen, wie denn überhaupt die russische Richtung Spartazismus anfänglich gar keinen Boden im Volke fand. Auch unter den Arbeitern waren viele, die etwas zurückgelegt hatten oder etwas zurückzulegen wünschten, in denen der menschliche Instinkt, Familie zu gründen und Nachkommen zu versorgen, lebendig war. Könnte die menschliche Gesellschaft bestehen, wenn die Mehrzahl ihrer Mitglieder nicht von diesem Trieb angespornt wäre? Nach allen Verlusten und Störungen des Krieges wollten sie, oder doch sehr viele, sich wieder einrichten und wieder arbeiten. Sie verstanden Eisner nicht, sowenig wie er sie verstand. Wie sollten sie auch? Es war kein Tröpfchen und Körnchen königlich-bayrischer Gemütlichkeit, Roheit, Schlamperei und Gutmütigkeit in ihm; er war ein abstrakter Moralist, soll recht gute Theaterkritiken geschrieben haben und machte sicherlich schlechte Gedichte. Kritik und Theorie aber machen ebensowenig den Regenten wie den Künstler; man muß es eben können. [...]

Auch die Eisnersche Todesstelle, ein Ausdruck, nebenbei gesagt, den Wustmann mit Recht scharf tadeln würde, wurde fotografiert und auf Ansichtskarten verkauft, so daß man das Bild nebst bewachenden Soldaten sehen konnte, ohne sich einem Tellenschicksal auszusetzen. [...] Der Anblick dieser jungen Soldaten mit ihren traurigen Gesichtern wendet mir plötzlich das Herz um: Für sie war der Ermordete vielleicht ein Heiliger gewesen, und sie betrachteten ihn ehrlich als einen väterlichen Beschützer und Helden. Was gilt demgegenüber, was er wirklich war? Und war nicht vielleicht ein Funken echter Liebe zu den Armen und Enterbten in ihm? Ja, es ließe sich denken, daß der Morgen für eine neue Schicht Menschen angebrochen wäre, die dankbar zu einem Kurt Eisner aufblickten, der sein Leben für sie eingesetzt und sie erlöst habe. Die Welt-

geschichte ist das Weltgericht; die Träger lebendiger Ideen leben weiter, wie sie weiter wirken.
Aber so einfach ist es doch nicht; Unsinn und Irrtum wirken und verbreiten sich ebenso mächtig wie die Wahrheit. Kämpfe jeder für seinen Glauben; ich will mich durch mein Mitgefühl für die Armen nicht in meinem Gefühle irren lassen, das sich durchaus gegen Eisner wendet, selbst wenn er es wirklich gut gemeint haben sollte. Auch seine Liebe für das Theater finde ich verdächtig – er liebte Komödiantentum und Schaustellung der Person. Daß er die Schauspieler zwang, seine kläglichen Reimereien über Menschheitsbeglückung aufzusagen, war nicht zartfühlend. Einmal, als die Wogen des Kampfes gerade sehr hoch gingen, sagte er in einer Rede, um ein Bild von dem Übermaß seiner Leiden und Anstrengungen für die gute Sache zu geben, er habe an diesem Tage noch nicht gefrühstückt. Schallendes Gelächter antwortete ihm. Vielleicht fehlte ihm in allen Dingen und auch sich selbst gegenüber das Maß, wie bei dieser kleinen Gelegenheit.
Das Proletariat wollte Eisners Begräbnis zu einem Trauer-Triumph gestalten. Der Ausgangspunkt des Zuges war die Theresienwiese, der Platz, wo in den Märchentagen der Vorkriegszeit das bacchantische Oktoberfest sich tummelte. Die Menschenansammlung soll ungeheuer gewesen sein; vor Tagesanbruch hingen sie schon an Bäumen und Dächer geklammert wie Maikäfer. Als die Spitze des Zuges am Ostfriedhof anlangte, hatten die letzten die Theresienwiese noch nicht verlassen. Den größten Eindruck machte, nach der Schilderung der Augenzeugen, die Blumenpracht. Kränze von Maiglöckchen in solcher Größe waren da, daß jeder von fünf bis sechs Mann getragen werden mußte, wobei zu bedenken ist, daß jedes einzelne Maiglöckchen 50 Pfennig kostet. Es gehört zu den Kennzeichen der Papierfetzenzeit, daß das Geld verschleudert wird.
[...]

Übrigens wird die Stimmung immer unbehaglicher; die Luft, die schwer von beängstigenden Gerüchten ist, atmet sich nicht gut. Autos voll von Soldaten und Maschinengewehren durchdonnern die Stadt. Es heißt, die Bourgeoisie soll entwaffnet werden, damit sie keine Gegenrevolution versuchen kann; das wäre die geeignete Vorbereitung zu einer bequemen Bartholomäusnacht. Ich weiß nicht, ob ich bedauern oder mich freuen soll, daß ich keine Waffe besitze und mit keiner umzugehen weiß.

Max Halbe

In den Umsturztagen

München hatte, seitdem Lewerenz in den Umsturztagen zuletzt dort gewesen war, einigermaßen sein Gesicht wiedergefunden. Es war ja natürlich nicht mehr das wohllebige, genießerische Vorkriegsgesicht, womit das »Capua der Geister« einst alle Besucher bezaubert hatte. Die Strudel des Zeitalters hatten tiefe Spuren darin hinterlassen. Aber die bösesten Falten jener Hungerzeit waren doch wieder geglättet. Man hatte wieder ein Oktoberfest gefeiert, wo nach der langjährigen Dünnbierepoche ein stärkerer Tropfen verzapft wurde und neben dem mageren Stekkerlfisch auch die überlieferten Schweinswürste auf dem Holzkohlenfeuer brutzelten, ja sogar das beinahe sagenhafte Huhn sich wieder am Spieß drehte.
In den Metzgerläden baumelten wieder halbe Ochsen oder ganze Kälber und Schweine an den eisernen Haken. Saftige Lendenstücke, Kalbskeulen, Schweineschlegel grüßten aus den Auslagen und luden die Vorübereilenden zu andächtiger Betrachtung ein. Jung und alt, klein und groß staute sich vor den Charkutierläden am Platzl und in den umliegenden »Freßgassen«. Alles staunte über das unerhörte Schauspiel. Nun gar die Kinder! Sie konnten sich nicht satt sehen an all der Herrlichkeit und quetschten ihre Näschen an den Fensterscheiben platt.
Die Urinstinkte der Menschen, durch Verordnungen und Strafbefehle jahrelang in einer Art von Isolierhaft gehalten, fühlten sich ihrer Fesseln entbunden und brüllten nach Leben, Freiheit, Genuß wie eine Horde entlassener Sträflinge. Alles war wieder da. Man konnte für Geld kaufen, was man wollte. Und Geld gab es in Hülle und Fülle. Es wurde sogar jeden Tag mehr. Die Gehälter und Löhne

stiegen, aber freilich auch die Preise. Man wußte nie ganz genau, wer eigentlich in dem Wettrennen um eine Nasenlänge voraus war, diese oder jene. Jeder suchte von der steigenden Konjunktur soviel mitzunehmen, wie ihm das Glück nur immer an die Hand gab.
Was der Tag an Gewinn brachte, das setzte der Abend in Rausch und Genuß wieder um. Die Papierscheine flogen und wechselten unaufhörlich ihre Besitzer, der Umlauf der geschäftlichen Maschinerie vollzog sich in immer rascherem Zeitmaß, das wirtschaftliche Fieberthermometer stieg höher und höher. Diese entnervte, zermürbte, verhungerte, drangsalierte, aus Millionen Wunden blutende deutsche Menschheit wollte den Taumel und den Genuß um jeden Preis. Ungezählte waren in den Tod gegangen. Jetzt warfen die Übriggebliebenen sich dem Leben in die Arme. Und war Leben und Geschäftemachen in dieser Stunde nicht das gleiche? Man spekulierte und tanzte – tanzte und spekulierte. Die Schiebergestalten des neuen Reichtums nahmen in der Proszeniumsloge der Zeitbühne Platz, nackte Zwittergeschöpfe mit Knabenbeinen standen auf den weltbedeutenden Brettern zur Schau, aus dem Orchester winselte die Kastratenstimme des Saxophons.
Lewerenz hatte zuerst ein paar Tage im Hotel gewohnt und dann in der Pension Lätizia Unterkunft gefunden. Das Haus lag in der Franz-Josef-Straße, unweit der Leopoldstraße, also im eigentlichen Herzen Schwabings. Hier war beinahe jedes zweite Haus ein Fremdenheim. Denn die norddeutschen und ausländischen Besucher Münchens, die sich von der Schwabinger Boheme ein Bild nach Art des Pariser Montmartre oder Montparnasse machten, wollten das Treiben des Künstlervölkchens aus nächster Nähe erleben.

Arthur Holitscher

Die Münchner Jahre

Im Englischen Garten, um den Monopteros, auf dem Hügel des Freundschaftstempelchens sieht man rührende Gesichte. Menschen begegnen einem da, gejagt von einem Rhythmus, der hell und klingend durch ihr Herz zieht. Keiner ist von dem Erobererungelüst gestachelt, der phantasiebegabte junge Helden Balzacs auf die Anhöhen der Lichtstadt treibt, die sie sich zu Füßen zwingen wollen – sie sind Sklaven und Herren ihrer törichten Träume und wenn sie längst, gebrochen und unterjocht, in das Einerlei einer bedrückten Provinzexistenz gezwängt, ihr Leben öde und enttäuscht fristen werden, wird München und der rasch verflogene Tag der Jugend noch wie ein schillerndes Erinnerungsglück vor ihnen auftauchen. Die Stadt der Erinnerungen!

In alle Richtungen der Windrose nimmt sie der zivilisierte Mensch mit und erinnert sich gerührt der Tage, an denen er sie atmen durfte, die Luft der leichtfertigen bunten Stadt, aus Kunst und Genuß gebaut, auf dem Grund des amusischen, bier- und rettichbesessenen Philistertums der Ureinwohnerschaft, der Bevölkerer der riesigen dunstigen Bräuhallen, der schattigen Kellergärten. Um den Beginn des Jahres herum tobt allgemeines Bacchanal durch die lebenslustige, sorglose Stadt. Die raffinierten Künstlerfeste in Schwabing, auf denen der Hohepriester der zeitgenössischen Dichtung, der Minnesänger des 20. Jahrhunderts es nicht verschmäht, geschminkt, gepudert und mit beardsleyscher Lockenperücke zu erscheinen, seinen Hof um sich. Die Atelierorgien, in denen kroatische Malschüler in römischen Togen ihre Verführungskünste an jenen Bremer und Basler Patriziertöchtern erproben, die schreckhaft und doch abenteuerlüstern, als Nymphen des Waldes und der Quellen verkleidet, Erfahrungen fürs Leben zu sammeln entschlossen sind. Die Maskenredouten, auf denen sich ein zweideutiges Publikum aus den der Kunst benachbarten Gebieten des Lebensgenusses zusammenfindet: ausgehaltene Weiber, Modelle mondäner Porträtisten, Schmarotzergentlemen gesellschaftlicher Milieus, wie sie Hochstapler der Kunstbeflissenheit sind. All die tausend Manifestationen eines ungebundenen, nicht immer glaubwürdigen oder begründeten Lebensüberschwangs vereinen in diesen Wochen alle Klassen, den schwerfälligen Philister, den aus ökonomischen Gründen in die Boheme verschlagenen bürgerlichen Genußmenschen, den in weltabgewandte ästhetische Konzentration verstrickten Adepten irgendeiner Kunstbetätigung – zu einer unwahrscheinlichen, anfechtbaren und wenig stichhaltigen Verbrüderung, in einem turbulenten Taumel, wo eine Schicht auf die andere abfärbt, eine die Kontur der anderen leicht aufsaugt. So entsteht die besondere Münchner Atmosphäre, die dem irdischen Dasein seine pathetische Schwere raubt; Nimbus umgibt die Tage der ihre Jugend rasch verlebenden, mit den Überresten ihrer Illusionen in die vier Richtungen der Windrose heimkehrenden Erdenkinder.

Julius Kreis

Der Fremdling und die Weißwurst

Lehmann und Schulze aus Wreschen und Mr. Smith aus Chicago stehen ihr bei der ersten Begegnung hilflos gegenüber, aber selten ratlos. Wenn die Fremdlinge im Hofbräuhaus oder Franziskaner verzagt vor dem so seltsamen Frühstücksleckerbissen sitzen, findet sich fast immer ein barmherziger Einheimischer, der sie in der Behandlung dieser Heimatwurst unterrichtet. Der gute Reisende hat stets das Bestreben, in jedem Land wenigstens einmal das Nationalgericht zu kosten, und wie er in Marseille an die Fischsuppe, in Afrika an gebackene Heuschrecken und in Italien an Spaghetti geht, so scheut er auch in München vor dem schwierigen Gericht Weißwurst nicht zurück.

Ein altes Münchener Sprichwort heißt: »A Weißwurscht darf's Zwölfileutn net hörn!« Mit anderen Worten, sie ist ein Frühstücksgericht, ein Appetitbissen. Ganz stillos ist es, nachmittags oder abends eine Weißwurst zu verlangen oder gar zu essen. Tiefem Mißtrauen und stiller Verachtung würde ein solches Handeln bei dem Einheimischen begegnen. Aktuell, stilvoll wird die Weißwurst im Fasching oder bei nächtlichen Festen aller Art wieder in der Zeit von 2 bis 5 Uhr früh. Da gilt sie als Lebenswecker, ist so eine Art von Energiepille.

Der Fremde steht dieser Wurst zu Anfang meist ablehnend gegenüber. Sie ist ihm zu molluskenhaft, zu wenig kernig, zu fremdartig im Geschmack, für den Neuling auch schwierig zu behandeln. Man braucht dazu eine gewisse chirurgische Technik, um ihr die Haut abzuziehen, ein Schnitt durch das Teilstück längs gezogen; dann die Haut gewandt abgerollt, nun der Herr Oberhuber gibt einen Einführungskurs an seiner Wurst. »Da schaugn S' nur her, Herr Nach-

bar. A so gehts!« Zu seinem Freund Niedermeier sagt er dann auf dem Heimweg: »Es san halt Breißn! Net amal a Weißwurscht essen könna s'!«
Ganz eingeborene Eingeborene sehen mit gerunzelter Stirn, geradezu schmerzverklärt, wenn ein Fremder eine Weißwurst allzusehr mißhandelt. Jeden falschen Schnitt spüren sie, als ginge er in die eigene Haut.
Lehmann und Schulze kosten, nachdem sie unterwiesen worden sind, erst vorsichtig. Sie kommen nach und nach auf den Geschmack und finden, daß die Wurst geradezu »schön« schmeckt. »Fräulein, bringen Sie noch so 'n Paar Weißwürstchen!« Weißwürstchen! – »Hast es gehört«, sagen die Mienen der Stammgäste.
Man fragt die Kassierin ums Rezept. Vielleicht kann Muttchen in Wreschen mal welche herstellen. Die Kassierin sieht den Mann mit dieser Vermutung nur mitleidig an: »De Weißwurscht könna Sie net macha, de werd überhaupts bloß bei uns was.« Denn die Kunst, gute Weißwürste herzustellen, ist die Münchener Wirtshausalchemie, ängstlich gehütet, aber gepriesen und für den Besitzer ein wirklicher Goldklumpen, wenn sich's von Mund zu Mund weiterspricht: »Beim X-Bräu gibts de besten Weißwürscht!«
Sie ist eines der Nationalgüter Münchens, und wenn einmal das Rezept ihrer Herstellung vergessen ist, dann ist der Niedergang Münchens besiegelt.

Klabund

Marietta

Der junge Mann wohnt Kaulbachstraße 56; parterre. Die Tür stand offen, als ich kam, und er sagte: »Begleiten Sie mich ein Stück? Hier ist das Manuskript!«
Auf dem Tisch lag eine Postanweisung von der »Jugend«.
Ich nahm das Manuskript.
Es waren Verse.
Ich fragte ihn: »Haben Sie das gemacht?«
»O nein«, lächelte er, »gewiß nicht!«
Aber ich glaubte, daß er es sei.
– Wir gingen durch die Kaulbachstraße.
In der Sonne.
Er nahm den Hut ab und die Sonne ließ sich wie ein goldener Vogel auf ihn nieder.
»Ich habe einen schönen Akt«, sagte ich.
Ich mußte doch etwas sagen: »Der Habermann hat mich gemalt«.
Er sah mir durch die Bluse und meinte:
»Vielleicht!«
An der Ecke der Kaulbach- und Veterinärstraße hockte eine italienische Blumenverkäuferin.
Er kaufte ihr eine rote Nelke ab und schenkte sie mir.
Ich fühlte, daß er sie mir schenkte.
Er ist hochmütig.
Ich mag ihn nicht.
Er verabschiedete sich.
Um zu einer Schreibmaschine zu gelangen, stieg ich nachts durch ein Parterrefenster in den Verlag Heinrich F.S. Bachmair, bei dem ich früher einmal Fräulein gewesen war.
Ich tippte die Gedichte auf offizielle Briefbögen des Verla-

ges Heinrich F.S. Bachmair, weil ich kein anderes Papier fand.
Becher kam mit Dorka und überraschte mich.
Er wollte mich schlagen. »Was hast Du denn hier zu suchen, du Aas?«
Aber Dorka beruhigte ihn.
Sie gingen zusammen ins Nebenzimmer und aufs Sofa.
Der junge Mann war nicht mehr in München.
Ich brachte das Manuskript einem Herrn, den er mir schriftlich bezeichnet hatte.
Ich empfing acht Mark.
Ich weinte.
Ich haßte den jungen Mann in der Ferne.
Der mir fremd war.
Der mir »über war«.
Wie ein Aviatiker.
Ich mußte fort.
Ich erbrach München.

CARL ZUCKMAYER

»Dieser Herrbscht 1923...«

Mein Kieler Freund insistierte: »Zuck, sing den Seidelbast.«
Brecht stand auf und hielt mir mit angewidertem Gesicht die Laute hin. [...]
Ich zupfte erst ein wenig auf der Laute herum, um mich sicherer zu machen und mich an die Griffweite zu gewöhnen, dann sang ich es halt, so gut und unverhemmt wie ich konnte. Es war mehr ein Aufsagen der Verse zur Melodie.
Als ich geendet hatte, kam Brecht zu mir hin und musterte mich mit einem merkwürdigen Blick aus halb zugekniffenen Augen. Man wußte nicht, ob sein Blick mißtrauisch, kühl oder freundlich war.
»Hörren Sie«, sagte er mit seinem harten augsburgischen R, »das ist ja garr nicht schlecht.«
Im Lauf der Nacht wurde noch mehr gesungen, von ihm, von mir, wir nahmen uns gegenseitig die Laute aus der Hand, als hätten wir das schon immer so gemacht. Zwischendurch tanzten wir auch, ich beobachtete, daß er exakt und ungeheuer musikalisch tanzte, sehr still, mit versunkenem Gesicht, die Knie etwas eingeknickt, ganz an die Bewegung verloren. Als die Gesellschaft sich auflöste, fragte er mich, wo ich wohne. Ich sagte es. Er meinte, da könnten wir ein Stück zusammen gehen.
Wir gingen allein. Ich sehe ihn noch, wie er mit der losen Lederjacke, unter der er damals gern sehr schöne, weiße Hemden trug, mit der in ein Tuch geschlagenen Laute im Arm, die Ledermütze in die Stirn geschoben, die Schultern gerundet und vornübergeneigt, so daß er kleiner wirkte, als er war, durch die leeren Straßen neben mir hertrabte.
[...]

Wir hatten billige schwarze Zigarrenstummel im Mund und kamen in ein so lebhaftes Gespräch, daß wir plötzlich statt vor meiner vor seiner Wohnung standen. Die lag im Parterre, in einem Eckhaus am Ende der Ludwigstraße bei der Universität, die meine am Ende der Maximilianstraße, fast an der Isar. Wir gingen den Weg bis zu mir und dann noch einmal bis zu ihm hin und her. Es war eine schöne Nacht, sternenklar, Mitte Oktober, es roch nach fallendem Laub.

»Dieser Herrbscht 1923«, sagte Brecht, »ist ein überaus wohlgelungener Herrbscht.«

Das war seine Art, sich über die Natur auszulassen. Es dämmerte schon, und er sagte, eine Flasche Bier sei bei ihm zu Hause und ein Schnapsrest, vielleicht werde seine Frau uns einen Kaffee kochen, wir könnten noch etwas musizieren.

Sein Arbeitszimmer ging auf die Straße hinaus, wir glaubten sehr leise zu sein, aber nach einiger Zeit kam seine Frau im Morgenrock herein und mahnte uns zur Ruhe, das Kind schlafe noch. Sie war die Schwester des Schriftstellers Otto Zoff, nach der Trennung von Brecht wurde sie die Frau des Schauspielers Theo Lingen.

Das Kind, eine Tochter, lag im Hinterzimmer noch in der Wiege, sie sah schon damals ihrem Vater unglaubhaft ähnlich. Wenn ich sie heut auf der Bühne sehe – sie ist die Schauspielerin Hanne Hiob –, erschrecke ich immer wieder, weil mir ist, der junge Brecht stehe da droben, als Frau verkleidet.

Es kam eine Zeit, in der wir sehr viel beisammen waren, auch oft miteinander spazierengingen, im Englischen Garten oder im Isarwald, manchmal mit seinem Freund Caspar Neher gemeinsam, mit dem er alle seine Arbeitspläne besprach. Brecht brauchte Zuhörer, auch solche, die mitredeten oder die er fragte, wenn er am Werk war. Er verarbeitete dann sofort, was er von dem Gesagten nutzen konnte, auf seine Weise. Mir war diese Gemeinschaftsarbeit ganz fremd – ich konnte und kann auch heute nur etwas zustande bringen, wenn ich allein bin –, aber das Dabeisein faszinierte mich und erschloß mir alle möglichen neuen Aspekte. Einmal nahm er mich und Erich Engel zu Lion Feuchtwanger mit, mit dem er damals begonnen hatte, im Auftrag der ›Kammerspiele‹ das ›Leben Eduards des Zweiten‹ von Christopher Marlowe zu bearbeiten.

[...]

Mit Feuchtwanger, der sehr viel vom Theater verstand und ein enormes literarisches Wissen hatte, besprach er die Möglichkeiten, die Hintergründe, die Konstruktion, die Szenenfolge, die geistige Grundlinie. Da ließ er sich gern beraten, sogar führen. Alles andere, die Formung, die sprachliche Gestalt, das Atmosphärische, die Dialoge kamen von ihm, und da war er absoluter Souverän. Seine poetischen und szenischen Einfälle waren unerschöpflich, und er produzierte sie mit derselben Leichtigkeit, mit der er sie wieder verwarf. Ich erinnere mich an eine bestimmte Szene, von der Engel und Feuchtwanger meinten, hier müsse ein Monolog hinein. In fünf Minuten, während drei Leute rauchend und kaffeetrinkend um ihn herum saßen, hatte er den geschrieben und las ihn vor: man erfuhr in zwanzig Verszeilen den Einblick in ein halbverwestes, lurchenhaftes, algenverstricktes Totenreich tief unter den Erdgewässern, in dem ein Mensch die Unentrinnbarkeit seines Schicksals voraussieht. Wir fanden das großartig und ganz im Sinne der dramatischen Gestalt, aber Brecht steckte das Blatt in die Tasche, sagte, das sei fürs Theater viel zu lyrisch, er werde das für ein Gedicht verwenden, und schrieb einen neuen Text. Nie habe ich eine solch wuchernde, aus allen Wurzeln aufschießende und zugleich kritisch beherrschte Produktivität erlebt.

MARIE LUISE FLEISSER

In den Kammerspielen

Meine erste Bekanntschaft mit den Münchner Kammerspielen machte ich noch in der Augustenstraße, als ich Theatergeschichte studierte. Dort durfte ich mir auf den Namen von Lion Feuchtwanger Freikarten holen und habe die »Trommeln in der Nacht« und den »Vatermord« noch ganz frisch gesehen. Ich erlebte die Koppenhöfer in ihren ersten Rollen und sah Carola Neher in einem weißen Pagenkostüm auf große Raubwelt spielen, sie bewegte sich fabelhaft und machte die Männer wild, doch war das noch irgendwie Treibhausluft, ihr »Schiff mit acht Segeln« lag noch nicht am Kai, erst durch die Zusammenarbeit mit Brecht fand sie den unverwechselbaren Ton, und das wußte sie auch. Die Absichten der Koppenhöfer waren verhaltener und zielten nach innen, sie schlug als halbes Kind noch ihre schwermütige Note an, schon damals stand was dahinter, was sich nicht in der rein weiblichen Wirkung erschöpfte. Ich sah viel Forster-Larrinaga in Shawstücken und als Franzosen und natürlich Sybille Binder in »Don Gil von den grünen Hosen« und als »Nju«. Die Binder war ungemein populär in ihrer kostbaren Zerbrechlichkeit. Den nachhaltigsten Eindruck machte es mir doch, als ich mit Erlaubnis von Brecht in der Augustenstraße einer Generalprobe beiwohnen durfte. Brecht hatte zusammen mit Feuchtwanger nach Marlowe, dem Vorläufer Shakespeares, ein Stück geschrieben, es hieß »Leben Eduards« oder so ähnlich und war die Ballade von einem König, der bei seinem Volk Ärgernis erregt, weil er von seinem Buhlknaben nicht abläßt, von seinen unzufriedenen Großen unter diesem Vorwand gestürzt und von Kerker zu Kerker herumgestoßen wird, bis er stirbt.

Alexander Roda-Roda

München

Geographische Koordinaten. – Klima.

München, die Hauptstadt der Erde, liegt unter 48° 10′ nördlicher Breite – und 11° 35′ östlicher Länge (von Greenwich).

Dieser Lage, so weit nach Osten vorgeschoben, verdankt München seine herzlichen Beziehungen zu den kraushaarigen Völkern: über Salzburg, das Tor des Balkans, strömen die begabten Schlawiner zu.

Der Schwabinger Breitegrad wieder, der 48ste, schneidet anderswo New-Foundland und Sachalin; daher das Klima.

Es ist wechselnd. Im Vorfrühling haben wir Regenstürme, daß kein fühlender Mensch einen neuen Anzug aus dem Haus jagt. Es folgen jene Aprilschauer, die für den Münchener Juni so charakteristisch sind. Im August etwa nimmt der Winter bei uns Sommeraufenthalt. Der September ist schön. Vom November kann mans nicht verlangen. Und ehe man sich recht besonnen hat, ist wieder der Frühling da.

Verkehr und Freßangelegenheiten. – Die soziale Schichtung. – Die Existenz Gottes.

Anderswo ist der saure Apfel Volksnahrungsmittel. München ist die Stadt, wo man seine Not am leichtesten verschmerzt – und seine Millionen am wenigsten genießen kann.

Der Millionär hat ein Auto; der Künstler fährt in der Elektrischen. Die Autos sind sehr langsam; die Elektrische ist flink; das ist der soziale Ausgleich.

Der Millionär ißt in den feinsten Gaststätten, der Künst-

ler nur in den wohlfeilen. In den feinen Münchener Gaststätten ißt man aber auch nicht gut; das ist wieder der soziale Ausgleich.
Übrigens gibt es jetzt schon – für Fremde – Weißwürste in Zinntuben. Dadurch erübrigt sich die vielfach empfohlene Form des Genießens: in Oblaten.
Der Millionär kann sich nobel kleiden. Er hat aber nicht das mindeste davon, denn die Schwabinger Futuristen kleiden sich individuell, in Kaliko und Sturmpelerinen, und sehen Leute, die Toilette machen, über die Achsel an. Man erntet also mit seiner Kleiderpracht nichts als Ärger und gibt sie bald auf.
Der Millionär kann sich täglich kämmen; dann hält man ihn aber für talentlos.
Der Millionär kann sich zwei Geliebte halten; der junge Maler vier.
Der Millionär besucht den Armenball; wenn er Graf ist, adlige Hausbälle; als Strohwitwer den Bal paré. Der Schwabinger vergnügt sich in der ›Brennessel‹ und im ›Bunten Vogel‹. In der ›Brennessel‹ ist es überaus amüsant, auf den adligen Hausbällen unendlich langweilig. Wieder ein Werk der Himmelsgerechtigkeit.
Es wäre töricht, die Existenz allgerechter Himmelsmächte anzuzweifeln angesichts von München-Schwabing.

Polizei. – Zensur. – Die verlorne Festigkeit.

Die irdische Exekutive transzendentaler Beschlüsse ist der Polizeipräsident. Er verbietet: das Konfettiwerfen, das Wachbleiben über Zwölf, den Nackttanz, den Bauchtanz, den Schiebetanz – und die eleganten Lokale überwacht er so lange, bis sie freiwillig sperren.
Er schickt Schutzleute aufs Pressefest, damit dort nicht geschoben werde – und auf den Ball der Kunstakademiker, um einen One-step zu verhindern. Wir in Schwabing tan-

zen sowohl Bauch wie Schiebe und können daran schwer gehindert werden: einfach, weil's in München mehr Ateliers als Schutzleute gibt.
Ich genoß einmal die Auszeichnung, vom Herrn Polizeipräsidenten persönlich empfangen zu werden. Es handelte sich um ein Stück von mir und Gustav Meyrink; es schien der Zensur anstößig.
In dem oft so deprimierenden Umgang mit den Staatsbehörden habe ich im Bewußtsein meiner innern Lauterkeit, in meinem ehrlichen Äußern immer noch die stärksten Stützen gefunden.
Und ich sprach bescheiden, aber gewissensfest: »Sehr verehrter Herr Polizeipräsident! Wiewohl nur ein deutscher Schriftsteller, aus dürftigen Anfängen halb emporgekommen und aus dem wenig vertrauenswürdigen östlichen Donaubecken geboren: meine ich mich doch durch jahrelange gute Aufführung des Wohlwollens einer löblichen Polizeidirektion soweit würdig erwiesen zu haben, daß ich die Bitte wagen darf:
Euer Hochwohlgeboren mögen ein hohes Ohr der Volksstimme leihen, als welche auch Gottes Stimme ist und mir nach meinem bisherigen, stets staatserhaltenden literarischen Wirken niemals nachsagen wird, ich wäre ein frivoles Stück zu schreiben willens oder fähig gewesen.«
Das sagte ich – der Polizeipräsident aber legte den Zeigefinger an die Klingel. Und sprach zum Diener:
»Bringen Sie den Personalakt Roda Roda!«
– – – Ich habe das Zutrauen zu meiner innern Lauterkeit verloren. Und ich kann sagen: dadurch auch die festeste Stütze meines Lebens.

Die Halbwelt.

Wir haben, dank der Energie unsres Polizeipräsidenten, so gut wie keine Konstitution. Spezialärzte gibt es viele.
Im Café Luitpold wirkt ein wunderschönes Wassermädel.

Sie wird einst – so gehts im Leben – auf dem Umweg über die Kokotte die geschiedene Frau eines berühmten Malers werden.

Die Maler.

Es gibt ihrer 20 000 in München. Jeder einzelne erklärt alle andern für Kitschijehs, die Anwesenden ausgenommen. Über die Malerei soll später ausführlich geredet werden.

Zwischenbemerkung.

Des öftern war hier von Schwabing die Rede und einmal auch von Weißwürsten, ohne daß die Begriffe noch umgrenzt und beleuchtet wären.
Mit solchen Erörterungen konnte sich der Autor nicht aufhalten.
Der Leser hat sich mit Geduld und Aufmerksamkeit zu wappnen: diese Abhandlung – wie alle schwerwissenschaftlichen Werke – setzt eben schon von Anbeginn die Kenntnis des Ganzen, des Endes voraus. Da bleibt nichts übrig als: den Text zweimal, viermal, immerwieder zu lesen – bis man in die Materie eingedrungen ist.

Die Dichter.

Es leben in München (ich nenne sie, um niemand zu verletzen, in alphabetischer Reihenfolge): Achleitner, Adelt, Gräfin Baudissin, Becher, Justizrat Bernstein, Blei, die Böhlau, Bonsels, die Brachvogel, Brandenburg, M.G. Conrad, die Croissant-Rust, Falckenberg, Feuchtwanger, die beiden Frank (Bruno und Leonhard); Frey; die Godwin; Gumppenberg, Gütersloh, Halbe, Henckel, Georg Hirschfeld, Korfiz Holm, Ricarda Huch, Frau Janitschek, Johst, Georg Kaiser, Klabund, Langheinrich, die Brüder Mann, Kurt Martens, v. Maßen, A. de Nora, Ostini, Owlglaß, Prévot, Przybyszewski, Pulver, Rehse, Rieß, Ringel-

natz, Roda Roda, Peter Scher, Schmidtbonn, Seeliger, Willy Seidel, Speyer, Sternheim, Therese Prinzessin von Bayern, Thoma, Wolffenstein, Wolfskehl und Ziersch. – Sollt ich, Gottbehüte, einen vergessen haben?
In dieser Gemeinde ist – ganz anders als bei den Malern – tiefster Friede. Gewiß: die Jüngern beschimpfen die Alten öffentlich. Doch man weiß diesen Dienst zu schätzen; man ist wieder für einen Tag der Vergessenheit entrissen worden und revanchiert sich, indem man ein junges Talent fördert. Heute wirft mir einer in der ›Münchener Zeitung‹ Meineid vor. Na, Meineid geht ja noch. Aber Kassendiebstahl? Du Schlimmer! Da würde ich ernstlich böse.
Ich habe oben Karl Rößler absichtlich nicht erwähnt. Er fällt ein wenig aus der Reihe, denn er ist Besitzer eines Zylinderhutes, den er gewerbsmäßig zu Begräbnissen verborgt.
Man sagt den Münchener Künstlern nach, sie hielten nicht viel auf ihr Äußeres. Nun, Rößler ist ein Gegenbeweis. Übrigens trägt auch der Maler Jodokus Schmitz einen Zylinder, und die Herren Basil und Stieler vom Nationaltheater haben goldne Manschettenknöpfe.
...So bin ich, ohne es selbst zu merken, zu

den Theatern

gekommen:
Es gibt sehr viele Theater hier – immer eins zu viel, genau wie in Berlin. Dieses eine macht dann Pleite. Im Augenblick ist die Reihe an...
Ja, das darf man nicht sagen. Münchens Schutzgeist ist Zeus Xenios, der Schirmer des Fremdenverkehrs, Urheber des Sommerwetters. Die Gipfel des bayerischen Hochgebirges gelten für seinen Wohnsitz, die Blätter des heiligen Zeitungshains rauschen seine Offenbarungen. Mit der Rechten schleudert er Broschüren, mit der Linken klebt er Plakate. Zeus Xenios lockt die Fremden durch Theater-

spiele nach München. Über diese Spiele Böses sagen, wäre Todsünde.
Ich gehe nie ins Theater. Hie und da warte ich am Bühneneingang, um die Sibyll Binder zu sehen oder die Martha Newes. Ihr Anblick stärkt mich für harte Wochen.
Im Sommer haben wir Wagner-Festspiele und das Künstlertheater.
Das Künstlertheater ist auf Aktien und Theorien gegründet. Die Aktien bleiben – die Theorien wechseln – je nach Raum und Repertoire. Ist zum Beispiel die Bühne zu klein, so nennt man sie Reliefbühne; will man Operetten aufführen, so ›bedarf die alte Kunst des neuen Singspiels‹, ›Singspiel‹ klingt sehr fein.
Die Theorien wechseln ziemlich rasch – man kann aber leicht folgen, wenn man aufmerkt. Ich habe bisher im Ganzen sechs Theorien miterlebt und alle ohne weitres begriffen.
Ich besuche auch das Künstlertheater nie, obwohl ich unmusikalisch bin. Einmal holte ich einen Vetter aus der Vorstellung ab. Da hörte ich im Publikum raunen:
»Und der Busen von der Zimpel wird auch immer länger.«
(Eine Aktrice namens Zimpel gibt es in Wahrheit nicht; man messe an diesem scheinbar so geringfügigen Umstand die Größe meiner Diskretion.)

Die Wissenschaft.

Der gelehrteste Mann von München ist der königliche Oberstudienrat Wägele. Einst, als feuriger Jüngling, schrieb er ein Buch über die Metathesis im Altarabischen. Doch erst durch ›Das Jota subscriptum bei Euripides‹ (Leipzig 1879, 4 Bände) hat er sich seinen Namen gemacht. Man kann sagen: er ist Bayerns Glossy. Er wirkt auch als Zensurbeirat.
Die Maximilianstraße wird flankiert von einer Denkmalal-

lee: lauter bronzierte Ärzte, jeder einzelne hat die Lehren seines Vorgängers umgestoßen. Die Isar macht der interessanten Beweiskette ein Ende.
Dort steht auch das Wilhelmgymnasium, davor als Patron des Hauses der große Zitzero.
Ferner ist München die Wiege des Soxhletapparats.
Das ist die Wissenschaft.

Der Hof. – Die Bürger.

Hof gibt es zurzeit eigentlich keinen – die Prinzen sind nur außeramtlich da, sozusagen ›mit Wartegebühr‹. Adel und Hof spielen im großen Münchener Leben keine Rolle. Auch der Bürger hat nur lose Beziehungen zur Kunst: als Manichäer. Adel und Hof mögen Ateliers besuchen – die Wege der Literatur kreuzen sie kaum. Hie und da verwechselt ein Prinz zwei Schriftsteller miteinander; das ist alles. Am achtzigsten, am neunzigsten Geburtstag eines Dichters, eines Theaterdirektors (fast alle werden hier neunzig Jahre alt; hundert nur wenige) – an diesen Tagen gibt es ein Bankett und Kränze. Aufstrebende Talente (unter siebzig) kriegen bei besondern Anlässen eine Depesche von Konrad Dreher. Sooft Dreher sein fünfzigjähriges Bühnenjubiläum feiert, kriegt wieder er Kränze. Und alles steht dann in den ›Münchener Neuesten‹.
Jaja, die Kunststadt München.

Joachim Ringelnatz

Das Simplicissimus-Lied

Mitternacht ist's. Längst im Bette
Liegt der Spießer steif und tot.
Ja, dann winkt das traulich nette
Simpel-Glasglüh-Morgenrot.
Und mich zieht's mit Geisterhänden.
Ob ich will, ob nicht, ich muß
Nach den bildgeschmückten Wänden
In den Simplicissimus.

Wo sich zum gemeinen Wohle
Künstler und Bohème trifft,
Wo die Kathi still zur Bowle
Mischt das tödlich scharfe Gift;
Wo mit Mandolinenklängen
Sich verwebt der Weißwurst Dampf,
Lausch ich fröhlichen Gesängen
Und dem Mords-Klaviergestampf.

Wo das Malweib uns stets heimlich
Vor- und hinterrücks skizziert,
Wirbt der Dichter rühm- und reimlich,
Tanzt man, scherzt und rezitiert.
Ist auch vollbesetzt das Zimmer,
Fremdling, stoß dich nicht daran,
Kathi Kobus findet immer
Plätze noch für zwanzig Mann.

Schwelg ich dann bei Knödelsuppe
Hier im Simplicissimus,
Ist die ganze Welt mir schnuppe
Bis die Polizei ruft: »Schluß!«

Scheid ich einst von diesem Globus
Sei mein letzter Abschiedsgruß:
»Pfüat di Gott mein' Kathi Kobus!
Heil dir Simplicissimus!«

*

München
(An die Schwiegereltern)

München, bei der echten Frau zu Hause,
Endlich also wieder einmal Ruhepause,
Meine Stübchen, Küche, Bad, Salon,
Meinen Schreibtisch! Meine Blumenwiese
Auf der Brüstung vom Balkon!

Wie ich das genieße!
Ohne jemanden zu bitten oder stören.
Ha!: Ich dürfte ruhig mit Behagen
– weil sie mir gehören –
All die schönen Bilder an der Wand zerschlagen.
Doch ich tu's nicht. Denn wir nießen die
Und das alles ge zu zweit,
Kindlich glückliche und fromme Zeit!
Schöner war es nirgends, wird es nie.
Und wir kochen, spielen Schach und lesen,
Plaudern: wie die Zwischenzeit gewesen,
Ordnen, albern, täubeln. Bis es klingelt. Dann
Sind wir mäuschenstill.
Weil ich all die Leute von X Jahren
Vieler Städte, die mal gütig zu mir waren
Aber alle mal nach München fahren,
Nicht empfangen – oder doch nicht nach Gebühr
behandeln kann.

München

Nach einer Herrenstammtisch-Nacht
(Versehentlich an die Steuerbehörde gesandt)

Die Amseln flöten am Stachus.
Am Sendlingertorplatz nach Schwabinger Nacht
Schimpfen Caprivi und Bacchus
Auf eines Wasserspringbrunnens Pracht.
Jemand, der seinen Doktor gemacht
Hat, fühlt sich als ein Riese
Und brüllt als wie am Spieße. –
Auf der Oktoberwiese:
Die Bavaria: – lacht.
Vor Mittag wünschen zweie
Sich »Angenehme Ruh!«
Der dritte Chargierte Immerzu
Feiert noch Bannerweihe.
Im Donisl blühn die Weißwürste.
Im Schlachthof brüllt anderthalb Kalb.
Und reaktionäre Dürste
Erheben sich allenthalb...
Die Frauentürme verwechseln
Sich selber. Von unten her
Kurzwichsig mit Jodeln und Sächseln
Hebt sich der Fremdenverkehr.
Da lassen sich aus Venedig
Die Tauben und Witwen und Ehefraun
Am Theatiner rundum beschaun.
Und trippeln, als seien sie ledig.
Und weil ich mich eben so freue,
Mal ohne Frau, auf verbotenem Weg,
Drum preis' ich die alte und neue
Pinako – Pinako – – kothek.

Oskar Maria Graf

...München?

Möchten Sie, lieber Herr, nicht auch da seßhaft sein, wo es absolut keinen Nimbus, keine Kunst- und Literaturgötter und keinen Politiker gibt, dem man sonderlich viel zutraut? Wenn ja, dann kommen Sie nach München. (Nebenbei: Ich bin in keiner Weise vom Fremdenverkehrsverein bestochen, ich sage das rein aus mir heraus.)

Unsere Stadt ist in jeder Weise finster und kleinbürgerlich. Sie ist katholisch und alles, was davon abweicht, ist bolschewistisch. (Als die Josefine Baker auftreten wollte, hieß man das so, und als der Glaspalast abbrannte, war das ein Werk »abgewiesener, bolschewistisch infizierter Künstler«.)

München ist seit langer, langer Zeit sozusagen auf den Hund gekommen, München ist sicher von allen deutschen Städten die provinzlerischste, (wenngleich man von unserem wortreichen Reise- und Kunstphilosophen Hausenstein bis hinaus zu unserem ehrengeachteten Oberbürgermeister eifrigst bemüht ist, das Vergangene dieser Stadt wieder zu Glanz zu bringen. (Zukunft kennt man hierorts nicht, kaum Gegenwärtiges.) Verlassen Sie sich drauf, daß das auch nie anders wird. Da hilft keine Revolution, kein Hitler, ja nicht einmal der Rückgang der Fremdenfrequenz. Wir sind und bleiben ein stadtähnliches Dorf und können wirklich nichts anderes mehr tun, als gemütlich sterben.

Grad aber dieses gemütliche Sterben ist das Faszinierende dieser Stadt. Es macht uneitel, versöhnlich und wunderbar glaubenslos. Und weil wir alle, wir echten Münchner, durch unsere katholische Herkunft nihilistisch in einem herrlich wurschtigen Sinn angekränkelt sind, darum läßt sich's hier gut leben. Wir sind froh, daß uns irgend jemand regiert, daß jemand immer wieder versucht, uns auf diese oder jene Weise vorwärts zu bringen. »Laßt's ihn nur! Wird's was, haben wir den Nutzen! Wird's nichts, kann man drüber granteln!« Das ungefähr ist unsere Grundeinstellung.

Darum gibt es bei uns auch so viele kleine Geschäftsleute und Handwerkermeister. Jeder will sein eigener Herr sein, will leicht verdienen und andere für sich arbeiten lassen.

München ist das Eldorado des echten, kleinen, versteckten, muffigen Genießers, der ohne viel Kosten alle Annehmlichkeiten dieses Lebens haben will. Bei uns herrscht der Geist des Privaten absolut.

Hier kann man bedächtig herumgehen und alles mit der behaglichen Lust am Detail ansehen. Wo anders wäre das unmöglich. In einer richtigen Stadt ist Bewegung, ist Geschäft, ist Hast und Arbeit, und sogar die liebenswerten Dinge überstürzen sich dort. In München kann jeder seine kleinen und großen Passionen völlig auskosten. Ganz nach seiner asozialen, eigensinnigen Manier. Kann er's beispielsweise aus Not und Hunger nicht, so ist er Bolschewist.

Eins ist wirklich imponierend an uns Münchnern: Hier kannst du als der Berühmteste und Begehrteste durch die Straßen gehen, kannst in den Läden und Lokalen auftauchen, kein Mensch wird dich sonderlich beachten. Du bist einer wie alle. Du bist nackt eben nackt. Du bist gestorben nur eine Leiche und zuletzt ein Haufen Dreck. Diese unaufdringliche Respektlosigkeit ist die geistige Essenz Münchens. In Berlin – seid ehrlich! – gibt es seit dem »Abgang« des glorreichen Wilhelms zwo ungewöhnlich viele kleine Wilhelms. Und überall! In der Politik, in der Kunst, in der Literatur, in der Wissenschaft und beim Theater. Und jeder hat seinen Kreis, seine Anhängerschar wie früher der Kaiser seinen Hofstaat. Und wird doch soviel Wesens dahergemacht dort von wegen Kollektivismus!

So was fehlt in München und hat immer gefehlt. Und

darum liebe ich diese seltsame Stadt. Vielleicht habe ich selber sehr viel von ihr.
Und sonst?
Die Bauten, die Museen und sonstigen Schönheiten bei uns?
Sehn S' doch, Herr! Sowas ist doch für die Fremden, doch nicht für uns! Wie hat doch Karl Arnold im »Simplizissimus« gesagt, als das »Deutsche Museum« in aller Munde kam?
Da hocken echte Münchner vor dem Maßkrug und dem weinenden Radi in einem Biergarten und einer brummt aus dem tiefsten, grantigsten Nachdenken heraus: »Dös mit dem Deutschn Museum, dös werd si(ch) aa (auch) net lang hoitn (halten) ... Wer red't denn heunt (heute) no(ch) von der Pinakothek ...«
Ein Ausspruch, der das Münchnerische vollauf erklärt.

Ödön von Horvath

Wiesenbraut und Achterbahn

Unter einer Wiesenbraut versteht man in München ein Fräulein, das man an einem Oktoberfestbesuch kennen lernt, und zu dem die Bande der Sympathie je nach Veranlagung und Umständen mehr oder weniger intimer geschlungen werden. Meistens wird die Wiesenbraut vom Standpunkt des Herrn aus gesehen – aber die Geliebte samt der Sehnsucht, die in der Wiesenbraut leben, werden selten respektiert. Oft will die Wiesenbraut nur lustig sein und sonst nichts, häufig will sie sonst auch noch etwas; nie aber denkt sie momentan materiell. Aber in der Wiesenbraut lebt häufig die Sehnsucht, daß es immer ein Oktoberfest geben soll; immer so ein Abend; immer eine Achterbahn; immer die Abnormitäten; immer Hippodrom im Kreise. Seit es eine Oktoberfestwiese gibt, seit der Zeit gibt es eine Wiesenbraut. Die Wiesenbraut verläßt die Ihren, verläßt ihr Milljöh – geht mit Herren, die sie nicht kennt, interessiert sich wenig für den Charakter, mehr für die Vergnügungen. Die Wiesenbraut denkt nicht an den Tod. Die Wiesenbraut opfert ihren Bräutigam, sie denkt nicht, sie lebt. Sie verliert ihre Liebe wegen einem Amüsement. Sie vergißt wohin sie gehört. Und der Kreis um die Wiesenbraut empfindet diese Störung. Er gerät durcheinander aus Enttäuschung. Aber bald ordnet sich wieder alles – und die Wiesenbraut ist ausgeschaltet. Nur im Märchen bekommt die Wiesenbraut einen Prinzen. In Wahrheit versinkt sie in das Nichts sobald die Wiese aufhört…

Thomas Wolfe

An Aline Bernstein

München
Donnerstag, den 4. Oktober 1928

Liebe Aline,

heute habe ich seit Samstag zum erstenmal wieder nach Post gefragt. Ich ging Montag ins Krankenhaus und bin heute nachmittag entlassen worden. Ich hatte eine leichte Gehirnerschütterung, vier Schädelwunden und eine gebrochene Nase. Mein Kopf ist sehr schön verheilt, und meine Nase bessert sich schnell ... Ich habe einen Kahlkopf wie ein Priester – das heißt, mit meinem narbenbedeckten Schädel und den wieder sprießenden schwarzen Haarstoppeln sehe ich eher wie ein verlotterter Priester aus.

Ich bin heute abend noch zu benommen, um Dir alles, was mir passiert ist, zu erzählen. Aber ich werde mit der Geschichte anfangen und sie vielleicht morgen beenden. Drei Wochen lang habe ich in München ein so nüchternes und arbeitsames Leben geführt wie während der ganzen Zeit, die ich im Ausland bin. Zu dieser Jahreszeit findet hier das Oktoberfest statt. Ich wußte nicht, was ein Oktoberfest ist, bis es dann vor etwa zwei Wochen anfing. Alle hatten mir davon erzählt, und danach stellte ich mir darunter einen Platz vor, wo das bayerische Landvolk sich versammelt, um seine alten rituellen Tänze zu tanzen, seine Waren zu verkaufen und so fort. Aber bei meinem ersten Besuch stellte ich enttäuscht fest, daß es nur eine Art Coney Island ist – Karussells, allerlei billiger Schnickschnack, unzählige Wurstbuden, Lokale, in denen ganze Ochsen am Spieß gebraten werden, und riesige Bierzelte. Warum aber veranstalteten sie in München – wo es tausend Bierlokale gibt – ein besonderes Jahrmarktsfest zu Ehren des Bieres? Ich kam bald dahinter. Das Oktoberbier ist doppelt so stark wie das gewöhnliche – nämlich dreizehnprozentig –, und zwei Wochen lang kommen die Bauern in die Stadt, um dieses Oktoberbier zu trinken.

Das Fest findet auf der Theresienwiese statt, die neben dem Ausstellungspark am Stadtrand liegt ... Ich ging zwei- oder dreimal hinaus und sah mir den Rummel an – diese Bierzelte sind riesengroß und erschreckend – in einem einzigen haben vier- bis fünftausend Menschen auf einmal Platz – man kann kaum atmen oder sich rühren. Eine bayerische Blaskapelle von vierzig Mann vollführt einen fürchterlichen Lärm, und ununterbrochen schuffeln Hunderte von Menschen, die keinen Platz gefunden haben, in einer endlosen Kette zwischen den Tischen hin und her. Der Lärm ist einfach phantastisch, die Luft ist zum Schneiden – und in diesen Lokalen entdeckt man das Herz Deutschlands, nicht das Herz seiner Dichter und Denker, sondern sein wahres Herz, das weiter nichts ist als ein ungeheurer Bauch. Sie essen, trinken und atmen sich in einen Zustand tierischen Stumpfsinns hinein – das ganze Lokal wird zu einer heulenden, brüllenden Bestie, und wenn die Musik eins von ihren Trinkliedern spielt, stehen sie an allen Tischen auf, steigen auf die Stühle und schaukeln mit untergehakten Armen hin und her. Diese sich schwerfällig bewegenden lebenden Kreise in dieser großen verrauchten Bierhölle wirken ganz unheimlich – sie haben etwas Übernatürliches an sich. Man hat ein Gefühl, als enthielten diese Kreise irgendwie die Magie, das innerste Wesen dieser Rasse – die Natur dieses wilden Tieres, die es anders macht als die anderen wilden Tiere jenseits der Grenze, nur ein paar Kilometer von hier...

Folgendes ist passiert ... Es gibt in München eine amerikanische Kirche – keine richtige Kirche, sondern nur zwei bis drei gemietete große Räume in einem großen Gebäude am Salvatorplatz – etwas schwer zu finden, aber ganz nah vom

Promenadeplatz. Dort gibt es eine Bibliothek von sechs- bis achttausend Bänden – meist ziemlicher Schund, den irgendwelche Touristen gestiftet haben. Aber man kann, falls man sich einsam fühlt, nachmittags zum Tee hingehen und dort andere Amerikaner treffen. Ich traf dort einen jungen Amerikaner mit seiner Frau und deren Freundin ... Es machte mir Spaß, mich mit ihnen zu unterhalten; sie fragten mich nach Zimmern, nach dem Leben in München, nach den Museen und so weiter ... Ich erzählte ihnen vom Oktoberfest und schlug vor, nachmittags zusammen hinzugehen, da die guten Museen geschlossen waren. Wir gingen also hin; das Wetter war schlecht, es fing an zu regnen. Auf der Festwiese fanden wir riesige Menschenmassen – Landleute in ihren wunderschönen Trachten, die glotzend vor den Amüsiermaschinen und dem glitzernden Krimskrams standen. Ich führte meine Bekannten durch mehrere Bierzelte, aber wir fanden keinen Platz. Schließlich, nachdem der Regen aufgehört hatte, gelang es uns, an einem Tisch unterzukommen, von dem einige Leute aufstanden. Wir bestellten Bier und Schweinswurst ... und ich sehnte mich allmählich danach, diese Leute loszuwerden, die ununterbrochen den *American Mercury* zitierten ... Ich hatte sie bis zum Übelwerden satt und wollte allein sein. Ich glaube, sie haben es gemerkt; sie schlugen vor, wir sollten alle weggehen und zusammen essen; ich lehnte ab und sagte, ich wolle lieber auf der Festwiese bleiben. Sie zahlten also und verließen das Lokal mit seinem Gebrüll und Getümmel.
Als sie fort waren, trank ich noch zwei Liter dunkles Oktoberbier und sang und schunkelte mit den Leuten am Tisch. Dann stand ich auf und ging in ein anderes Zelt, wo ich noch eins trank, und kurz bevor sie zumachten – sie schließen um 10 Uhr 30, weil das Bier so stark ist, daß die Bauern sich betrinken und nie wieder weggehen würden –, kurz bevor sie zumachten, ging ich in ein anderes

großes Zelt und trank ein letztes Bier. Die Leute wollten schon schließen, alles befand sich im Aufbruch – hier und da waren schon leere Tische, die bayerische Musikkapelle packte ihre Instrumente ein und ging. Ich unterhielt mich mit den Leuten an meinem Tisch, trank mein Bier aus und stand auf, um zu gehen. Ich hatte sieben oder acht Liter getrunken – das heißt fast einen Liter Alkohol – und war völlig betrunken. Ich ging durch einen Gang zu einem Seitenausgang, wo ich ein paar Männer traf – vielleicht war auch eine Frau dabei, aber die bemerkte ich erst später. Sie standen im Gang neben ihren Tischen und sangen vielleicht noch ein Trinklied vor dem Nachhausegehen. Sie sprachen mich an – ich war zu betrunken, um sie zu verstehen, aber es war bestimmt freundlich gemeint. Von dem, was sich dann zutrug, kann ich nur das beschreiben, worauf ich mich besinne, denn da sind einige Lücken und Löcher in meiner Erinnerung. Ich glaube, einer von den Leuten hat mich beim Arm genommen – ich wollte weitergehen, er hielt mich fest, und obwohl ich keineswegs wütend, sondern eher überschwenglich glücklich war, gab ich ihm einen Stoß, so daß er über einen Tisch fiel. Dann stürzte ich frohlockend hinaus, wie ein Kind, das ein Fenster eingeworfen hat.
Unglücklicherweise konnte ich nicht schnell rennen – ich hatte viel getrunken, und außerdem hatte ich meinen Mantel an. Draußen regnete es heftig; ich stand auf einem eingezäunten Platz hinter einer der Festbuden – ich war durch einen Seitenausgang herausgekommen. Ich hörte Rufen und Schreien hinter mir, und als ich mich umdrehte, sah ich mehrere Männer hinter mir herlaufen. Einer hatte einen Klappstuhl aus dem Bierzelt bei sich – ein Ding aus Eisen und Holz. Ich merkte, daß er mir damit eins über den Kopf geben wollte, und ich weiß noch, daß mich das in Wut brachte. Ich blieb stehen und wandte mich um, und dann hatte ich auf diesem gräßlich schlüpfrigen Schlammboden

einen blutigen Kampf mit diesen Leuten. Ich erinnere mich jetzt mit Grauen daran wie an eine Hölle aus glitschigem Schlamm, Blut und Finsternis, und der Regen fiel auf uns Tobsüchtige herab, die wir einander umbringen wollten. Ich hatte eine so wahnwitzige Wut, daß ich mich überhaupt nicht fürchtete, aber mir war, als ertränke ich in Schlamm – in Wirklichkeit war es das Blut, das mir vom Kopf in die Augen rann ... Halb erstickt, nach Luft ringend, ertrank ich in einem Meer von Schlamm. Über mir fühlte ich die schweren Leiber, die knurrend und grunzend mein Gesicht und meinen Rücken bearbeiteten. Ich arbeitete mich unter ihnen hervor wie aus einem furchtbaren Treibsand – dann rutschte ich aus und fiel wieder in den grundlosen Schlamm unter mir, aber was mich wirklich blind machte und erstickte, war der Blutstrom, der aus meinen Kopfwunden über mein Gesicht stürzte. Ich wußte gar nicht, daß ich blutete.
Ich weiß nicht mehr, wie – aber jedenfalls kam ich wieder auf die Beine und kämpfte wieder mit den dunklen Gestalten, die auf mich losgingen. Als ich unter ihnen im Schlamm lag, glaubte ich die ganze brüllende Menge aus dem Bierzelt über mir zu fühlen, aber wahrscheinlich waren es nicht mehr als drei. Ich erinnere mich, von da an nur mit zwei Männern gekämpft zu haben, und später kam eine Frau dazu, die mir das Gesicht zerkratzte. Die kleinere Gestalt – der kleinere von den beiden Männern – stürzte sich auf mich, ich versetzte ihm einen Faustschlag, und er tauchte in dem schlammigen Dunkel unter. Ich glaubte, in meinem Blut zu ersticken, ich wollte endlich Schluß machen – entweder den anderen töten oder von ihm getötet werden. Ich warf ihn also mit aller Kraft zu Boden; sehen konnte ich nichts, aber ich bohrte meine Finger in seine Augen und sein Gesicht – es würgte mich, aber das ging bald vorbei. Ich wollte nicht nachgeben, bis ich in dem Schlamm unter mir kein Leben mehr spürte. Die Frau war

jetzt hinter mir, schlug kreischend auf meinen Kopf ein und krallte sich in mein Gesicht und meine Augen. Sie kreischte: »Lassen Sie meinen Mann los!« Dann kamen Leute, die mich von ihm wegzerrten – der Mann und die Frau schrien und zeterten auf mich ein, aber ich verstand weiter nichts als das Geschrei der Frau: »Lassen Sie meinen Mann los!« Und ich erinnere mich, daß mich das tief rührte...

Die Leute gingen dann fort – wie oder wohin, weiß ich nicht mehr –, aber da ich sie später auf der Polizeiwache wiedersah, werden sie wohl dorthin gegangen sein. Und dann – und das war vielleicht das Blödsinnigste von allem – tappte ich im Schlamm herum und suchte meinen Hut, meinen alten verbeulten Hut, den ich verloren hatte und unbedingt wiederhaben wollte. Ein paar Deutsche sammelten sich schreiend und gestikulierend um mich, und ein Mann schrie ununterbrochen: »Ein Arzt! Ein Arzt!« Mein Kopf fühlte sich ganz naß an, aber ich hielt es für Regen, bis ich mit der Hand nachfühlte und sie von Blut klebte. In diesem Augenblick kamen drei oder vier Polizisten angestürzt, die mich packten und schleunigst zur Polizeiwache brachten. Erst führten sie mich zum Polizeiarzt – in ein Zimmer mit grellem weißem Licht. Die Frau lag auf einem Tisch, der unten Räder hatte. Das Licht fiel auf ihr Gesicht – ihre Augen waren geschlossen. Ich glaube, das war der furchtbarste Augenblick meines Lebens ... Ich hielt sie für tot und sagte mir, daß ich nie imstande sein würde, mich darauf zu besinnen, wie es dazu gekommen war. Die Ärzte setzten mich auf einen Stuhl und verbanden meine Kopfwunden. Dann untersuchte einer meine Nase und sagte, sie sei gebrochen, und ich müsse am nächsten Tag zum Arzt gehen. Als ich aufstand und mich umsah, war die Frau auf dem Tisch mit den Rädern nicht mehr da. Ich schreibe dies am Samstag (sechs Tage später); wenn sie tot wäre, hätte ich es sicher inzwischen erfahren...

Sonntagvormittag. Ich habe Dir wohl noch nicht erzählt, was an jenem Oktoberfestabend weiter geschah, nachdem die Polizeiärzte meine Wunden untersucht und verbunden hatten – oder wie ich Ärzte fand, die mich versorgten und so weiter. Von den Polizeiärzten wurde ich in einen Nebenraum geführt, wo die Polizisten mir viele Fragen stellten, die ich nicht beantworten konnte. Zwei von den anderen Männern waren auch da, sie waren auch ganz blutverschmiert – und vielleicht waren noch mehr Leute da, die ich nicht gesehen habe. Als sie nichts aus mir herauskriegen konnten, ließen sie mich gehen. Mein Hut war weg, ich war von oben bis unten voller Schlamm und Blut; es regnete heftig, alles war naß; ein unbekannter junger Mann begleitete mich, und als ich fragte, was er wolle, sagte er, »das spiele keine Rolle«. Wir nahmen eine Straßenbahn, und als wir wieder im Stadtzentrum – am Odeonsplatz – angelangt waren, stieg ich aus, und es gelang mir, ihn loszuwerden.
Beim Lunch mit den drei Amerikanern, die mit mir auf die Festwiese gegangen waren, hatte ich einen jungen amerikanischen Arzt kennengelernt, der wegen irgendeines Spezialstudiums hier in München ist. Ich ging also zu dem amerikanischen Ehepaar, um mir seine Adresse geben zu lassen. Das Ehepaar lag im Bett, und die andere Frau war mit dem Arzt ausgegangen. Sie standen ganz verängstigt um mich herum – die Frau machte mir eine Tasse Tee –, und nach ein paar Minuten kamen die andere Frau und der Arzt zurück. Er gab mir die Adresse eines anderen amerikanischen Arztes, der hier in einer berühmten Klinik arbeitet, und sagte, ich solle ihn gleich am nächsten Morgen aufsuchen.
Ich nahm ein Taxi und fuhr durch die Stadt zur Klinik. In der Pension gab es fast ein Erdbeben, als ich in diesem Zustand auftauchte, und auf der Straße starrten mich die Leute an. Der amerikanische Arzt hatte mich zur Klinik

von Dr. von Müller geschickt – und Dr. von Müller ist einer der größten Ärzte der Welt. Sein Bild war neulich – an seinem siebzigsten Geburtstag – in allen Zeitungen zu sehen ... Der große Mann empfing mich im Sprechzimmer, und als ich nach seinem amerikanischen Assistenten Dr. du Bois[1] fragte, den man mir genannt hatte, bekam ich den Bescheid, der sei in seiner Wohnung, ich solle dorthin gehen. Ich war sehr niedergeschlagen und wollte den alten Herrn von Müller selbst bitten, sich meinen Kopf anzusehen (was ein grober Verstoß gegen die guten Sitten gewesen wäre), als dieser du Bois hereinkam. Der Name ist französisch, aber Du kannst Dir keinen steiferen, professoraleren Amerikaner vorstellen. Er sah sehr adrett und langweilig aus, mit blitzenden Brillengläsern und einer trockenen, steifen Pedantenstimme. Ich war total fertig. Ich sagte ihm, was mir passiert und wo ich verletzt war, er hörte aufmerksam zu, dann sagte er in seiner präzisen, pedantischen Art, man müsse einmal – äh – sehen, was sich – äh – für mich tun ließe. Inzwischen war ich mehr tot als lebendig.

Aber jetzt muß ich Dir erzählen, wie es sich in Wirklichkeit mit diesem Dr. du Bois verhält: er ist, wie ich später erfuhr, Professor an der Cornell University (daher seine professorale Art) und einer der großartigsten, gütigsten Menschen, die mir je begegnet sind. Er hat sich in seiner trockenen, steifen Art mehrere Tage lang erstaunlich freundlich um mich gekümmert – und dann wollte er keine Bezahlung nehmen. Dabei ist er, als der deutsche Arzt sagte, ich müsse ins Krankenhaus, mit mir im Taxi in die Pension gefahren, um mir beim Packen zu helfen, dann hat er mich ins Krankenhaus gebracht, und solange ich dort war, hat er

[1] Dr. Eugene F. du Bois arbeitete damals als Volontär in der Klinik von Dr. Friedrich von Müller. Er ist jetzt emeritierter Professor für Psychologie an der Cornell University, New York.

mich täglich ein- bis zweimal besucht und mir Bücher gebracht. Er hatte vor allem den großen Herrn von Müller gefragt, wohin er mich bringen solle, und der große Herr von Müller hatte gesagt, wir sollten gegenüber in die Chirurgische Klinik gehen und uns an den großen Lexer wenden, den besten Kopfchirurgen von Deutschland.

Montagabend
Mitternacht – Salzburg

Mein Liebes, heute habe ich den Atem angehalten, bis ich über die gesegnete Grenze war – die Flucht ist gelungen. Trotz einer schauerlichen Erkältung, von der mir die Augen übergehen, habe ich heute abend das Gefühl, daß von jetzt an mein Leben freier, glücklicher und klüger sein wird – und obwohl ich dieses dumme Gefühl schon öfter gehabt habe, glaube ich irgendwie, daß diesmal etwas Wahres daran ist. Dieses München hat mich fast umgebracht. Es hat mir mehrere Kopfwunden und eine gebrochene Nase eingebracht, und schließlich hat es mir innerhalb von zehn elenden Sekunden eine schwere Erkältung angehext, die erst an den Schleimhäuten der Nase wie Feuer brannte und dann in den Hals rutschte, wo sie sich anfühlt wie ein Klumpen rohes Fleisch. Ja, München hat mich fast umgebracht – aber es hat mir in fünf Wochen mehr menschliche Erfahrung geschenkt, als den meisten Menschen in fünf Jahren zuteil wird...

Heinrich Mann

Kampf um München als Kulturzentrum

Vortrag, gehalten am Abend des 30. November 1926 in der Tonhalle zu München

Geehrte Versammlung!
Am vorigen Donnerstag war ein Bankett im alten Rathaussaal. Vertreter des Staates und der Stadt hatten sich vereinigt mit denen der redenden Künste, um Gerhart Hauptmann zu feiern. In seiner Erwiderung auf die schönen und zuversichtlichen Ansprachen sagte der Gefeierte selbst, daß er es zufrieden sei, wenn in seinem Namen sonst Getrennte sich zusammenfänden. Einigkeit, Vergessen der sozialen Gegensätze, der Feindschaften, die auf Weltanschauung begründet sind, – Einigkeit, sie hielt der Dichter, in dem seit einem Menschenalter die meisten Deutschen Züge ihrer selbst erkennen, für seine beste Wirkung.
Er hatte Recht, – obwohl die Einigkeit gerade hinsichtlich seiner noch größer und allgemeiner sein sollte. Um gleich ganz klar und deutlich zu sein: bei »Dorothea Angermann« hätte erstens in diesem wichtigen Augenblick, wo es dem wiedererwachten Kulturbewußtsein Münchens auf jeden Anhänger ankommt, niemand zischen dürfen; und dann war die Kritik nicht berechtigt, den Unverstand weniger Zuschauer gegen den Dichter und das Stück auszunutzen. In den bewegten Zeiten, die aber augenblicklich abzuflauen scheinen, ist vieles verloren gegangen, unter anderem das Bewußtsein bleibender Werte. Man hat sogar erleben müssen, daß das Geld sich entwertete! Was kann da noch Bestand haben. Nun, Bestand haben die Werte des Geistes. Der Respekt vor geistigen Werten darf ruhig wieder in Geltung kommen, es ist an der Zeit. Das Werk der Geister war gar niemals zu Papiermark geworden.

Wenn Hauptmann, viel später einmal, müde und alt wäre, hätte er uns immer noch von tiefer, warmer Menschlichkeit durch seine erfundenen Bühnenpersonen mehr mitzuteilen, als die meisten Leute ihr ganzes wirkliches Leben lang durch sich selbst fühlen könnten. Wir wollen doch nicht vergessen, daß es Abstände gibt. Von Abständen zu wissen, ehrt uns.
Ferner ist es, besonders heute, unschätzbar, wenn die Bewohner einer Stadt zu ihren Theatern ein vertrautes Verhältnis haben, wenn niemand hindern, alle nur fördern wollen, ja, wenn vorurteilslose Liebe zum guten Theater die parteiischen Gegenwirkungen ein für allemal aufhält. Im Stadtrat brachte unlängst irgendeine übelwollende Partei einen Antrag ein, der bestimmt war, eine der Münchner Bühnen zu schädigen, womöglich zu gefährden, – warum? Weil sie mehrere, jener Partei unwillkommene Stücke gespielt hatte.
Die Kammerspiele hatten wahrhaftig »Das Grabmahl des unbekannten Soldaten« und »Dantons Tod« nicht aus Parteigeist gespielt, sondern wegen des menschlichen Gehaltes, den jedes gute Kunstwerk hat. Das ist nichts so häufiges, man kann da nicht lange wählen, man muß zugreifen, ob nun der Dichter ein Franzose oder ob es gar Büchner ist, ein deutscher Klassiker, den aber die völkischen Stadträte für den zweiten Franzosen hielten. Das lebendige Menschentum, das auf die Bühne gehört, ist parteilos, obwohl der Dichter selbst jeder beliebigen Partei nahestehen könnte. Daran läßt sich nichts ändern, daß er dort, wo sogenannte Völkische ihn haben möchten, so gut wie nie steht.
Du sollst ins Theater nicht als Parteimann gehen: dies präge sich doch jeder ein, so oft er hineingeht. Das Theater gibt euch die sonst nie eintretende Gelegenheit, aus euch heraus und über euch hinaus zu gelangen, Einblick in fremdes Schicksal, sogar das Begreifen, wieso jemand anders denkt,

anders lebt als ihr. Das Ich ist während solcher Stunden nicht mehr nur der unzugängliche Parteimann.
Bemerkenswert ist, daß die Theater es am schwersten hatten zur Zeit der ärgsten Parteikämpfe. Die Zeit liegt noch kurz hinter uns, aber sie liegt hinter uns. Damals wurde in den Theatern entweder Skandal gemacht, oder sie blieben sogar leer. Das hat jetzt auch in München so ziemlich aufgehört; wir wollen hoffen, daß der Sinn für das gemeinsam Menschliche künftig auch hier wieder fortwährend zunimmt. Daran zu erinnern, ist mein heutiger Auftrag, denn ich soll sprechen über das Verhalten Münchens, seiner Oeffentlichkeit und seiner Zeitungen zu seinen Theatern. Alles zu sagen, ist unmöglich. Ich zeige Beispiele.
Das Verhalten Münchens schwankt noch, bald ist es erfreulich, bald weniger. Der Antrag im Stadtrat, den Kammerspielen die Subvention zu entziehen, wurde nach vernünftigen Reden der Gegner des Antrags mit großer Mehrheit abgelehnt. Das war gut. Weniger gut war, daß jenes altberühmte Theater, das »Münchener Schauspielhaus« hieß, eigentlich sang- und klanglos verschwinden konnte. In seinem Haus spielen jetzt die vortrefflichen Kammerspiele, das kann als Trost gelten. Wir wollen uns freuen, daß die Kammerspiele in dem größeren Haus sich jetzt entfalten können.
Die Münchener Kammerspiele gewinnen bei dem Tausch, nicht sie haben aufgehört zu bestehen, obwohl dies gestern behauptet wurde – noch dazu grade in ihrem alten Haus an der Augustenstraße, wo gestern Abend ein Kino festlich eröffnet worden ist. Der Redner der Filmindustrie erwähnte sogar, die Kammerspiele seien zuletzt »auf den Fröhlichen Weinberg gekommen«. Er und sein Konzern sind erhaben über so ein anstößiges Theaterstück. Sein Konzern finanziert »alte deutsche Heldensagen, denen wir alle zu Füßen unseres Großmütterchens einst gelauscht haben«. Das sind goldene Worte eines Filmvertreters.

Aber bleibt es nicht doch beschämend für eine Stadt vom alten Ruf Münchens, daß von den beiden Privattheatern, die ernste Komödie pflegten, nur noch eins übrig ist? Warum konnten jahrzehntelang zwei bestehen und jetzt nicht mehr? Ist München kleiner oder unbedeutender geworden? Hat es verloren an geistig regen Bewohnern? Oder an menschlich freien? Hier ist etwas nicht in Ordnung. Hier muß diese Stadt nachholen oder wieder einholen, was versäumt ist. Sie wird es gewiß auch können, nur muß man sie aufmerksam machen.
Ich weiß nicht, ob die meisten Zeitungen über das Ende des Schauspielhauses beträchtlich mehr gebracht haben als den trockenen Bericht. Das genügt nicht, wenn die Stadt so viel verliert: ein Theater, das seit dem Ende des vorigen Jahrhunderts mit ihrem geistigen Leben verwachsen war; ein Theater, durch das die ganze literarische Bewegung eines Zeitalters leibhaftig hindurchging, um mehrere Geschlechter der Lebenden zu ergreifen, sie geistig umzubilden und Spuren auf ihrem Herzen zu lassen!
Wollen wir nicht auch die wirtschaftliche Seite bedenken? Die Beschäftigungslosen sind zahlreich unter Schauspielern, wie bei allen geistigen Arbeitern. Nicht gleichgültig für das Gesamtbild eines Volkes, einer Stadt ist das Elend der geistigen Berufe, – wenn doch gleichzeitig in anderen Schichten die besten Geschäfte gemacht werden. »Künstlerfeste« heißen gewisse elegante und teure Vergnügungen; dabei fehlen leider jene Künstler, die sich aus Nahrungsmangel das Leben genommen haben. Die Vorstände der Notverbände geistiger Arbeiter, selbst schon krank von den Schrecken, die sie hören und sehen müssen, erklären, daß die geistigen Arbeiter jetzt reihenweise nervenkrank werden.

Wieviel Hilfsbereitschaft wäre hier geboten! Wieviel tätige Förderung der Künste, auch des Theaters! Die Leistungen

selbst bleiben trotz allem vorzüglich. Die Kritik ihrerseits brauchte nichts weiter zu gewähren als Gerechtigkeit. Sie müßte sich nichts anderes abgewinnen, als vor jeder Darbietung des Theaters die vollkommenste Unvoreingenommenheit. Verzichten sollten die Zeitungen und ihre Theaterkritik auf Kampfstellung gegen anerkannte Kulturgüter. Die Kritik muß sich nicht auszeichnen wollen durch andauernde Umwertung aller Werte, was durchaus nicht ihres Amtes ist. Dazu ist nicht jeder berufen.
Zum Beispiel ist nicht jeder berufen, Wedekind und Hauptmann zu stürzen oder zu vernichten. Erstens kann er es nicht, es reicht bei ihm dafür nicht. Außerdem würde er, wenn es ihm lokal und nur für seinen Umkreis vorübergehend gelänge, damit immer nur fruchtlose Verwirrung stiften.
Absichtlich nenne ich nebeneinander Hauptmann und Wedekind. Lange Zeit galten sie als unversöhnliche Gegensätze – der eine sozial gesinnt, der andere individualistisch, Moralist dieser, jener dem Mitleiden hingegeben und ebenso menschlich gerührt im Leben wurzelnd, wie der andere mit seiner Erotik. Man war lange Zeit meistens nur für einen von beiden und gegen den anderen. Inzwischen sind beide zum festen Bestand der geistigen Zeitgeschichte gestoßen, zwischen ihrer Bedeutung unterscheidet man gemeinhin nicht mehr, – um sie aber sogar beide anzufeinden, muß einer geradezu den Mut des Absonderlichen haben, was nicht immer ein beneidenswerter Mut ist.
Selbstverständlich ist auch in den »Münchner Neueste Nachrichten« und in der »Münchener Zeitung« von Wedekind und von Hauptmann oft und oft mit der hohen Achtung gesprochen worden, die den bisher stärksten dramatischen Dichtern unserer ganzen Lebenszeit überall geschuldet wird. Dabei blieb es, solange ein Rest liberaler Erinnerungen jene Organe noch mitbestimmte. Dann war es damit aus. Dann gab sich der Theaterkritiker der rechts-

radikalen Periode der »Münchner Neuesten Nachrichten« einen Ruck und leistete zum Beispiel folgendes:
»Der Satanismus Wedekinds, gemildert durch einen Moralismus, der seinen Verstand verkehrt angezogen hat, scheint mir von vorgestern. Hingegen wäre vielleicht der Vorschlag zu erwägen, ob man nicht ein Theater für Sexualproblematik einrichten sollte, das in unmittelbarer Verbindung stehen könnte mit der psychiatrischen Klinik. Reiferen Studierenden wäre damit zur Abrundung ihrer Ausbildung eine Art praktischen Kollegs geschaffen. Man könnte auch Spießer zulassen, die noch naiv genug sind, durch verwegene Magenstöße von der Notwendigkeit der moralistisch-gesellschaftskritischen Boxkunst sich überzeugen zu lassen. Die Aufführung litt an erheblichen Mängeln; es fehlten nämlich zwei Hauptrollen: im ersten Stück (»In allen Sätteln gerecht«) die Leonore von Gystrow und ihre Tochter Effie; im zweiten (»Tod und Teufel«) das Fräulein Elfriede von Malchus und die Lisiska. Sonst war alles in Ordnung.«
Diese Stücke »von vorgestern« werden gerade jetzt wieder in Berlin gespielt, wo man wahrscheinlich, gegen München und seine »Neuesten Nachrichten« gehalten, von vorgestern ist. »Lulu« von Wedekind füllt das Berliner Staatstheater. »Voll Erstaunen sah man Wedekind wie einen Klassiker vorüberziehen,« schreibt die »Norddeutsche Allgemeine Zeitung«, die nicht links steht. Seine »Franziska« beherrscht ein anderes Theater. Das geht so seit Jahrzehnten, wird jahrzehntelang weitergehen, und sich kritisch dagegen aufzulehnen beweist weniger Ueberlegenheit des Urteils als kulturpolitische Tendenz im Sinne rückschrittlicher Parteien.
Die angeblich unbesetzten Rollen lagen bei der Frau und der Tochter Wedekinds. Die Tochter sprach mit seiner Stimme, seiner Diktion. Die Frau hatte noch unter seinen Augen diese Rollen studiert. Genauer im Sinne ihres Dich-

ters können die beiden Stücke nie und nirgends gespielt werden. Die Rollen waren nicht unbesetzt, jeder hat es gesehen. Aber dem Haßgesang des reaktionären Kritikers würde etwas gefehlt haben, hätte er nicht auch noch Frau und Tochter des Toten gekränkt.
Dies ist seine Meinung über Frank Wedekind. Zu Gerhart Hauptmann aber spricht derselbe rächende Engel: »Wer viel hat, von dem wird viel gefordert. Wer viel gehabt hat, der sehe zu, ob er nicht auf dem Boden seines Koffers angelangt ist.«
Meine Herrschaften! Ich glaube im Laufe dieses Vortrages viel Geduld, viel Höflichkeit bewiesen zu haben. Zweifellos ließe sich das Verhalten Münchens zum Theater und noch zu manchem andern während langer, trauriger Jahre viel schärfer kennzeichnen. Man könnte Worte finden für die Behörden, für manche Handlung, manches Versagen der Polizei. Ihnen sei es geschenkt. Sie hängen vom Tag ab und mögen sich stellen und umstellen.
Aber schlechthin unzulässig ist, daß in dem Teil der größten Zeitung, der von der Literatur vorwiegend lebt, keine Zucht herrscht. Literatur verpflichtet zur geistigen Reinlichkeit, zur Wahrheitsliebe, zum Wissen um Höheres, Bleibenderes, als es politische Moden sind. Literatur gebietet Achtung nicht nur vor Einzelleistungen, nein, besonders vor der Persönlichkeit, vor einer längst und endgültig groß dastehenden Persönlichkeit. Die an Hauptmann gerichteten Redensarten von dem Koffer sind ein Roheitsdelikt.
Was will der Herr? »Dorothea Angermann« soll ein schlechtes Stück sein. Aber es fragt sich sehr, ob er im Ernst möchte, daß es ein gutes wäre. Ein vorgeblich schlechtes Stück macht es ihm doch viel leichter, gegen den Dichter loszulegen, den er ohnehin haßt, den er haßt gerade wegen seines Besten, seines sozialen Empfindens, seiner gefühlsmäßigen Hinneigung zum Sozialismus, Abneigung gegen alles privilegierte Unrecht. Große Namen und Gestalten,

die als Zeugen einstiger Menschlichkleit in diese Zeit zu unserem Glück noch hereinragen, sollen programmäßig zerstört werden. Wozu wünscht der Herr sich von Hauptmann ein starkes Stück? Wenn erst die »Weber« wiederkommen, wird er noch seine liebe Not haben, mit ihnen fertig zu werden.

Sein Geistesverwandter in der »Münchener Zeitung« gibt ihm das Rezept. Er äußert, mit dem neuen Stück sei das Gespenst des Naturalismus noch einmal umgegangen. Was zu seiner Zeit aus einem edlen dichterischen Mitleiden »aufgestiegen« sei, lasse jetzt kalt ... Genug, der Herr glaubt, die Gegenwart dort packen zu können, wo sie nach seiner Meinung nichts hat, kein edles Mitleid, kein soziales Gewissen. Dort denkt er sich mit ihr zu verständigen – voraussichtlich auch über die »Weber«.

Die beiden Herren irren aber. Nicht mit einer einzigen Stimme dichterischen Menschentums ist es vorbei, wohl aber mit ihnen und der nationalistischen Kulturwidrigkeit, der sie sich verschrieben haben. Merken sie denn nichts? Die Luft ist doch schon reiner. Begabung darf schon wieder mit freier Gesinnung verbunden sein, Rückständigkeit ist kein Massenartikel mehr. Man fragt heute nicht mehr zuerst, ob ein Dichter Franzosenfresser und Kriegsschreier, Arbeiterfeind und Monarchist ist, bevor man zugibt, was er kann. Man nimmt sich gegen weit höhere menschliche Erscheinungen, als man selbst eine ist, nicht Uebergriffe heraus – unter dummdreister Berufung auf die Nation.

Die Nation hat dies alles ebenso gründlich satt wie wir hier. Auch München hat es endlich satt, sonst wüßte ich nicht, wozu diese Zusammenkunft. Die große Mehrheit der Münchener Bevölkerung gehört Parteien an, die weder nationalistisch noch unbedingt reaktionär sind. In dem katholischen »Neuen Münchener Tagblatt« las ich über Hauptmann eine Kritik, die angemessen und taktvoll war, nicht weniger als die Kritik der demokratischen »A.Z.«.

Verlangt wird, daß ein Blatt, dessen Inserate ganz München lesen muß, sich auch textlich so verhält, daß ganz München weder herausgefordert noch blamiert wird. Massenorganen sind extreme Richtungen nicht erlaubt. Hat die Politik, in reichlich verspäteter Erkenntnis der Lage, sich endlich zu einer Art von Republikanismus durchgerungen, so muß auch das Feuilleton nachgerade auf unzeitgemäß gewordene Ausschweifungen verzichten. Dies wird verlangt.

Ich bin von Hause aus nicht Münchner. Nur meiner Bekanntschaft mit dem Theater verdanke ich den heutigen Auftrag. Als Schriftsteller würde ich überhaupt nichts fordern, besonders keine sogenannte gute Kritik. Irgendwo bekommt man sie immer, es muß nicht gerade hier sein.

Aber diese Stadt war einst hervorragend gastlich und will es sichtlich wieder werden. Wer sie durch schlechtes Benehmen, über oder unter dem Strich, daran hindert, tut ihr Unrecht, vor allem ihr. Die Theater waren immer ein wichtiger Teil der Anziehungskraft, die München auf Fremde übte. Im Umkreis der Theater, oder auch, weil die geistige Luft Münchens ihnen zuträglich schien, lebten hier oftmals namhafte Nichtmünchner, und auch das brachte der Stadt keinen Schaden. Meinen Freund Wedekind fragte ich einmal, warum er nicht nach Berlin gehe, wo er gerade damals seine größten Erfolge hatte. Er setzte aber dem schärferen Geist Berlins das Münchner Herz entgegen. Er drängte, des schlagenden Ausdrucks wegen, ganz München in das berühmte Hofbräuhaus zusammen und sagte: »Der Hofbräugast hat ein fühlendes Herz.«

Ich wünschte, daß München wiederbekomme und bewahre sein gesundes Gefühl für den Wert und Nutzen geistigen Schaffens, selbst wenn es ihm manchmal fremd bliebe, – sein altes Wohlwollen, jene wohlwollende Neutralität, auf deren Boden sich hier gut leben ließ und wieder gut wird leben lassen.

RICHARD STRAUSS

Die Münchener Oper

Mit der Münchener Oper und ihrem herrlichen Orchester, dem mein Vater über 40 Jahre als eine sogar von Richard Wagner gerühmte Zierde angehörte und das unter Hermann Levi dem Unterprimaner Richard Strauss seine d-Moll-Sinfonie vorspielte, verknüpfen sich die schönsten künstlerischen Jugenderinnerungen.

Alle großen Eindrücke der klassischen Meisterwerke vom ersten »Freischütz« an – wie entsetzlich gruselte dem Achtjährigen bei Samiels Erscheinen! – bis zu »Tristan«, der von dem Fünfzehnjährigen noch mit größter Verständnislosigkeit aufgenommen und dem ersten »Siegfried«, der in der qualvollen Enge des Stehparterres nur unter heftigem Stöhnen durchgestanden wurde, sind in der auf großer künstlerischer Höhe stehenden Interpretation der Künstler des Münchener Hoftheaters in meinem Gedächtnis haften geblieben.

Als ich im Jahre 1887 als Musikdirektor von Meiningen nach München berufen wurde und mir mit »Johann von Paris« und »Cosi fan tutte« die ersten Sporen des Operndirigenten verdiente (ich sehe heute noch Heinrich Vogl vor mir, wie er mir sagte: »Strauss, Sie machen zu große Bewegungen und dirigieren mit zu langem Arm!«), wechselten Freud und Leid in der Laufbahn des noch ziemlich unroutinierten Eigenbrötlers. Ein grandioser Umschmiß in »Zar und Zimmermann« beunruhigte mich noch des öfteren sogar im Traum, die Einstudierung von Richard Wagners »Feen«, deren Leitung von Herrn von Perfall vor der Generalprobe mir abgenommen und Herrn Fischer übertragen wurde, mit dem Bemerken: eine so wichtige Erstaufführung könne nicht vom »dritten Musikdirektor«

dirigiert werden, die Nöte bei der Premiere meines »Guntram«, der nach einmaliger Aufführung vom Spielplan verschwinden mußte, weil der Tenor erklärte, er könne die anstrengende Partie nur weitersingen, wenn ihm kontraktlich eine höhere Pension zugesichert würde, und so manches andere gehören zur zweiten, weniger erfreulichen Kategorie meiner Münchener Erlebnisse.
Dagegen leuchten »Tristan« und »Meistersinger«, die ab 1894 schon als Hofkapellmeister von Weimar zurückberufen, auch ich zum ersten Male an der geweihten Stätte ihrer Geburt dirigieren konnte, und die mit Possart gemeinsam inaugurierten Mozartfestspiele (nur der »Figaro« war noch von Levi einstudiert worden) als wirklich schöne Erinnerungen in meinem Leben.
Als Schaffender auf dem Gebiete der Oper nehme ich das Jubiläum der Münchener Staatsoper zum willkommenen Anlaß, freudig und dankbar der liebevollen Pflege zu gedenken, mit der unter der Aegide des Freiherrn von Franckenstein und unter der hingebenden und ausgezeichneten Leitung meines Freundes Hans Knappertsbusch meine dramatischen Werke dem Publikum meiner Vaterstadt dargeboten werden.
Mit meinem innigsten Dank und dem Ausdruck meiner wärmsten Anerkennung sei dem Münchener Staatstheater und seinen Leitern mein herzlichster Glückwunsch zum schönen Gedenktage dargebracht und die Hoffnung ausgesprochen, daß die Münchener Staatsoper auf der gleichen stolzen künstlerischen Höhe auch fernerhin den Ruhm den Kunststadt München in aller Welt verkünden möge. [1928]

Lion Feuchtwanger

Balthasar Hierl

Auf der Bühne erschien der Komiker Balthasar Hierl. Ein verschlissener Samtvorhang war da, rot und gold, überladen und sehr dreckig. Vor diesem Vorhang saßen einige Orchestermusiker, unter ihnen lang, dürr, traurig der Komiker. Auf billige Art geschminkt, die Gurkennase kläglich weiß, zwei feuerrote Clownflecken auf den Backen, klebte er wie eine Fliege auf einem armseligen Stuhl; die hageren Waden, aus viel zu weiten Stiefeln herausstelzend, hatte er kunstvoll um die Stuhlbeine gewickelt. Es galt eine Orchesterprobe. Der Komiker Hierl spielte zunächst Geige, aber da der Kollege an der Pauke fehlte, hatte er es übernommen, auch dessen Part zu vertreten. Das war schwierig. Das ganze Leben war schwierig. Es kamen einem harmlosen, friedfertigen Menschen überall Tücken dazwischen, hundsgemeine Ablenkungen, mit denen man sich herumschlagen mußte. Da rutschte zum Beispiel dem Kapellmeister die Krawatte, darauf mußte man ihn doch aufmerksam machen. Das war schwierig so mitten im Spielen. Man konnte zwar schnell und eifrig mit dem Geigenbogen auf die Krawatte deuten, doch das verstand der Kapellmeister nicht. Man mußte also aussetzen. Da kam das ganze Orchester in Unordnung; man mußte von vorn anfangen. Da rutschte wieder die Krawatte. Überhaupt war es hoffnungslos, sich zu verständigen. Alle einfachsten Dinge gerieten sogleich ins Problematische. Das Sprachliche reichte nicht. Dazu sollte man zwei Instrumente spielen. Die Hände reichten nicht, die Füße reichten nicht, die Zunge reichte nicht. Es war eine schwierige Welt. Man konnte nur traurig und beschäftigt darin sitzen und wohl auch etwas eigensinnig und verstockt. Denn man hatte seine eigenen, richtigen Gedanken. Aber die andern begriffen sie nicht oder wollten nicht darauf eingehen. Zum Beispiel hat man an einen Radfahrer gedacht, und richtig saust da ein Radfahrer daher. Das war doch merkwürdig. Aber die andern wollten es nicht als merkwürdig gelten lassen. Ja, behaupteten sie, ja, mein Lieber, wenn man beispielsweise an ein Flugzeug gedacht hätte und es wäre just ein Flugzeug dahergekommen, das wäre schon eher merkwürdig gewesen. Es war aber doch, Herrschaftsseiten!, kein Flugzeug gewesen, sondern ein Radfahrer. Dazu die Instrumente, die Pauke, die immer, wenn man gerade mit der Geige beschäftigt war, bedient sein wollte, der Mann auf der Bühne, der immer hämmern mußte und den man nicht ohne Ratschläge lassen konnte, die rutschende Krawatte des Kapellmeisters, die man nicht rutschen lassen konnte, die Gedanken, die man doch ans Außen bringen mußte, still, unentwegt, ohne Hoffnung auf Verständnis, verbissen. Das Problem mit dem Radfahrer, von dem man nicht loskam. Es war halt kein Flugzeug, es war ein Radfahrer. Jetzt aber ging es ganz wild auf, es kam die Ouvertüre zu »Dichter und Bauer«. Die ging furchtbar schnell, gleich war man aus dem Takt. Allein man war gewissenhaft, man steckte die weißgeschminkte, bebrillte Gurkennase in die Notenblätter, geriet in einen Strudel, mühte sich, zappelte, versank im Strudel. Die andern rasten über einen fort: man ließ nicht locker, man arbeitete für sein Geld, arbeitete für drei. Und es war halt kein Flugzeug, es war ein Radfahrer. Und die Krawatte rutschte auch schon wieder. Eine wilde Sache. Todernst, dürr, hoffnungslos, die Waden um die Stuhlbeine gewikkelt, traurig, verstockt, emsig, gewissenhaft arbeitete man. Das Publikum schrie, brüllte, tobte vor Lachen, fiel von den Stühlen, japsend, sich an Bier und Speisen verschluckend. Seltsam, wie vor der simplen Eindringlichkeit dieses Schauspielers Hierl die Zuschauer gleich wurden. Ihre Einzelsorgen, Einzelfreuden versanken. Nicht mehr dachte Johanna an den Mann Krüger, nicht mehr Herr Heßreiter an die kitschigen, langbärtigen Gnomen und die gigantischen Fliegenpilze seiner Fabrik, der Minister Klenk nicht mehr an gewisse in nächster Zeit vorzunehmende bedeutungsvolle Personalveränderungen, nicht mehr der Geheimrat Kahlenegger an die sich häufenden, erbitternden Angriffe auf seine Theorien über den Elefanten der zoologischen Sammlung. Wie die Köpfe mit gleichmäßiger Bewegung der Bewegung des Schauspielers auf der Bühne folgten, so reagierte mit gleichmäßiger Schadenfreude ihr Herz auf die erfolglose Bemühung des mürrischen Menschen auf der Bühne. Ja, untergingen alle andern vielfältigen Interessen der tausend Sinne des dichtgefüllten Saales in der einen schallenden Freude über das Mißgeschick des geschminkten, verdrießlich sich abarbeitenden Hanswursten.

KARL VALENTIN

Auf dem Marienplatz

Der große Dichter Josef Ding (i. J. 1520) sagte einmal: »– Es geschieht nichts Neues unter der Sonne!« – Dieser Mann hatte nicht recht oder vielmehr, er hatte nicht Gelegenheit, heute über den Marienplatz in München zu gehen. Der Marienplatz vor hundert Jahren (siehe Maillingersammlung) – der Marienplatz von heute (siehe Marienplatz). –

Schutzleute zu Podium (früher zu Pferd) und Schutzleute zu Fuß tuen ihre Pflicht. Der Marienplatz ist voll von Menschen – Kindern – Automobilen – Radfahrern – Hunden – Tauben – Glockenspiel – Straßenbahnen – Pflaster – Inseln – Wasserpfützen – Bogenlampen – Zigarrenstumpeln – verfallenen Straßenbahnbilletten – Kontaktdrähten – Benzingestank usw. – Das sind die gegenwärtigen Requisiten des Marienplatzes.

Was treiben diese Requisiten? – Die Schutzleute dirigieren – die Menschen folgen nicht – die Gaffer gaffen – staunen, betrachten, grinsen, spotten, sind noch biedermeierisch veranlagt, wollen sich nicht an den Großstadtbetrieb gewöhnen. – Die Automobile hupen – die Radfahrer warten – die Hunde stören – die Tauben fliegen – das Glockenspiel klingt hell und »rein« – die Straßenbahnen kommen daher und fahren dahin – das Pflaster wird betreten, die Inseln ebenfalls – die Wasserpfützen auch ebenfalls – die Bogenlampen brennen (nachts) – die Zigarrenstumpel liegen – die weggeworfenen Straßenbahnfahrscheine flattern – die Kontaktdrähte schwingen wie Spinnennetze – der Benzingestank ist tagtäglich – und somit der ganze Zustand unerträglich. –

Die Verkehrspolizei will nun das Beste. – Aber wir Städter

sind immer noch Dörfler. – Macht es der Schutzmann so – gehn wir so. – Macht es der Schutzmann aber so – gehen wir gewiß so. – Es soll klappen, aber es klappt nicht. Vielleicht in zehn Jahren, dann ist es aber zu spät, bis dahin fliegen wir alle. – Für die ganze Verkehrsordnung hätte ich eine neue Idee. Und jeder Irrsinnige wird mir voll und ganz beistimmen.

Mein Prinzip wäre folgendes:

Am Montag dürfen in ganz München nur Radfahrer fahren, am Dienstag nur Automobile, am Mittwoch nur Droschken, am Donnerstag nur Lastautos, am Freitag nur Straßenbahnen, am Samstag nur Bierfuhrwerke. Die Sonn- und Feiertage sind nur für Fußgänger. Auf diese Weise könnte nie mehr ein Mensch überfahren werden.

Ein zweiter Vorschlag wäre auch dieser:

Von 6 bis 7 Uhr morgens sind die Straßen Münchens nur für Radfahrer, von 7 bis 8 Uhr für Automobile, von 8 bis 9 Uhr für Droschken, von 9 bis 10 Uhr für Lastautos, von 10 bis 11 Uhr für elektrische Straßenbahnen, von 11 bis 11¼ Uhr für das Glockenspiel, von 11¼ bis 12 Uhr für Bierfuhrwerke bestimmt.

*

Gespräch am Springbrunnen

A *steht am Sendlingertorplatz in München und betrachtet sich den Springbrunnen und meint zu einem neben ihm stehenden Herrn*
So ein Springbrunnen ist doch etwas Herrliches.

B Wenn er springt, is er sehr schön.

A Was heißt springt, wenn er net springen würde, wär's ja kein Springbrunnen.

B Was wär's dann für ein Brunnen?

A Dann wär es keiner.

B Gar keiner?

A Nein! Gar keiner nicht, es wäre halt dann ein Brunnen, der nicht springt.

B Aber d a is er schon.

A Freilich is er da.

B Aber sehn tut mer ihn nicht.

A Wenn er nicht springt – nicht.

B Hören tut mer ihn auch nicht.

A Wenn er springt schon, dann rauscht das Wasser.

B Rauschen tut er, und springen zu gleicher Zeit.

A Der Springbrunnen rauscht nicht, nur das Wasser.

B Ohne Springbrunnen?

A Nein, mit Springbrunnen.

B Kann man so einen Springbrunnen kaufen?

A Nein.

B Woher hat dann unsere Stadtverwaltung den Springbrunnen?

A Der wurde gestiftet.

B Springend?

A Nein – da mußte zuerst das Wasserbassin betoniert werden, dann wurden die Rohre gelegt und die Blumenanlagen und dann wurde ein Geländer herum gemacht.

B Und dann?

A War er fertig.

B Aber gesehen hat man ihn noch nicht.

A Wen?

B Den Springbrunnen selbst.

A Nein, erst als er aufgedreht wurde, dann ist der Wasserstrahl in die Höhe gesprungen.

B Vor Freude?

A Na – das ist doch ein Naturgesetz, wenn man einen Wasserhahn aufdreht, springt das Wasser immer in die Höhe.

B Immer nicht, in unserer Küche zu Hause, wenn man den Wasserhahn aufdreht, springt das Wasser hinunter.

A Eine Küche und der Sendlingertorplatz ist auch zweierlei.

B Aber nützlich ist ein Springbrunnen nicht.

A Nutzen hat er keinen.

B Warum baut man dann Springbrunnen?

A Nur zur Zierde, – zum Anschauen.

B Für wen?

A Für die Bewohner unserer Stadt.

B Wie lange existiert der Springbrunnen schon?

A Ich glaube seit 1860, also fast hundert Jahre lang.

B Nun, dann müssen ihn doch alle Münchner schon gesehen haben.

A Das ist Geschmackssache, was Schönes kann man sich zwei- und dreimal ansehen.

B Zwei- bis dreimal schon, aber so alte Münchner oder gar die, die am Sendlingertorplatz wohnen, müssen sich doch schon an dem Springbrunnen satt gesehen haben.

A Für die Münchner allein is er auch nicht gemacht worden, sondern hauptsächlich für die Fremden.

B Nein, das stimmt nicht, die Fremden kommen nicht wegen dem Wasser, sondern wegen dem Bier zu uns nach München.

A Das stimmt.

B Mich hat noch nie ein Fremder gefragt: »Sagn's Sie mal, wo kann man hier einen Springbrunnen sehen?« – Alle haben mich gefragt: »Wo ist hier das Hofbräu?«

A Natürlich kommt kein Mensch wegen dem Wasser nach München und keiner wird aus dem Springbrunnenbassin Wasser saufen wollen.

B Warum haben's dann einen eisernen Zaun drumrum gemacht?

ADaß man nicht naß wird, wenn man zu nahe an den Springbrunnen hingehen würde.

B Aber im Winter?

A Im Winter? Da springt er ja nicht.

B Wenn aber ein Fremder im Winter den Springbrunnen sehen will?
A Das kann er nicht, da muß er schon warten, bis es wieder Sommer wird.
B Muß er dann so lang in München bleiben?
A Nein, der fahrt wieder und soll im Sommer wiederkommen.
B Wenn er aber nicht mehr kommt?
A Dann sieht er ihn nicht.
B Da hat's der Münchner leichter, der sieht ihn immer.
A Im Winter auch nicht.
B Warum springt er nicht im Winter?
A Da tät der Springbrunnen einfrieren.
B Das ist nicht wahr, laufendes Wasser friert nie ein.
A Da haben Sie recht, das hat mir auch einmal ein Installateur gesagt, das wissen vielleicht die Herren Stadträte gar nicht.
B Das muß man den Stadträten sagen, die sind einem vielleicht dafür dankbar, dann könnte man sich doch die Arbeit mit dem Zudrehen ersparen.
A Gewiß, hieraus sieht man, daß der Laie auch manchmal eine gute Idee haben kann.
B Nur eines ist mir nicht klar: der Springbrunnen springt in die Höhe, dann fällt das Wasser wieder herunter und sammelt sich in dem Wasserbecken und läuft dann zum Ablaufrohr wieder hinaus.
A Ganz klar, der Ablauf ist wichtiger als der Springbrunnen selbst, denn wenn da kein Ablauf wäre und das Wasser hätte seit dem Jahre 1860 nicht ablaufen können, da wäre vielleicht heute ganz München – ganz Bayern – ganz Deutschland – vielleicht ganz Europa überschwemmt, – was wäre das für eine gewaltige Katastrophe, wenn einer aus Mutwillen das Ablaufrohr verstopfen würde?
B ... Ah!!! ..., jetzt weiß ich, warum daß man um diesen Springbrunnen ein Geländer gemacht hat.

KLAUS MANN

München, Sommer 1929

»*Are you mad?*«
... München, Sommer 1929.
Der Schauplatz: ein riesenhaftes Zelt auf der »Theresienwiese« am Rand der Isarstadt. Im Zelte drängt sich das Volk – zwanzigtausend, dreißigtausend Menschen. Es ist dunkel; nur die Rednerbühne steht in grellem Licht. Und von dort, von der illuminierten Plattform kommt die Stimme – das ekle Heulen eines tollen Hundes.
»Die Juden!« bellt die fürchterliche Stimme. »Die Saujuden sind schuld. Wer denn sonst?«
Ein junger Bursche ganz in unserer Nähe kreischt plötzlich, wie von einer Tarantel gebissen: »An den Galgen mit ihnen! Hängt sie auf! An den Galgen mit dem Judenpack!«
Woraufhin die Stimme schleimig-scherzhaft wird: »Nur Geduld, Volksgenosse! Geduld bringt Rosen!«
Die Menge brüllt, wiehert, schüttelt sich in blutrünstiger Heiterkeit.
»*Dear me!*« flüstert unser englischer Freund, Brian Howard, der so sehr darauf aus war, dieser makabren Veranstaltung beizuwohnen. »*He's a paranoiac!*«
»Wer beherrscht die sogenannte Republik?« Die Tier-Stimme fragt, vom Chorus kommt die Antwort: »Die Juden-Bagasch! – Wer denn sonst? Die Saujuden! Hängt sie auf!«
»*How extraordinary!*« flüstert Freund Brian uns zu. »Er ist ausgesprochen wahnsinnig. Merken die Leute es nicht? Oder sind sie selber verrückt?« Er schüttelt ratlos den Kopf.
Und die Stimme, keuchend jetzt, atemlos, heiser vor Haß: »Wer beherrscht den sogenannten Völkerbund? Die Presse? Die internationalen Kartelle? Den Kreml? Die

sogenannte katholische Kirche?« Und jeder Frage folgt dasselbe stereotype Stampfen und Brüllen: »Die Saujuden! An den Galgen mit ihnen!«

»*Are they mad? Or what?*« Brian stellt die Frage immer wieder, in verschiedenen Sprachen. Schließlich wendet er sich direkt an ein hochbusiges Hitlermädchen in seiner Nachbarschaft: »Sind Sie toll, mein Fräulein?« Es klingt nicht aggressiv – nur höflich interessiert. Glücklicherweise ist das blonde Ding in seinem Erregungszustand nicht fähig, den Anruf zu verstehen. Sie trampelt, röchelt, kichert, stöhnt und quiekt in quasi-sexueller Ekstase. Angesichts so widrig krasser Symptome kann der Beobachter nur die Achseln zucken: »Sie sollten einen guten Psychiater zu Rate ziehen, meine Dame.«

Wie ähnlich ihm das sieht! So ist er, unser Freund Brian – Brian Howard aus London, Schriftsteller seines Zeichens, Mitarbeiter an liberalen Revuen, Vorkämpfer des europäischen Gedankens. Er liebt Deutschland, kommt jeden Sommer nach Bayern, eben jetzt logieren wir zusammen in einem kleinen Hotel am Walchensee. Aber je mehr einem das deutsche Schicksal am Herzen liegt, desto greulicher muß einem diese Stimme sein – die Stimme des Lügners, des Prahlers, des Fanatikers, des Kriminellen. Brian ist nicht der Mann, sich von ihr einschüchtern zu lassen. »Ekelhaft«, murmelt er, ziemlich laut. »Zum Kotzen.«

Es ist gar nicht ungefährlich. Jeden Augenblick kann einer der Braunhemden das anstößige Gemurmel hören und Rache üben. Brian schert sich nicht drum. Mutig bis zur Verwegenheit, bei übrigens zarter körperlicher Konstitution, würde er sich wohl einer ganzen Armee von Rowdies zum Kampfe stellen.

Aber so weit wollen wir's doch nicht kommen lassen. »Wir können ebensogut gehen«, schlage ich mit gedämpfter Stimme vor. »Er ist ein öder Schwätzer, weiter nichts. Es nimmt ihn sowieso niemand ernst.«

Um uns herum wird Murren laut, da wir uns von unseren Sitzen erheben. »Ausländer, wahrscheinlich«, erklärt ein Hitlerjunge verächtlich den Kollegen. Und ein anderer: »Die werden auch noch schaun!«
Während wir uns zum Ausgang durchkämpfen, folgt uns die Tier-Stimme, vom Lautsprecher getragen und verstärkt, durch die Versammlungshalle. »Versailles ... Dolchstoß ... nationale Schmach«, tobt der manische Clown unter der schwanken Wölbung des Zirkuszeltes. »Ich verspreche euch, deutsche Mütter ... Köpfe werden rollen ... Ich verspreche euch, deutsche Bauern ... Unsere nationale Erhebung ... die nordische Rasse ... unser herrliches Vaterland ... die hohen Milchpreise ... Ich verspreche euch, deutsche Handwerker ... die Freimaurer ... die Zinsknechtschaft ... Und wer profitiert daran? Unser Erbfeind, diese Schmarotzer und Schurken, die krummnasige, stinkende Verbrecherbande ...«

THOMAS MANN

Stadt der Menschlichkeit

Lassen Sie mich von der Stadt sprechen, in der ich lebe. Hat sie nicht immer zu den Städten gehört, um derentwillen Deutschland von der Welt geliebt worden ist? Hat sich nicht immer hier auf die natürlichste und liebenswürdigste Weise das Volkhafte, das Erd- und Echtbürtige mit dem Weltfreundlich-Weltgewinnenden, mit gastlicher Kunst und Festspiel verbunden? Oft habe ich mich gefragt – und wie heute in Deutschland die Gewichte sich verlagern und verändern, gewinnt diese Frage an Berechtigung –, ob nicht München einmal in den Augen der Welt die Rolle spielen könnte, die Goethes Stadt spielte vor hundert Jahren, und ob es nicht kommen mag, daß sein heiter-stolzes Wort »Bin Weltbürger, bin Weimaraner« das Selbstgefühl kultivierten Münchnertums inmitten des großen Deutschland charakteristisch zum Ausdruck bringen könnte.

Die atmosphärischen Vorbedingungen dazu waren immer da und bleiben bestehen. Es ist eine Stadt der Menschlichkeit, des offenen Herzens, der künstlerischen Freiheit, es ist eine Stadt, in der man zwei Dinge auf einmal spüren, erleben und lieben kann:

Volk und Welt. Es kann die Stätte sein oder werden, durch die Deutschland sich am besten, am glücklichsten mit der Welt verbinden und versöhnen mag – eine Weltstadt anderen Sinnes als Berlin, eine weltdeutsche Stadt, weltdeutsch wie Goethe es war und durch ihn einst Weimar. München als Zuflucht jener Freiheit und Heiterkeit, die in dem Worte Kunst sich gegen die Verdüsterungen und kranken Fanatismen der Zeit behauptet, München als Heimat einer deutsch-europäischen Klassik – ist das ein Traum? Kein ganz sinnenleerer Traum, sollte ich meinen, und wer auf München hoffen will, dessen Hoffnungen müssen sich, glaube ich, in dieser Richtung bewegen.

AUGUST KÜHN

Nur ein Ausflug?

Das Jahr 1932 brachte München noch mehr Arbeitslose. Bei den Kühns waren aber davon weniger die Lohnarbeiter betroffen als die Kleingewerbetreibenden. Wigg Hartl am Paketpostamt merkte nur, daß viele von Verwandten auf dem Land Pakete mit »Fressalien« geschickt bekamen, Peter Bantele sah statt dessen, daß lediglich die billigen von den Kathreinerwaren einen guten Umsatz brachten. Fritz Persch war von einer Lohnkürzung betroffen, aber »es ging noch um«, wenn auch Amalie, die jetzt im Küchenbetrieb des Bavariakellers nur halbtags beschäftigt wurde, weniger nach Hause brachte. Bei der Trambahn, wie überhaupt bei der Stadt, wurden Leute entlassen. Gustl blieb dank seiner Fertigkeiten als Schreiner, die ihn zu kleinen Reparaturen befähigten, als »Magistratler« auf seinem Wagenwäscherposten. Georg Wilhelm – »Witschie« Kühn wurde als Galvaniseur im Eherverlag untergebracht, wo es keinen störte, wenn er mit dem Hakenkreuz an der Jacke zum Dienst erschien. Im selben Haus wie Witschie setzte auch noch Fritz Warz den ›Völkischen Beobachter‹. Sein Bruder Anderl wechselte sogar in diesem Jahr 32 von der noch nicht so sicheren Bankbranche – wie man am Bankenkrach sehen konnte – zu einer großen Versicherung, wo er bald den schönen eindrucksvollen Titel »Inspektor« bekommen würde.

Feiern mußten die Maler, weil ihnen unter den vielen Leuten ohne Verdienst eine Konkurrenz erwuchs, die selbst die Wohnungen ausmalte, wenn sie sich die Farbe beschaffen konnte. Deshalb versuchte sich Josef Kühn mit dem Scharl, dem zweiten Mann der Frankl Marie, als Obsthausierer, sie holten mit dem Handwagen die billigsten Obst- und Gemüsesorten und priesen sie mit überlauter Stimme in den Hinterhöfen der Schwanthalerhöhe an. »So, Leut, da gehts raus, Leut, frische, billige Äpfel ha'm'a heut!« Ein paar Mark blieben immer dabei hängen. Onkel Jakob ging ohne Aufsehen in Rente; in der Gummifabrik bemerkte kaum jemand, daß der alte Mann nicht mehr seine Lagerarbeit versah, ein anderer Alter rückte an seinen Platz. – Lediglich der Zimmermann Franz Grohganz und Anderl Warz waren auf den Verdienst ihrer Frauen angewiesen. Und die hatten wie Anni in der Zigarrenfabrik Glück. Wer wohl in solchen Notzeiten die teuersten Zigarren paffte? – Maria war in einer Hotelküche. Anderl Warz blieben nun endlich die zahlreichen Stunden, um seine Vereinsfunktionen voll auszufüllen. Natürlich begleitete er auch seine Parteifreunde zum Plakatkleben; in diesem 32er Jahr mußten Berge von Plakaten geklebt werden. Im März war eine Reichspräsidentenwahl. Die Kommunisten ließen eine Woche zuvor eigens dafür ihren Teddi Thälmann im Zirkus Krone sprechen, für die rote Einheitsfront gegen den Faschismus. Dabei hatten sie nun eine eigene Gewerkschaft, die »Rote Gewerkschaft-Opposition«, was ihnen Anderl Warz besonders übel nahm. Öfter als die Kommunisten trat dieser Hitler im Zirkus auf, überhaupt waren die Nazis diejenigen, die am meisten Aufwand trieben. Dabei hatte es in München einmal so ausgesehen, als ob es für immer mit ihnen vorbei wäre. Ihr »braunes Haus« an der Briennerstraße und alle ihre »Sturmlokale« waren von der Polizei besetzt und geschlossen worden. Noch unter Reichskanzler Brüning war das gewesen, dann hatte Präsident Hindenburg den Papen zum Kanzler berufen, und diese Radikalen konnten munter weiter Unruhe stiften. »Notverordnungen – Steuern – Lohnabbau – Hunger – Elend! Wer das will, wählt das System! Wer will, daß es anders wird, wählt Hitler!« trommelten sie, schwammen auf der Katastrophenstimmung nach oben. Am 13. März

32 gab es keine absolute Mehrheit für einen Kandidaten; Hindenburg gaben 18,7 Millionen ihre Stimme, Hitler 11,4 Millionen, Thälmann kam auf 5 Millionen. Gleich nach Ostern gab es eine neue Wahl, bei der auch die Sozialdemokraten hinter den Weltkriegsgeneral Hindenburg traten. Der holte sich den Papen zum Kanzler. Wieder eine Wahl zum Reichstag im Juli, man kam mit dem Plakatkleben gar nicht mehr nach, und die mit Bier und Zigaretten bei Laune gehaltenen SA-Leute rissen sie wieder herunter, klebten ihre eigenen darüber. Anderl registrierte dann enttäuscht, daß die Tausende von Stunden, die er und seine Parteifreunde aufgewandt hatten, nur 133 Reichstagssitze eingebracht hatten, gegen 230 für die Nazis, die damit zwar den größten Anteil, aber noch nicht die Mehrheit hatten. 89 Kommunisten, 76 vom Zentrum und 22 von der Bayerischen Volkspartei waren auch noch in den Reichstag in Berlin gewählt worden.
Als in Berlin der sozialdemokratische Polizeipräsident und die preußische Regierung von Papen abgesetzt wurden, erschreckte es Anderl Warz zunächst, aber dann verbreitete er überall: Schuld daran sei natürlich das nahe Zusammengehen mit den Kommunisten gewesen, sowas müsse ja einen Freund der Schwerindustrie wie den Papen mißtrauisch gestimmt haben. Wenn die sozialdemokratischen Genossen in Preußen vorsichtiger mit ihrem Umgang gewesen wären, dann hätten sie ihre Posten behalten. Und in Bayern ginge es auf jeden Fall anders. – Außerdem waren ja diese Amtsenthebungen rechtswidrig, die SPD würde mit diesen Fällen das Reichsgericht beschäftigen.
Gingen in Bayern die Uhren wirklich anders? Am 28. Januar 1933 wurde der Wittelsbacher Prinz Alfons in die Gruft der Michaelskirche in der Neuhauserstraße beigesetzt, Reichswehr und Hartschiere in Galauniformen von vor 1918 marschierten mit, Krieger- und Heimatvereine und der bayerische Hochadel. Zwei Tage später wurden

Georg Gegl und Witschie Kühn zu einer Freudenkundgebung auf den Odeonsplatz neben dem Wittelsbacher Palais beordert: Ihr »Führer« wurde von Hindenburg zum Reichskanzler ernannt. Doch die Münchner wollten kaum etwas von ihrem vorbereiteten Fackelzug wissen, nur wenige hundert Zuschauer bevölkerten die Gehsteige, dazu war das Pflaster so glatt, daß sie froh waren, wie der Zug schon beim »Braunen Haus« seinen Abschluß fand – auch das Wetter hatte nicht mitgespielt, Föhn hatte den ganzen Tag über den Schnee angetaut, abends hatte Frost die feuchten Straßen in spiegelglatte Eisflächen verwandelt. Georg Gegl kam sich darauf wie ein Besoffener vor. Besoffen wurde er dann drinnen im Parteihaus, »den Sieg begießen« nannten sie es.
Wieder stand eine Wahl an, der Reichstag war aufgelöst. Der Fasching in München wurde vom Wahlkampf überrascht, den die Braunen in Szene gesetzt hatten, als seien sie schon die Herrn. Deshalb fand Peter Banteles Vorschlag, wenigstens am Wahlsonntag am 5. März aus dem überkochenden Parteientrubel hinaus in die Natur, in die Berge hinein zu flüchten, bei Schwägerinnen und Schwagern volle Zustimmung.
Erstaunlich zahlreich waren die Ausflügler, die mit Ski oder durch Rucksäcke voll Proviant als Bergwanderer kenntlich die Dritte-Klasse-Waggons füllten, sich über das verschlafen daliegende Oberland an den Rand der Alpen transportieren ließen.
Wigg Hartl und Betty, Gustl mit seiner Braut Maria und Minna mit ihrem Mann fuhren mit; Sophie hatte Hubert bei der Amalie unterbringen können. Mit Wahlscheinen ausgestattet, würden sie ihre Stimmzettel auch am Ausflugsziel anbringen, denn bei der Abfahrt des Zuges an den Schliersee waren die Wahllokale in der Stadt noch geschlossen. Die hölzernen Bänke im Abteil drückten – oder stach Gustl Kühn der Hafer? Jedenfalls versuchte er,

Arthur Zwing zu bewegen, sein Kreuz nicht bei der Kampffront Schwarz-Weiß-Rot zu machen. »Weil du dann deine Stimme gleich dem Trommler aus Braunau geben könntest, die gehören doch zusammen.« Schließlich gab der Schwager nach, versprach, die Bayerische Volkspartei zu wählen. Bei den anderen war es ohnehin klar, wo ihr Kreuzchen landen würde, Wigg, Peter, Minna, Betty und Sophie waren sichere SPD-Stimmen, ganz offen gaben sie es zu, und Marie durfte nicht wählen, weil sie ihren Wahlschein vergessen hatte! Wenn sie erst einmal mit ihm verheiratet war, würde sie sowas schon wichtiger nehmen, er würde es ihr beibringen, versprach sich Gustl.
Überraschung bereitete den Ausflüglern das Aussehen des Wahllokals in Fischhaus-Neuhaus. Hakenkreuzfahnen dekorierten den Eingang, Schaftstiefel mit braunen SA-Uniformen empfingen die »Volksgenossen« drinnen. Fragten, ob »national gewählt« würde und scheuten sich auch nicht, den Wählern zwischendurch bei der Stimmabgabe über die Schulter zu sehen. Als sie wieder draußen waren, den sonnigen Weg über die Hänge hinauf stiegen, wollte es Gustl genau wissen. »Habt ihr alle eure Kreuzchen richtig machen können?«
»SPD, ist doch ganz klar!« bestätigte Peter, und die anderen bestätigten nickend – selbstverständlich war das doch.
Noch einmal kam die Politik hoch. Von den Orten am See klang das Mittagsgeläut von den Kirchtürmen herauf, als sie sich an einer abgetrockneten Stelle zur Brotzeit niederließen, vor sich einen Nordhang voll Schnee, im Rücken in blendender Sonne den mit frühen Schlüsselblumen und Schneeglöckchen bestreuten Südhang.
Auf Gustls bedenkliche Frage: »Wie werden die da unten stimmen«, versuchte seine ältere Schwester Sophie alle skeptischen Gedanken zu vertreiben: »Bei uns in der Nähe, in Harlaching, wohnt ein Abgeordneter von der BVP, Dr. Hundhammer, bei dem wasche ich manchmal. Dem

seine Frau hat mir gesagt, daß sie in Bayern die Polizei und das Militär auf die Nazis schießen lassen, wenn sie es wie in Berlin probieren sollten.«

Am späten Nachmittag drängten plötzlich aus dem Süden daherjagende graue Wolken die Ausflügler nach erholsamer Wanderschaft entlang der oberen Baumgrenze wieder talwärts. »Die schickt uns der Mussolini«, witzelte Arthur Zwing, nach oben deutend, erntete dafür aber kaum einen Lacher.

Der letzte Zug nach München ließ noch eine geraume Dreiviertelstunde auf sich warten, und so konnten sie sich in der Bahnhofsgaststätte einen labenden Umtrunk leisten. Da hingen auch schon die Ergebnisse des Fischhaus-Neuhauser Wahllokals angeschlagen. »Das kann doch nicht wahr sein!« entfuhr es Wigg Hartl beim Überlesen: »102 für die NSDAP, 22 für Schwarz-Weiß-Rot, 16 für die BVP – die haben unsere Stimmen nicht mitgezählt.«

Der Wirt hatte das Radio eingeschaltet, als sie da hörten, daß in Bayern die Nazis nach vorläufiger Auszählung kaum etwas dazu gewonnen hätten, brachen sie einigermaßen beruhigt nach Hause auf, fielen auf den unbequemen Waggonsitzen vor wohliger Müdigkeit in ein Dösen, das ihre immer noch vorhandenen Befürchtungen zudeckte.

Zufrieden erfuhr Anderl Warz aus den »Münchner Neuesten Nachrichten«, daß München und Bayern den geringsten Beitrag zum Wahlerfolg Hitlers geleistet hätten und die so begründete Hoffnung der bayerischen BVP-Regierung: der »weiß-blaue Freistaat« bliebe von einer »Machtergreifung« des braunen Gefreiten verschont.

Siegfried Sommer

Mietshaus 46 in der Mondstrasse

Und das waren die Leute, die im Mietshaus 46 in der Mondstraße wohnten. Im Hauseingang hingen zwar neben der Benutzungsvorschrift für Gasbeleuchtungskörper, die stark fliegengesprenkelt war, zwei graue Tafeln mit auswechselbaren Namensschildern. Die stimmten aber schon nicht mehr, seit sie der schielende Hausmeister-Willi in der achten Klasse angefertigt hatte. Der Willi war jetzt bereits zweifacher unehelicher Vater. So schnell verging die Zeit. Wenn man errechnete, daß zweiundziebzig Figuren in der alten Rentenburg hausten und daß jede im Durchschnitt sechzig Jahre alt wurde, so mußte mindestens in jedem Jahr eine abkratzen. Dieser Umstand ergab zusammen mit den Einheiraten, mit Wohnungswechsel, der allerdings selten vorkam, weil die Mieter ihren gewohnten Wirsching-Mief nicht gerne mit fremdem Rinderfett-Geranzel vertauschten, und mit eventuellen Totalabwanderungen die »Verschiebung und Erneuerung des Mieterspiegels«, wie Prokurist Amend bei der Vollversammlung geistreich und hochdeutsch sagte.
Im allgemeinen hingen die Mondstraßler, insbesondere die von Nummer 46, mit sanfter Liebe und dumpfem Beharrungsvermögen an ihrem Haus. Fast alle liebten leise das befreiende Scharren der porzellanenen Abortzuggriffe, das Herunterlassen der Milchladenjalousie und das Geschepper der Radlfelgen, die von dem zockelnden Kinderhaufen über das Trottoir getrieben wurden. Selbst die Kreissägestimme der Hausmeisterin wurde mit zartem Masochismus genossen. Es gab da keinen, der aus dem Zuschnappen einer Wohnungstüre nicht genau die Stimmung, den Gesundheitszustand oder den Erfolg des absolvierten Tage-

werkes seiner Mitbewohner hätte heraushören können. Jedes Knarzen einer Stiefelsohle, das Abstellen der Fahrräder in den Stockwerken, das Schnaufen der Mütter mit den gefüllten Kohlenkübeln, die nassen Streifen einer gewischten Treppe und das blecherne Geräusch beim Briefkastenaufsperren wurden haargenau und treffend analysiert.

Wenn ihr »Mandi« abends aufsperrte, erkannte Frau Blätsch, die doch bestimmt nicht die hellste war, am Klingeln seines Schlüsselbundes schon seine ehelichen Absichten. Und sie richtete sich danach. Die Art des Zusammenlebens in dem Hause hatten einen Grad von Harmonie erreicht, den man auch als Monotonie bezeichnen konnte. Immerhin besaß aber jedermann eine besondere Individualität, die er stolz »sein Leben« nannte.

Im vierten Stock tat dies vor allem in ihrer zweizimmrigen Mansarde Fräulein Sidonie Innig. Oft hatte sie schon festgestellt, daß ihr der liebe Gott, wie so vielen anderen Mitmenschen, den einzig richtigen Namen ausgesucht hatte. Sie war in hohem Grade innig, wenn auch schon dreiundfünfzig, und sie wußte beides. Sidonie lebte von einer Rente, die ihr ein Papierwarengroßhändler zahlen mußte. Ihre Mutter selig war Teilhaberin in dem Geschäft gewesen. Als Sidonie dreiundzwanzig Jahre alt war, geschah an ihr die große Liebe, die sie bis heute hervorragend konserviert hatte. Wie sich manche Leute an den Besteckkästen und ihrem Silber ergötzen konnten, die sie zum Hochzeitstage bekommen und getreu nach deutschem Brauchtum seitdem nie mehr benutzt hatten, so freute sich Fräulein Innig stets an dem Geschenk der einzigen Liebe. Sie war so echt gewesen, daß man sie niemals zu polieren brauchte. Nullkommaneunzig gestempelt. Alle die kleinen Kapitel ihrer Liebesnovelle fielen zeitlich mit melancholischen oder zärtlichen Schlagern zusammen. Als sie der Helmut zum erstenmal in dem alten Café bei der

Bahnüberführung zum Tanzen holte, spielten sie gerade die Melodie:

»Adieu, mein kleiner Gardeoffizier.«

Natürlich war er kein Gardeoffizier gewesen, sondern Schriftsetzer, aber sie liebte ihn vom ersten Tangoschritt an, mit dem er sanft versuchte, ihre züchtig geschlossenen Knie ein wenig zu öffnen. Beim Heimgehen gab er ihr auf der Höhe vom Hillerhausblock den ersten Kuß, den er etwas ungeschickt ansetzte, so daß er nur ihr Kinn traf. Schon am Sonntag darauf passierte es aber. Es war auf einer dürren Grasinsel in den Anlagen beim kleinen Hinterbrühler See. Wenn die Sidonie etwas mehr Geld hätte, würde sie dieses Fleckerl Erde heute noch kaufen. Hernach brachte sie der Helmut zart auf die Straßenbahn und begleitete sie heim. Sie war ja immerhin schon dreiundzwanzig, damals.
Dann kam eine lange Zeit, in der sie miteinander gingen; das ganze Haus wußte es, daß der Helmut *ihr Herr* war. Sie hatten sich beim Frühlingsfest mit der Nagelschere der Sidi leicht in die Zeigefinger gestochen und die zwei dünnen Blutströpfelchen am Rand ihres gemeinsamen Bowlenglases abgestreift. Der rote Lebenssirup zog mehrere geheimnisvolle Fadenspiralen im süßen Ananastrunk, und dann leerten sie den Becher. Das galt.
Seinerzeit war der Schlager von der guten Kameradin modern. »Mach was du willst mit mir«, sang Sidi im Augenblick des Glückes mit schleifenden Schritten auf dem Fliesenparkett unter den Kastanien. Der Helmut machte das auch, wenn es nur irgendwie ging. Sie hatte ihn so lieb, daß sie oft weinte vor Sehnsucht, und ihr Gefühl war fast chemisch rein. Dann kam ein maßloser Unsinn. Der Vater vom Helmut, der Beamter war, wurde versetzt, nach Dresden. Helmut ging mit, sie aber mußte dableiben und ihre Liebe auch. Sie fuhren mit der Linie 12 zum Hauptbahnhof.

Er stand am Einsteiggitter, und die Sidi las ständig die völlig blödsinnige Aufschrift *Linke Hand am linken Griff.*
Dann ging sie schnell heim und hielt die beiden Hände um ihr Herz, wie bei einer Kerze, die nicht auslöschen darf. Zu Hause bettete sie ihre Liebe in ein luftdichtes Phantasiefutteral, das innen blau ausgefüttert war. Sie schrieb ihm nie mehr. Dies hatten sie sich am Abschiedsabend unter schluchzendnassen Tränenküssen versprochen. Das tat noch extra gemein weh. Die salzigen Tränen waren aber gleichzeitig die Medizin, mit der die Sidi ihr erstes Glück einbalsamierte.
Alle Schallplatten, die es aus dieser Zeit gab, kaufte sie sich. Später ging sie schon noch mit ein paar anderen Herren. Als sie über Dreißig war und die Mutter starb, sagte sie »man ist ziemlich allein«. Sie trug aber von da ab sonderbare Frisuren, die sie selbst erfand. Auch farbige Schleifen oder eine rote Aster mochte sie gerne im Haar. In der Leihbibliothek war sie eine gute Kundin. Einmal kaufte sie sich einen Hund, aber der wurde schon am dritten Tag ganz schnell überfahren. Da blieb sie wieder allein und sang ein bißchen. Alle Leute im Haus konnten sie gut leiden.

Werner Bergengruen

Liebe zu München

Es ist nicht gut, mich nach München zu fragen, denn ich bin in München verliebt, und Verliebte reden Torheit. Das ist eine alte Liebe, sie hat die Probe der Zeit bestanden, München und ich haben es nicht mehr allzu weit bis zur Silberhochzeit. Was wäre gewonnen, wenn ich die Geschichte dieser Liebe erzählen oder gar ihren Ursachen nachgehen wollte? Leute, die in München nichts als einen »gewiß sehenswerten« Reiseort erblicken mögen, haben mir diese Liebe wegzudisputieren oder sie doch von ihrer Blindheit auf ein vernünftiges Maß hinabzumindern gesucht. Es ist ohne Sinn, hier streiten zu wollen, wie sich ja auch nicht streiten läßt über die Zu- und Abneigungsgefühle, die sich an Menschen richten. Ich erinnere mich, so oft ich nach München komme, eines Verses von Stefan George, in welchem ausgesprochen ist, Heimat sei erst da, wo unsrer Frauen beide Türme ragen.

Ich werde in meinen Münchner Zeiten auch widriges Wetter erlebt haben; nur finde ich es nicht in meinem Gedächtnis. Dieses Mal empfängt mich der Bahnhofsplatz mit einem leichten, sprühenden Getröpfel; Asphalt und Pflaster spiegeln in blauer Dämmerung die aufglimmenden Bogenlampen, und ich habe Freude am Münchner Regen, wie ich Freude gehabt habe an der Sonne des Bodensees. Der nächste Tag schon ist trocken, der übernächste voll aller septemberlichen Herrlichkeit. Ich fahre durch das Land zwischen Isar- und Würmtal zum Starnberger See.

Dr. Owlglass

Der Sündenbock

»Ich bin so müde«, seufzt der eine,
»am liebsten schlief' ich Tag und Nacht!«
»Mir zappelt alles, Hirn und Beine!«
rasaunt der andre wutentfacht.
– Woher dies Fluchen und Gestöhn?
Es ist der Föhn!

Heut blühen die Familienszenen.
Heut blödelt, wer sonst logisch denkt.
Heut setzt es Tränen und Migränen.
Die ganze Welt scheint ausgerenkt.
Warum? Herüber von den Höhn
haucht schwül der Föhn.

O würde doch in solchen Fällen
sich jeder zeitig drüber klar:
wir woll'n uns nicht den Tag vergällen;
denn wir sind ja ganz offenbar
auch heut wie immer brav und schön
–s' ist nur der Föhn!

Georg Britting

Auf dem Sankt Anna Platz

Regen fällt. Schon sind die Kinder fort!
Nur die Tropfen springen auf den Steinen.
Kaum verstummt ihr nasses Wort,
Stürmt es her mit nackten Beinen.

Und so gehts im Wechsel hin und her.
Schaffts der Himmel, kurz sich zu erhellen,
Wirft die schwarze Wolke einen schnellen
Sommerregen, fegt den Kirchplatz leer.

Lange sind die Kleinen nicht betrogen.
Farbig glänzt der Platz, die Stadt, die Welt!
Schöne Zeit verspricht der Regenbogen:
Glaubens gern, die Kinder, daß ers hält!

*

Nachts im Englischen Garten

Der Bach ist glänzig klar,
Und in der Dämmerung spielt
Der Wipfel Schattenschar,
Schwarz, lautlos wild.

Geländer faßt sich schaudernd an,
Froschkalt.
Vorüber wallt, wie Geistgestalt,
Ein Schwan.

Da brechen droben
Plötzlich Lichter lärmend auf:
Es kommt der Mond, den kriegerischen Lauf,
Grad durch den wüsten Sternenhauf,
Wie eh und eh zu proben.

WEISS FERDL

Ein Wagen von der Linie acht

Ein Wagen von der Linie acht,
Weißblau, fährt rasselnd durch die Stadt,
Kling kling, bim bam.
So fährt der Wagen schnell dahin,
Die Menschen, die im Wagen drin,
Die schauen gar grantig, niemand lacht
Da drin, im Wagn der Linie acht.

SCHAFFNER: Nächste Haltestelle Harras, Waldfriedhof umsteigen.

NERVÖSE FRAU: Bitt schön, Herr Schaffner, Max Weberplatz, muß ich umsteigen?

SCHAFFNER: Naa, erst am Stachus in die Linie 4 oder 19. – Aussteign lassn!

WAGENFÜHRER: Aba Leut, laßts doch d' Leut naus!

JUNGER MANN: Geh halt weg alter Depp!

ALTER MANN: Dir gib i nacha glei an alten Deppn, Rotzlöffl, rotziger. A so a schwindsüchtigs Zigarettnbürscherl! Aa scho s' Maul aufreißn. I bin a alter Münchner Bürger, der vierzig Jahr seine Steuern und Abgabn zahlt hat, dös merkst da, du Rotzlöffl!

SCHAFFNER: Vorsicht, der Wagen ist besetzt!

Ein Wagen von der Linie acht,
(In die Mitte gehen!)
Weißblau, fährt rasselnd durch die Stadt,
(Noch jemand ohne?)
Kling kling, bim bam.
So fährt der Wagen schnell dahin,
Die Menschen, die im Wagen drin,
Die wackeln hin und her ganz sacht,
Da drin, im Wagn der Linie acht.

SCHAFFNER: Bavariastraße, steigt jemand aus?
MANN: Naa, aba nei möcht ma. Gehts halt weiter nei, sonst datritt i no oan! Da sitzt a jeder drin und liest Zeitung, als hätt er fünf Mark fürn Sperrsitz zahlt, und wir stehn a halbe Stund da und wartn, bis die Verdrußlinie amal kommt! Weg da, sapprament!
EIN HERR: A so a narrischer Kampl!
SCHAFFNER: Vorsicht, der Wagen ist besetzt!

Ein Wagen von der Linie acht,
Weißblau, fährt rasselnd durch die Stadt,
(In die Mitte gehen!)
Kling kling, bim bam.
(Noch jemand ohne?)
So fährt der Wagen schnell dahin,
(Sie Lümmel!)
Die Menschen, die im Wagen drin,
(Rindvieh!)
Die schaun sich bös an, sind verkracht,
(Affe!)
Da drin, im Wagn der Linie acht.
(Rhinozeros!)

SCHAFFNER: Ruppertstraße, Zoologischer Garten umsteigen.
NERVÖSE FRAU: Bitt schön, Herr Schaffner, Max Weberplatz, muß ich umsteigen?
SCHAFFNER: Naa, erst am Stachus! Aussteign lassn!
WAGENFÜHRER: Aba Leut, laßts doch d' Leut naus!
EINE FRAU: Bitt schön, ich möchte aussteign.
EIN MANN: Steign S' halt aus!
FRAU: Ich kann nicht!
MANN: Dann kann i Eahna a net helfn.
SCHAFFNER: Der Wagen ist besetzt!
FRAU: Ich will doch aussteign!
SCHAFFNER: Dös hättn s' Eahna früher überlegn müßn!

Ein Wagen von der Linie acht,

(In die Mitte gehen! – Dann komm ich ja wieder nicht naus!)

Weißblau, fährt rasselnd durch die Stadt,

(Bei der Endstation gehts dann scho.)

Kling kling, bim bam.

(Drücken Sie doch nicht so! – Ich drück ja net, da hintn druckns.)

So fährt der Wagen schnell dahin,

(Hast sie gsehn mit dö roten Fingernägl?)

Die Menschen, die im Wagen drin,

(Unds Maul ogstricha, da graust mir scho.)

Neipfercht als wi in einen Schacht,

(Lieber no a ogstrichns Maul, wia so a bissigs.)

Da drin, im Wagn der Linie acht.

(Da helfn die Mannsbilder zamm, wenn's um so a Flitscherl geht!)

SCHAFFNER: Sendlingertorplatz! Umsteign in Richtung Thalkirchen, Fraunhoferstraße, Bogenhausen!

NERVÖSE FRAU: Ach, bitt schön, Herr Schaffner, Max Weberplatz, muß ich…

SCHAFFNER: Naa, am Stachus!

WAGENFÜHRER: Aba Leut, laßts doch d' Leut naus!

SCHAFFNER: Aussteigen lassen, erst die Plattform freimachen, rascher aussteigen! – Herrgott geh halt weiter, alte Rutschn, jetzt draht sie si no amal um, glei tritt i di nei ins Kreuz – Malefiz!

DAME: So spricht man doch nicht mit einer Dame!

SCHAFFNER: Dame? Auf der Trambahn gibts koa Dame! Naa da gibts nur Hammi!

MANN: Hö, warts a bisserl, mir wolln aa no naus! Drucka dö mit ihre Gipsköpf scho wieda rei!

SCHAFFNER: Vorsicht, der Wagen ist besetzt!

Ein Wagen von der Linie acht,

(In die Mitte gehen!)

Weißblau, fährt rasselnd durch die Stadt,

(Noch jemand ohne?)
Kling kling, bim bam.
(Ach Gott, ich krieg keine Luft mehr! – Dann gibst mir deine Lebensmittel-Karten!)
So fährt der Wagen schnell dahin,
(Vier hängen am Trittbrett.)
Die Menschen, die im Wagen drin,
(Schaun gar nimma hin, wenn einer runterfällt)
Die haben sich nur in Verdacht,
(Der hat halt net, zahln wolln.)
So sinds im Wagen der Linie acht!

SCHAFFNER: Stachus, Karlsplatz! Umsteigen in Richtung Hauptbahnhof, Pasing, Neuhausen, Marienplatz, Maximilian- und Ludwigstraße! Schnell aussteigen!

WAGENFÜHRER: Aba Leut, laßts doch d' Leut naus!

MANN: Kann ma ja net, wenn der Schiaba mit sein mordstrumm Rucksack dasteht!

ANDERER MANN: Dir gib i na glei an Schiaba, du Dreckhammi – i kumm von der Arbat. Glei hau i dir a solche runter, daß die der Teifi holt!

DAME: Nehmen Sie doch Rücksicht auf eine schwächliche Frau!

MANN: Schwächliche Frau – rennt mir glei an Ellbogn nei, daß mir alle Rippn kracha!

NORDDEUTSCHER: So watt jibts ja nur in Bayern.

MANN: Halts Maul, preißische Krampfhenna!

SCHWABE: Jetzt lassat mi naus, i muaß am Baahhof, sonst derwisch i mei Zügle nimmer. Lassat mi naus, lassat mi naus!

SCHAFFNER: Vorsicht, der Wagen ist besetzt!
Ein Wagen von der Linie acht,
(In die Mitte gehen!)
Weißblau, fährt rasselnd durch die Stadt,.
(Noch jemand ohne?)
Kling kling, bim bam.

(Sie, lassen S' Eahna Nasntröpferl net grad auf mi nauffalln.
– Hinauf ko ist net falln lassn.)

So fährt der Wagen schnell dahin,
(Fahrtberechtigungsausweis!)
Da schaut jetzt mancher gradaus drin,
(Zwei Mark!)
Ja freili, ha; dös war ja glacht,
(Dann steign S' aus.)
Jawohl, dös tua-r-i, gebn S' nur acht.
(Da muß i so raus.)

SCHAFFNER: Gabelsbergerstraße!

NERVÖSE FRAU: Bitt schön, Herr Schaffner, Max Weberplatz, muß ich da raus?

SCHAFFNER: Jetzt is dö no da, i hab's Eahna do zwanzgmal gsagt: Stachus – bei der letzten Station hätten S' raus müassn!

NERVÖSE FRAU: Ach Gott, ach Gott, mich trifft der Schlag!

SCHAFFNER: Gut, dann bleiben S' sitzen bis zum Nordfriedhof. – Vorsicht, der Wagen ist besetzt!

Ein Wagen von der Linie acht,
(In die Mitte gehen!)
Weißblau, fährt rasselnd weiter durch die Stadt.

HANS CAROSSA

Ein Tag in München 1943

Wer geraden Weges aus Rom oder Florenz kommt, wird immer geneigt sein, in der ersten deutschen Stadt, die ihn aufnimmt, das Italienische zu suchen, es womöglich in sie hineinzusehen. Als ich aber nun in München eintraf, drängten sich wieder die Kriegserscheinungen vor. Während meines kurzen römischen Aufenthalts war nicht viel zu bemerken gewesen: Trauer und Not verbargen sich dort unter Blumen ohne Zahl, unter einer Scheinfülle der Auslagen, unter Singsang und Geplauder des lichtgesegneten Volkes, und wo die alten Ruinen so herrlich sind, hätte man sich am Ende damit abgefunden, wenn ein paar neue hinzugekommen wären. Rom, das große, verwandelbare, fühlt sich als ewiges Wachstum, ewige Gegenwart; sein Alter ist es, das es jung erhält, jedem Kinde merkt man es an.

Übernächtigt, dennoch erfrischt, stieg ich aus dem Zuge und bezog im »Deutschen Kaiser« das bestellte Zimmer. Mit meinem Sohn gewann ich telephonische Verbindung, erfuhr, sein kleines Atelier an der Augustenstraße habe den Angriff überdauert, und versprach meinen Besuch für den späten Nachmittag. Auf dem Tisch des Hotelzimmers lag ein Paket, aus dem ein runder Wecken Brot zum Vorschein kam, und gleich duftete der ganze Raum nach Niederbayerns friedlichen Roggenfeldern.

[...]

Ich erwachte nach einer Stunde und fuhr mit der Straßenbahn zum Marienplatz, um von dort aus ins Theresienviertel zu gehen und später ins Hotel zurückzukehren.

Seit Kriegsbeginn bestanden die Fensterscheiben der Straßenbahnwagen aus bläulichem Verdunkelungsglas, in welchem ein mäßig breiter Streifen farblos gelassen war. Im Innern des Wagens aber hatte der Zufall ein unentstelltes München zusammengetragen. Nach wochenlangem Leben unter Südländern sah ich mit Vergnügen in manches eckige, treuherzig verschmitzte Gesicht und stellte wohl auch einmal irgendeine Frage, nur um die behaglich derbe Mundart wieder zu hören, die mir zeitlebens die vertrauteste bleibt.

Vom Marienplatz ging ich zur Frauenkirche. Die Uhr an dem nördlichen Turm war durch die ungeheure Erschütterung stehen geblieben; sie zeigte noch die Stunde des Angriffs. Heute klang der gotische Ziegelsteinbau von Musik; ein Requiem hatte begonnen, als ich eintrat. Altar und Priester waren mit Paramenten von Schwarz und Silber angetan, und diese Todesfarbe trug auch die Prunkdecke, die den hohen Katafalk verhüllte. Er war mit Kränzen und Sträußen umlegt; oben brannten Kerzen auf silbernen Leuchtern. Zwischen diesen lag, mit Lorbeer geziert, ein Sturmhelm; der Trauergottesdienst galt also einem gefallenen Soldaten. Die Kirche füllte sich; bald war ich dicht von dunkelgekleideten Andächtigen umgeben.

[...]

Ich verneigte mich vor einer schwarzgekleideten Dame, wohl die Mutter des Gefallenen, fühlte den Druck meiner Hand kräftig erwidert und erfuhr das gleiche beim Vater, einem ergrauten Offizier mit Achselgeflechten und Orden, der unbeweglich dastand und mir mit kühlen blauen Augen ruhig ins Gesicht sah.

Mein Ziel war die Theresienstraße, wo ich im Café Stephanie einkehren wollte. Zuerst machte mir auf dem Weg ein Mangel an Abgehärtetsein zu schaffen. Schon die leeren Postamente, von denen die metallenen Standbilder herabgenommen waren, um in Geschütze verwandelt zu werden, boten ein trauriges Bild. Straßen und Plätze waren von Ziegelmehl wie von rotem Flugsand gestreift. Aus einem Gebäude hängt ein ganzes Stockwerk heraus, da fühlte man, wie jede Wohnung eine Welt mit eigener Unterwelt ist, und nicht nur der Anblick der Zerstörung fällt uns aufs Herz, wir glauben auch die Gedanken der entflohenen Bewohner zu spüren, die sich um sie sammeln.

An der Ecke von Theresien- und Amalienstraße ließ mich die zum Teil erhaltene Fassade zunächst übersehen, daß das freundliche Lokal, dem die Münchner den Spitznamen »Café Größenwahn« angehängt haben, nicht mehr bestand. Hinter der Mauerruine war aus Asche, Schlacken, Scherben und verkohlten Balken ein Haufe geschichtet, aus dem Eisenschienen ragten, erwärmten Kerzen gleich verbogen. In Brand und Einsturz des Hauses hatte sich ein kleiner Teil der Decke des Cafés erhalten; von diesem hing unbeschädigt ein Kronleuchter herab, dessen unterste Kristalle den Schutthügel berührten. Von den hohen Fenstern aber, den roten Plüschbänken, den Tischen, den Billards, den wandgroßen Spiegeln sah man nur noch Fetzen und Splitter. Um so bereitwilliger sprang jetzt Erinnerung ein: der wienerisch gehaltene Versammlungsort vieler Schriftsteller und Künstler, die Geburtsstätte unzähliger, geistreich witziger Einfälle, stieg mit aller Lebensklarheit im Gedächtnis auf: dort, unter dem Lüster, hatte oftmals in seinem fahrbaren Krankenstuhl der gelähmte, langsam erblindende Graf Eduard Keyserling, der seelenkundige Erzähler aus Kurland, mit seinen Freunden den Tee genommen, bequem und elegant angezogen, der Adamsapfel stark vorspringend über der seidenen Halsbinde, das immer mehr eingehende Gesicht stark beteiligt seinem Gegenüber zugewandt und über den eigenen Zustand hinweglächelnd.

In der Mitte des Raums erhob sich zuweilen das kühne, dunkellockige Haupt eines bleichen, seherisch redenden Mannes, der im Ausdruck dem zürnenden Moses des

Michelangelo nicht unähnlich war, bis er auf einmal eine schwarzumrandete Brille aufsetzte, dann war es der damals noch vollbärtige Karl Wolfskehl.
An einem der großen Fenster, wie in einer Auslage, waren oft junge Maler zusammengekommen, und wenige Gegenstände der Einrichtung fehlten mir jetzt so sehr wie die runden Marmorplatten ihrer Tische, die sie mit reizenden Blei- und Kreidestiftzeichnungen bedeckt hatten. Die kleinen Scherze auf den weißen Marmorscheiben der Kaffeehaustische waren Eingebungen des Augenblicks gewesen; aber obgleich keiner seinen Namen dazusetzte, erriet man doch so bestimmt, als wär's ein Fingerabdruck, von jedem Bildchen die Herkunft. Da hatte man ein Farbenspiel gesehen, das nur von Paul Klee stammen konnte: kleine Felder von Gelb, Rot und Hyazinthenblau, vergleichbar einem sichtbaren Spektrum, das für ein unsichtbares zeugt, Gruß aus unbekannter, doch unverkennbarer Welt. Max Unold hatte eine feine, sehr ausdrucksvolle Hand gezeichnet, die auf der leeren Seite eines aufgeschlagenen Buches eben selbst zu zeichnen beginnt; darüber war von Rolf von Hoerschelmann mit wenigen Schilf- und Binsenstrichen eine verborgene Bucht seines geliebten Starnberger Sees angedeutet. Alfred Kubin, der manchmal als Gast aus dem Innviertel herüberkam, hatte seine Dämonie unter einer Maske von Gemütlichkeit versteckt und sich selbst als fröhlichen Gast entworfen, der eine angebissene Brezel in der Hand hält, aber dabei seltsam geisterhaft auf einen Jemand blickt, den man nicht sieht. Etwas abseits war ein einziges kleines Bild in verhaltenen Farben zu sehen gewesen: von Dunkel umgeben ein Ornament aus Fichtengezweig mit vertraulich eingeschmiegten Rehen, das Ganze durchspielt von weihnachtlichem Winterwaldlicht, ein zarter Traum der Dora Brandenburg.
[...]

Ich hörte auf, nach Erinnerungsgold zu graben, und kehrte in die Bahnhofsgegend zurück. In der Barer Straße sprach mich eine alte Dame an, in der ich erst nach und nach eine meiner früheren Patientinnen erkannte, eine Lehrerin aus Haidhausen. Sie war sehr verändert, ging mit gesenktem Kopf und zwinkerte mit den Augenlidern. Umständlich streifte sie den Handschuh von ihrer rechten Hand, ehe sie die meinige ergriff. Manchmal überschlug sich ihre Stimme, und nach jedem Sätzchen kicherte sie: Hihihi. Sie erzählte, ihre zwei Schwestern seien bei dem großen Angriff verbrannt, dazu ihre ganze Einrichtung samt Büchern und Bildern, ihr Pudel aber wahnsinnig geworden und mitten in die Flammen gesprungen. Ich suchte nach tröstlichen Worten; sie aber schrie mit unerwarteter Wildheit: »Soll nur alles im Feuer vergehen, alles, alles; Feuer macht saubere Arbeit, nur nichts dem Menschenpack in die Hände fallen, nicht ein Putzlumpen, hihihi!« Sie trippelte weiter, kehrte aber gleich wieder zurück und sah ängstlich um, ob ihr niemand zuhöre: »Haben Sie die Residenz gesehen? Nein? Eine Ruine! Ganz in der Ordnung. Wozu Residenz ohne König! Hihihi.«

Eine Nachmittagsstunde beschloß ich am Kleinhesseloher See zu verbringen. Am chinesischen Turm und an der großen Esche vorüber, von der wenige wissen, daß sie als Bayerns herrlichste gilt, kam ich zum See. Am Ufer lagen die bunten Kähne mit nach oben gekehrten Böden aufgereiht; niemand machte von ihnen Gebrauch. Der sonst von rudernden Liebespaaren belebte See war leer; langsam näherte sich ein einziger Schwan auf der dunkelgrünen Flut, er zog seine Spur wie zwei verlängerte silberne Fittiche nach.

In der Wirtschaft am Ufer wurden zweierlei Getränke angeboten: Zitronenlimonade und Kaffee. Dieser freilich enthielt nicht ein Atom der brasilianischen Wunderbohne, jene kein Tröpfchen vom Safte der Limonenfrucht. Vom

Nachbartisch blickte eine bürgerliche Familie voll Spannung herüber, als ich zwei Scheiben des heimatlichen Brotes auspackte, um zu den falschen Flüssigkeiten doch etwas Echtes zu genießen. Irgend ein Umstand schien sie zu belustigen, und jetzt brachen zwei junge Mädchen in lautes Lachen aus. Im gleichen Augenblick wurde mir das roggenduftende Stück, das ich eben zum Munde führen wollte, jäh aus der Hand gerissen. Der in aller Stille gelandete Schwan hatte meinen Schmaus erspäht und war hinter meinem Rücken herangeschlichen; jetzt packte er mit schlangenwild stoßendem Schnabel die seltene Beute. Im Glauben an sein gutes Recht kam er, nach mehr verlangend, immer dichter heran; aber so gern ich dem schönen mythischen Vogel ein reichliches Opfer gebracht hätte, angesichts der aufmerksamen Zuschauer, die sehr nach mangelhafter Ernährung aussahen, mußte ich ihn kurz halten und, da er maßlos zudringlich wurde, sogar verscheuchen.

Als ich nach der Stadt zurückkehrte, legte sich schon ein leichter Nebel über die Parkwiesen, der aber nicht in die Straßen hineindrang. In der Nähe der Technischen Hochschule ging eine junge Frau Arm in Arm mit einem etwa vierzehnjährigen Mädchen an mir vorüber, vermutlich Mutter und Tochter, beide von einer fremdartigen Schönheit. Sie hielten sich dicht an den Häusern, als wollten sie nicht bemerkt werden. Von weitem hatte es ausgesehen, als trüge jede eine gelbe Blume an ihrem dunklen Kleid; es war aber etwas anderes, ein Ding, von dem ich bisher nur sagen gehört, der gelbe Stern, den sich im Hitlerstaat alle jüdischen Personen anheften mußten; ich erkannte ihn erst in der Nähe. Die beiden bemühten sich, eine gewisse Hoffnungslosigkeit, die sich in ihren Gesichtern ausdrückte, durch lebhaft leises Reden voreinander zu verbergen. Ihr Gang, ihre Haltung waren stolz und frei; sie trugen das Zeichen der Schmach und der Todesdrohung wie einen Orden.

»Der Deutsche, gut und großmütig von Natur, will niemand gemißhandelt wissen.« So durfte Goethe noch schreiben, und sicherlich ist es einmal wahr gewesen.

Schalom Ben-Chorin

München

Immer ragst du mir in meine Träume
Meiner Jugend – zart-geliebte Stadt,
Die so rauschende Kastanienbäume
Und das Licht des nahen Südens hat.

Ja, die Schatten deiner schlanken Türme
Liegen blau auf meinem Augenlid.
Deine langen Regen, deine Stürme
Rauschen, brausen noch durch mein Gemüt.

Daß ich dir so sehr gehöre
Stadt am Rand der Berge und der Seen,
Daß ich deine Kirchenchöre
Deine Schrammel-Weisen in mir höre
Wußte ich – und mußte dennoch gehn.

Ist das Echo meiner Kinderschritte
In den Straßen dort noch nicht verhallt?
Hängt noch manche ungewährte Bitte
In den dunklen Kronen dort im Wald?

Sitzt vielleicht ein Mädchen noch am Fenster
In dem stillen Hause vor der Stadt
Die mich einst vergnügter und beglänzter
Und beschwingter auch gesehen hat.

Sicher binden mich solch feine Fäden
– Wie Altweiberhaar im Sommerwind –
Warum machtest du mich sonst in jedem
Meiner Träume krank und tränenblind?

Sicher träumst du, wenn die Ave-Glocken
Aus den Türmen auf die Dächer taun
Von den wilden, hellen Kinderlocken
Von den Augen, die dich staunend schaun.

Meine Augen waren's und mein Haar. –
Der Vertriebenen gedenkst du nun.
Der ich, ferne Stadt, der Deine war
Darf in deinen Mauern nicht mehr ruhn.

Aber deine Mauern ruhn in mir.
In den Nächten baue ich dich neu
Durch die nieverschlossne Träume-Tür
Darf ich dich betreten ohne Scheu.

Gottfried Koelwel

Der Hofgarten

Wenn der Himmel anfing zu blauen über der Stadt, als
staute die frische Farbe sich bis zu den Gipfeln der Berge,
wenn die trockenen Straßen sich füllten mit goldenem Licht
und die schwebenden Flügel der Tauben aufblitzten im Flug,
ach, wie lockte das goldene Tor in den Frühling des Gartens, das
staunende Auge zu öffnen vor der atmenden Welt.
Auf den Flächen des Rasens, noch unter dem schwarzen Geäste der
Bäume, blühte der märzliche Krokus in buntesten Schwärmen, die
Scilla, die blaue, überschwemmte den grünenden Grund.
All die goldgelben Schnäbel der Amseln, die silbernen Zungen des
springenden Brunnens, die leuchtenden Wände der hohen Arkaden,
selbst die fernen Dächer und Türme, sie konnten die Freud nicht
zähmen über das aufgegangene Herz dieser Stadt.

Ja, es war aufgegangen, offen lag es vor uns, die
weißen Wölckchen des Himmels fuhren mit tastenden Schatten
wie mit liebenden Händen darüber, vor Freude vergoß der
nächtliche Sternenhimmel die kristallenen Tränen des Taus;
mächtiger wuchs so das Herz, es schoß sein Blut in die Tulpen,

in den Flieder stieg es empor, in die zitternden Bäume, bis alles zu blühen begann und das strahlende Herz sich endlich aus
tausend Kastanienkerzen überschwenglich vergoß.

Ach, wie es knisterte leise im Kies, wenn die liebenden Paare,
trunken vom Frühling, sich lauschend setzten unter die Bäume, zu
hören den heimlichen Herzschlag im eigenen glühenden Ohr.
Zaubrischer sprach wohl kein Mund wie der silberne Brunnen der Nacht,
zaubrischer wehte kein Atem wie der alles betörende Duft.

Herz, inmitten der Stadt, wie bist du so grausam verletzt,
seit die dröhnende Bombe den wehenden Zauber zerschlug.
Alle Liebe scheint taub, es wirbeln die Winde der Welt,
und der Nebel steigt kalt aus den dunklen Trichtern des Tods.

*

Beim Anblick der zerstörten Stadt

Wer, der die Stadt einst sah in ihren friedvollen Zeiten,
Häuser und Türme, von atmendem Licht überschwemmt,
als noch die Straßen führten zu blendenden Läden des Reichtums,
hundert freundliche Türen sich öffneten, als noch die Frauen
lachend gingen in wehenden Kleidern, sorglose Männer
folgten dem goldenen Tagwerk, ach, wer dies sah, er vermag's nicht zu
fassen, daß alles in Trümmern, in Schutt und Asche jetzt liegt.

Alles bot sich dir an einst, der glänzende Stiefel dem Fuß, dem
Kopf sich der schmuckeste Hut, die kostbarsten Stoffe entrollten
bunt ihre Pracht, denn alles, was du nur wolltest, war da.
Lockten nicht dort die seltsamsten Blumen hinter dem Glas,
köstlichstes Mahl hier, havannischer Rauch und duftender Wein?
Hörst du die unaufhörliche Musik noch hinter den Türen,
siehst du die blauen, betreßten Pförtner noch stehn vor der Tür?
Reicher bot sich die Welt an mit jeglichem Tag, und die
Neunmalklugen versprachen auf Erden das himmlische Reich.
Lief doch das Wasser von selbst dir klar in den Krug, und das Licht, es
flammte beim leichtesten Griff, die Wagen liefen seit langem schon
ohne Pferde und riesige Schiffe durchflogen die Luft;
bis zu den Sternen selbst strebt der Mensch und darüber hinaus,
um zu entwinden den Engeln das ewig behütete Licht.

Immer doch weichen die Engel, verhüllend sich hinter den Wolken,
denn die Ruhenden meiden des Menschen eitle Begier.
Luzifer nur, der Gestürzte, naht sich den Sterblichen stets;
wollte doch er einst dasselbe: rauben das göttliche Licht.
Herrlich dünkt sich der Mensch, wenn er die Flamme empfängt,
taub ist sein Ohr, wenn das grinsende Lachen von unten ertönt.
Immer wieder glaubt er zu halten das himmlische Licht, den

letzten Winkel der Erde hell zu durchleuchten, und immer nur
hält er die höllische Fackel in seiner verderblichen Hand.

Geist des Menschen, wie wirst du zum Flammenträger des Bösen,
wenn nicht die Demut vor Gott dein Ungemeßnes begrenzt.

IV.

»München wie es ist und bleibt«

Von 1945 bis heute

Nach der Sintflut

Eine hektische Zeit, diese Zeit nach der Sintflut. Sie dauerte in den besetzten Gebieten von der Stunde X, der bedingungslosen Kapitulation am 8. Mai 1945, bis zur Stunde Y, der Währungsreform am 20. Juni 1948. 1140 mal 24 Stunden zwischen Tag und Nacht. Sie waren kein Alptraum. Sie waren faszinierend. Man durfte nur nicht den Fehler begehen, die Folgen einer Katastrophe ohnegleichen mit überkommenden Maßstäben messen zu wollen. Man lebte damals wie im Dschungel. Ohne Sicherheit. Ohne Ruhe. Unter den Überlebenden herrschte das Gesetz der Raubtiere: Fressen, um nicht gefressen zu werden.

Die Tünche der Zivilisation war von den Menschen abgefallen. Sie kehrten ihr Innerstes schamlos nach außen. Heilige entpuppten sich als Sünder, Sünder als Heilige. Jede Banknote konnte gefälscht, jedes Ehrenwort eine Finte sein. Vielleicht war die Herzogin eine Hure und der Minister ein Krimineller? Nichts war unmöglich. Wenn ich allein an meine Heimkehr denke...

Mein Zuhause, das war Nymphenburg, ein Schloß an der westlichen Peripherie von München.

»Also aus einem Schloß«, sinnierte Joe, »und ein Prinz!« Er betrachtete mich schräg von der Seite, als bestaune er einen Saurier, der sich in die Neuzeit verirrt hat.

»Niemand kann sich seine Eltern aussuchen«, entschuldigte ich mein Prinzsein. Aber der Holzfäller aus Kanada war weit davon entfernt, einen Prinzen zu beneiden.

»Für Dich wird es doppelt schwer sein«, stellte er nüchtern fest.

Vor dem Schloß angekommen, das braun-grau-grün getarnt, von Bomben nur angekratzt war, schenkte ich ihm

eine Nadel mit Krone, das Abzeichen des von den Nazis verboten gewesenen bayerischen Heimat- und Königbundes. Verschworene trugen das ein Drittes Reich lang heimlich unter dem Rockaufschlag. Joe steckte sich die Krone sofort an seine Uniform.
»Have a good time«, verabschiedete er sich von mir. Er gab mir keine Hand. Er starrte durch mich hindurch auf eine der vergoldet gewesenen, jetzt rostigen, zerbrochenen Laternen an der Freitreppe zum Schloß.
»He, Joe, woran denkst du?«
»An meine Wälder.«

Das Schloß lag vor mir, langgestreckt, wie ausgestorben. Auf dem Rasen im Rondell zwischen zertrampelten Blumenbeeten hatte ein Feldlazarett sein Lager aufgeschlagen. Ich blickte lange an der einmal blendend weißen, jetzt düsteren Fassade hoch. Aber die Fenster blieben, auch auf mein Rufen hin, blind und stumm. An abgesperrten Türen klebten Schutzbriefe der spanischen Botschaft in Deutschland, rot-gelb-rot umrändert, waren zum Teil abgerissen und sollten daran erinnern, daß hier eine neutrale Ausländerin wohnt, Infanta Paz, die Schwester König Alfons XII. von Spanien, meine Großmutter. Vor fünf Revolutionen und vier Kriegen hatte diese Spanierin den Frauenarzt und Komponisten Prinz Ludwig-Ferdinand von Bayern geheiratet, meinen Großvater. Mit dem Mut alter Leute, die in ihren Erinnerungen leben, hatten sie sich geweigert, vor der Sintflut zu fliehen.
Ich hämmerte mit beiden Fäusten gegen die Tür, bis über mir ein Fenster geöffnet wurde. Es zeigte sich mir ein unbekannter Kopf. Eine mir unbekannte Stimme graunzte:
»Was wollen Sie?«
»Heim«, sagte ich.
»Scheren Sie sich zum Teufel!«

»Was fällt Ihnen ein«, empörte ich mich. »Wer sind Sie denn?«

»Der Hofmarschall.«

Einen Hofmarschall gab es bei meinen Großeltern seit Jahren nicht mehr.

Ich lief um das Schloß herum, zu einem Nebeneingang auf der Parkseite. Diese Türe war nur angelehnt. Ich stolperte eine Treppe hinauf, lief einen Korridor entlang. Ich hörte nur meine eigenen Schritte hallen. Da war er wieder, der angebliche Hofmarschall, und wollte mir den Weg versperren. Er konnte mich nicht mehr aufhalten. Ich stieß Türe um Türe von Saal zu Saal auf. Zuletzt die zum Schlafzimmer meiner Großeltern.

Ich sah zwei Gestalten in Uniformen, die wohl amerikanisch wirken sollten. Plünderer, die mit vorgehaltenem Revolver meine Großeltern bedrohten.

»Wo sind Brillanten?« hörte ich in gebrochenem Deutsch fragen. Meine Großmutter, silberhaarig, gottergeben, deutete stumm auf eine Schatulle mit dem Wappen und der Krone Isabellas II. von Spanien, die auf dem Kaminsims stand.

Großvater stand wie eine Statue, nur die Spitze seines Bartes zitterte vor Empörung. Weder die Räuber noch die Beraubten bemerkten mein Kommen. Die Schatulle, auf den Boden geschmettert, zerbrach. Es glitzerte und gleißte. Gierige Hände griffen nach dem Schmuck. Sie kratzten mit den Brillanten einmal, zweimal, dreimal über das nächste Fensterglas. Die Steine hinterließen keinen Kratzer.

»Falsch«, rief es fassungslos, »alles falsches Stein! Ist sich Klump!«

Und ich hörte meine Großmutter mit der ruhigsten Stimme bemerken:

»Mein Leben lang habe ich mir eingebildet, sie seien echt.«

Und ich Narr hatte mir eingebildet, der Friede würde mit Schalmeienklängen und Blumengewinden eingeholt.

WILHELM HOEGNER

Der Neubeginn

Durch die französische Zone,die von der Schweizer Grenze bis in die Gegend von Kempten reichte, wurden wir Deutsche – man schrieb den 6. Juni 1945 – als »Amerikaner« durchgeschleust. Bunt uniformierte Neger, der Hautfarbe nach aus Innerafrika, versuchten vergeblich, unsere Ausweise zu entziffern. In der amerikanischen Zone wurde dann im Walde gerastet und etwas gegessen, dann ging's nach München zum Marienplatz. Die Mariensäule war noch da, auf Schutthügeln ringsum standen amerikanische Soldaten und photographierten. Unsere amerikanischen Begleiter gingen ins Rathaus, konnten uns aber in München kein Unterkommen verschaffen und fuhren uns zu bekannten Nazigegnern nach Krailling.

Am andern Tag wurden wir wieder ins Münchner Rathaus gebracht und von dem damaligen Stadtkommandanten, Oberst Keller, empfangen. Er bot mir sogleich die Stelle eines rechtskundigen Bürgermeisters der Stadt München an. Ich lehnte dankend ab, da ich in die Justizverwaltung zurück wollte. Er war im übrigen über mich sehr gut unterrichtet und meinte, daß mich die Münchner gern hätten.

Hierauf suchten wir den früheren Staatsrat im Finanzministerium, Fritz Schäffer, auf, der vor kurzem von den Amerikanern zum vorläufigen bayrischen Ministerpräsidenten ernannt worden war. Er empfing mich mit den Worten: »Wir haben Sie wie eine Stecknadel gesucht.« Es stellte sich heraus, daß auf Veranlassung meiner politischen Freunde über das Rote Kreuz Nachforschungen nach mir in der Schweiz eingeleitet worden waren.

Ministerpräsident Schäffer verfügte im Haus einer landwirtschaftlichen Organisation in der Leopoldstraße über einige Zimmer, die nur notdürftig eingerichtet waren. Wie er mir erzählte, hatte er seine Tätigkeit ohne einen einzigen Federhalter aufnehmen müssen. »Eine Wut habe ich«, mit diesen Worten verlieh er seinen Empfindungen über die Schuldigen an der furchtbaren deutschen Niederlage beredten Ausdruck. Er stellte mir den Posten eines Generalstaatsanwalts am Oberlandesgericht München in Aussicht. Zum bayrischen Justizminister wollte er seinen Parteifreund von der Bayrischen Volkspartei, den Senatspräsidenten am Oberlandesgericht München, Dr. Hans Ehard, machen, der im großen Hitlerprozeß von 1924 die rechte Hand des damaligen Ersten Staatsanwalts Stenglein gewesen war. Ich lernte ihn persönlich erst einige Zeit später kennen.

An diesem Tag wurde für mich ein Studentenzimmer bei der Frau eines Veterinärgenerals aufindig gemacht, der sich mit seinen zwei Söhnen in russischer Gefangenschaft befand. Das Haus war durch Brandbomben nur wenig beschädigt. Dort wohnte ich in den nächsten Monaten und empfing viele Besuche von Menschen, die gerüchtweise gehört hatten, daß die Besatzungsmacht mit mir große Dinge vorhabe, und die von mir Befürwortungen und Leumundszeugnisse begehrten, die ich nach bestem Wissen und Gewissen auch ausstellte. So mancher hat später meine Liebesdienste gründlich vergessen. Auch in den folgenden Tagen traf ich wieder alte Bekannte und Parteifreunde, die die furchtbaren Jahre überlebt hatten. Die Tochter einer befreundeten Familie empfing mich mit einem herzhaften Kuß und meinte, mit meiner Heimkehr würde alles wieder gut werden im Lande Bayern. Leider mußte ich so hochgespannte Erwartungen später enttäuschen. Rührend war das Wiedersehen mit alten Sektionsführern meiner Partei, sie hatten Tränen in den Augen, umarmten und küßten mich, was sonst bei uns zurückhal-

tenden deutschen Männern nicht üblich ist. Ich sah wieder meine alten Freunde Thomas Wimmer und Gustav Schiefer, Wilhelm Glade, Josef Seifried, Karl Erhart, Aschauer, unsern früheren Parteisekretär Dichtl und Hans Fischer.
In meiner Gymnasialzeit hatte ein etwas sentimentales Bild »Marius auf den Trümmern Karthagos« großen Eindruck auf mich gemacht. Jetzt entrang mir der Zustand meiner einst blühenden Vaterstadt bittere Tränen. Nach tagelangen Wanderungen durch die Straßen Münchens gewann ich allmählich einen Überblick über den Umfang der Zerstörungen. In der Innenstadt, in Schwabing und Sendling, in Giesing und Neuhausen lagen ganze Stadtviertel in Trümmern oder waren noch ausgebrannt. Nur die Ludwigskirche war noch benutzbar, die meisten anderen Kirchen waren schwer beschädigt, darunter auch das Schiff der Frauenkirche. In Schutt lag das alte Rathaus, das neue war zum größten Teil erhalten geblieben. Die Staatsbibliothek schien zunächst gänzlich vernichtet, von der Universität stand noch der Teil an der Amalienstraße. In Trümmern lag die Residenz, an der jahrhundertelang gebaut worden war, schwer angeschlagen war der Justizpalast, ausgebrannt war das Nationalmuseum. Überall ragten Schutthaufen, stehengebliebene Vorder- oder Rückmauern von Häusern auf. Das ausgegrabene Pompeji schien mir im Vergleich zu München gut erhalten zu sein. Öffentliche Verkehrsmittel gab es nicht mehr, keine Straßenbahn, keine Eisenbahn fuhr, man mußte alle Strecken zu Fuß zurücklegen.
Die Bevölkerung sah mitgenommen, verarmt und verbittert aus, nur die jungen Mädchen auf Fahrrädern machten eine Ausnahme. Die Männer und Burschen trugen häufig Lederhosen, weiße Wadlstrümpfe und grüne Hüte. Ein großer Teil der Münchner war noch draußen auf dem Lande, geflüchtet oder evakuiert. Dafür fuhren zahlreiche amerikanische Lastwagen mit Fremdarbeitern, besonders

Russinnen mit bunten Kopftüchern, durch die Ludwigstraße gegen Norden, wohl der Heimat zu. Die amerikanischen Soldaten machten einen recht guten, zum Teil einen vorzüglichen Eindruck, auch die Farbigen sahen im Gegensatz zu den Senegalesen, die wir bis Kempten getroffen hatten, kultiviert aus.

Handel und Wandel waren tot. Die einfachsten Gegenstände des täglichen Bedarfs, wie Zündhölzer oder Reißnägel, waren nicht zu haben. Kaffee und Tee waren verschwunden, Fleisch gab es kaum, dafür aber täglich einen Viertelliter Milch, 600 g Brot in der Woche und fünf Eier im Monat. Die Gasversorgung war unterbrochen, das Essen mußte man am Feuerherd kochen, das Frühstück an der elektrischen Lichtleitung. All das ist in der Zeit des deutschen Wirtschaftswunders in Vergessenheit geraten. Am 13. Juni schrieb ich meiner Frau in die Schweiz: »Der Monopteros im Englischen Garten ist ziemlich unversehrt. Ich war gestern droben und habe an die alten Zeiten gedacht. Wie schön war unsere Jugend! Nun sind wir alt geworden, die besten Jahre unseres Lebens waren Kummer und Leid. Dabei sind wir im Vergleich zu den Menschen hier noch gut weggekommen.« …

Emil Preetorius

Münchener Erinnerungen

geschrieben nach Kriegsende für den Katalog einer Buchausstellung, die im Sommer 1945 zum Gedenken an die erste Blütezeit Münchens als Verlagsstadt geplant war.

Denke ich zurück an jene große Münchner Zeit, die bald nach der Jahrhundertwende ihren Anfang nahm, eine Zeit farbenvoller Blüte, Zeit der Verheißungen, Antriebe und weitgespannten Pläne, Zeit eines schon modern gewordenen künstlerischen Münchens, so will sie mir vom Heute aus wie ein traumhafter Mythos vorkommen. Und fasse ich mich selber als den gleichen Menschen, der jene hohe Zeit mitgelebt und mitgewirkt hat, so ist mir wie einem Revenant zumute, der zwischen den kargen Trümmern jenes prangenden Damals wehklagend hin und wieder geistert. Es ist ein trübseliges Unterfangen, die versunkene Zeit wieder zu beschwören, den inneren Blick auf die frohbewegte Vergangenheit zu lenken, da der äußere nur eine Gegenwart sieht aus Not und Ruinen vor dunkel verhangenen Horizonten. Doch es sei um der guten Sache willen gewagt, die reiche Fülle der damaligen Erlebnisse und Bilder in eine kurze Schilderung zu fassen, ein paar Ausschnitte aus sehr persönlichem Aspekt zu geben von alledem, was buntfarben, vielspältig und mannigfach ineinandergeschränkt in mehr als einem Menschenalter sich ereignet hat.

Als ich 1907 nach München versiedelte, sah ich die schöne Stadt zum zweiten Male. Schon kurz nach 1900 hatte ich meine ersten Studiensemester dort verbracht und, durstig nach Wissen, an den verschiedensten Brüsten der üppigen alma mater gesaugt. Als Mediziner begann ich, wechselte zu den Naturwissenschaften, zumal zur Physik, wurde

Kunsthistoriker und endlich, nicht ohne resignierten Seufzer, Jurist. Trotz meiner Studien aber, so emsig und viel gewandt sie waren, blieb mir noch Zeit, vom besonderen Zauber Münchens als Bild und Leben, als Kunst und Natur einiges zu erfassen und als eine stille Sehnsucht in mir zu bewahren. Mit Staunen und Entzücken wanderte ich damals durch die groß angelegten, streng gegliederten Straßen der Stadt wie durch ihre engen, winkeliggeheimnisvollen, ich wechselte von den Palästen der Fürsten und der Kunst zu den Palästen des Bieres, besah mir alle mannigfaltigen Schönheiten, die monumentalen und lieblichen, die repräsentativen und versteckten, zumal die Gotteshäuser, Denkmale aus fünf Jahrhunderten, ich erlebte die fröhlich-derben Feste des Jahres in Stadt und Land und die Entfaltung kirchlichen Rituals in seiner farbenreichen Pracht und hohen Feierlichkeit. [...]
Es wäre ein Thema für sich, der vielen außerordentlichen Menschen noch zu gedenken, denen ich begegnet bin in den 30 Münchner Jahren, die ich hier im Fluge vorüberziehen lasse. Denn was alles an ungewöhnlichen Geistern hat München von je zu je in seinen gastlichen Mauern versammelt! Es ist ja das besondere Geheimnis dieser besonderen Stadt, für Menschen von Rang und Eigenart zur zweiten Heimat zu werden, und man kann wohl sagen, daß die Bedeutung Münchens, daß das eigentliche Geist- und Kunstmünchen seit mehr als hundert Jahren gewiß nicht nur, aber doch vornehmlich von diesen Wahlmünchnern geschaffen und getragen worden ist. Bleibt es aber unwidersprechbar, daß die großen Münchner in der überwiegenden Mehrzahl keine Geburtsmünchner sind, so bleibt auch unwidersprechbar, daß eben München, gerade München mit seinem eigentümlichen Fluidum dazu gehört, diese großen Münchner nicht nur anzulocken und festzuhalten, sondern auch zur vollen Entfaltung, zur Verwirklichung ihrer selbst zu bringen. Fast will es scheinen, als ob

die im Boden Münchens, in seinem geheimnisvoll trächtigen Humus, im genius loci gebundenen schlummernden Kräfte in jenen, von überall her zuströmenden Geistern erst wach geworden sind und Klang und Gestalt gewonnen haben. Was aber in diese Stadt einmal eingegangen ist, so verschieden es sein mochte an Art und Herkunft, an Gewohnheit und Gesinnung, an Begabung und Wollen: bald war es eingeschmolzen wie in einer Retorte, war es Teil der großen Münchner Familie, ob man sich nun kannte oder nicht, sich mochte oder nicht, sich befeindete oder nicht, sich gelten ließ oder nicht. Man gehörte zum Münchensein als einem Zustande, der freier ist, menschlicher, unbekümmerter, hingabewilliger, beschwingter und zudem mehr bei sich selber als irgend anderswo. Für den Außenstehenden war dies Münchensein immer nur schwer begrifflich zu erschöpfen, so recht wußte man erst darum, wenn man es mit war, miterlebte, mitgenoß, miterlitt. Zwei Gelegenheiten aber gab es, wo dies Münchnertum als eine verzweigte Familie einhellig sich zusammenfand und selbstvergessen umschlungen hielt, wo alle wechselseitige Feindschaft, alle Schmäh-, Häm- und Eifersucht, wo verstiegener Pathos, überspitzter Geist, hochnäsige Selbstbezogenheit aufgehoben, hingelöst wurden im strömenden Jubel festlich prangender Gemeinschaft: der Fasching und das Oktoberfest. [...]
Das schöne, verheißungsvolle münchner Damals, von dem ich einiges zu beschwören versucht habe, es ist versunken, erloschen sind sein Glanz, sein Reichtum, sein Schwelgen. Aber es leuchtet nach, und wir wollen im trüben und kalten Heute seiner erwärmenden Helle eingedenk und fest bleiben in der Hoffnung, daß der besondere, der einzige Zauber Münchens unzerstörbar sei durch Nazis, Feuer und Bomben, daß er auch unter Schutt und Trümmern wieder sich regen werde und fortwirken, wenn wir nur Treue und Dankbarkeit bewahren dieser Stadt von »Volk

und Jugend«, die wie keine mehr mächtig ist, aufzunehmen und anzurufen, zu behüten und beschwingen, Heimat zu werden im vielfältig geheimnisvollen Sinne des Wortes.

WERNER FINCK

Lizenz!

Im zerstörten und hungernden Deutschland gab es damals ein Zauberwort, das alle elektrisierte, die gezwungen waren, sich eine neue Existenz aufzubauen. Und das waren fast alle. Lizenz!

Was einer auch immer machen wollte, erst mußte er eine Lizenz haben. Keine Lizenz: keine Möglichkeit. Nur ganz wenige bekamen sie zunächst. Viele, die sich um eine bemühten, versuchten, die Stationen ihrer braunen Vergangenheit in einem großen Bogen zu umgehen: – ihr Fragebogen war aber noch größer.

Fragebogen, das war das zweite Zauberwort, aber von einem bösen Zauber.

Nun, was diese Fragebogen anlangte, da hatte ich ja wirklich nichts zu befürchten. Schon im Entlassungslager hatte ich gemerkt, daß die Amis, jedenfalls die aus Deutschland stammenden, genau Bescheid wußten, was ich hinter mir und wen sie vor sich hatten.

Manche wußten sogar mehr als ich selber. Ein einziger nur, der mich vorwurfsvoll fragte, warum ich nicht emigriert sei wie jeder anständige Deutsche. »Man konnte doch Deutschland nicht einfach den Nazis überlassen. Zum Widerstand wurden doch auch Leute gebraucht«, sagte ich.

Nachdem mein Sold, weil ich kein Soldat mehr war, nach vierjähriger Pünktlichkeit nicht mehr gezahlt wurde, mußte ich mich jetzt nach einer anderen Einnahmequelle umsehen.

Was lag näher, als wieder ein Kabarett aufzumachen?

Mein Arbeitsverbot war ja abgelaufen und die, die es mir

auferlegt hatten, waren ja nicht mehr – *da,* das konnte ich nicht sagen, weil es nicht gestimmt hätte – aber nicht mehr an der Macht.
Wir standen ja – und das war das dritte Zauberwort – im Zeichen der Wiedergutmachung. Glück muß man eben haben, jubelte es in mir.
Den Fragebogen bestand ich mit Sternchen
mit Sternchen
mit Sternchen.
Ich bekam die Lizenz für ein Kabarett, ohne weiteres. Ohne? Das heißt, *mit* weiterem konnte ich nicht rechnen: das Kabarett selbst bekam ich nicht.
Es gab schon eins.
Es gab schon eins.
Es gab schon eins.
»Die Schaubude.«
Und nun ging es mir nicht in meinen dummen Schädel: Das erste deutsche Kabarett nach dem Kriege –. Die hatten doch vorher keins gehabt, deshalb konnte ihnen auch keins zerschlagen werden wie mir.
Nun wäre es doch logisch gewesen, daß erst mal ich... bevor die andern. Aber es war mein Schicksal, und Schicksal kennt keine Logik. Also beugte ich mich ihm.
Der Igel war wieder einmal schneller als der Hase.
Angesichts dieser Situation mußte ich vernünftigerweise den Plan für ein eigenes Kabarett erstmal aufgeben. Der Vorsprung der anderen war viel zu groß, und das amerikanische Zigaretten- und Lebensmittelfundament, auf dem die »Schaubude« stand, zu unerschöpflich.
Meine Möglichlichkeiten reichten gerade zur Errichtung eines kleinen Forums, wo man über die herrschenden Zustände zwar nicht hemmungslos lachen – dazu waren sie zu ernst – aber doch wieder lächeln lernen konnte.
Diese Vorschule der Heiterkeit lief unter dem Namen »Schmunzelkolleg«.

Seine Dozenten waren Walther Kiaulehn, Hellmuth Krüger und Werner Finck. R. A. Stemmle zeichnete als Initiator und ich als Leiter. Zu unsern Hörern zählten wir unter anderen den bayerischen Wirtschaftsminister Professor Ludwig Erhard, damals noch ein fast unbeschriebenes politisches Blatt.
Ganz langsam normalisierte sich das Leben. Gerüchteweise erfuhr man, daß außer München auch noch andere Städte nicht ganz ausradiert waren. Und dann kam sogar Post. Aus Berlin! Also, war das noch vorhanden.
Freunde meldeten sich zurück. Auch dort fing man schon wieder an, aktiv zu werden...

Walter Kolbenhoff

In der Schellingstraße

Endlich stand ich vor dem Haus Schellingstraße Nummer 39. Es trug ebenfalls Wunden des Krieges. [...]
Das ganze Haus roch nach Druckerschwärze und Papier. Von irgendwoher tönte das rhythmische Gedröhn schwerer Maschinen. Auf der Treppe gingen lachende junge Mädchen an mir vorbei. So hübsch wie ich jahrelang keine gesehen hatte. Ich wagte nicht, sie zu fragen. Dann, in einem langen Gang fragte ich, und mir klopfte das Herz dabei, endlich eines der Mädchen. »Verzeihung, gibt es hier einen Herrn Andersch?« Sie lachte: »Sie stehen direkt vor seiner Tür, klopfen Sie doch an.« Das tat ich, ein anderes hübsches Fräulein öffnete, ich wurde mittlerweile ganz nervös, aber da stand schon Andersch hinter ihr, brüllte: »Shorty, endlich!«, und ich sah die Freude in seinem Gesicht leuchten: »Bist du endlich da?«
»Was hast du mit den Buchdruckern, Stereotypeuren...?« begann ich, aber er unterbrach mich.
»Die sind alle verrückt hier, ich habe verlangt, daß sich alle Journalisten, Redakteure, Feuilletonisten und so weiter bei mir melden sollen. Aber die Heinis können kein Deutsch, sie haben es falsch übersetzt. Ist auch egal, du bist ja gekommen!«
»Was soll ich denn hier?«
»Mensch!« sagte er, »kapierst du denn nicht? Wir brauchen Leute: Antifaschisten, Demokraten, Leute eben mit der richtigen Gesinnung. Finde du mir die mal!«
»Und du hast das mit einem Zettel...?«
»Das ist der einzige Weg. Das lesen alle. Auch solche Landser wie du, die schon immer gegen die Nazis waren.«
»Und was ist das hier?«

»Du befindest dich in der Redaktion der *Neuen Zeitung*, einer amerikanischen Zeitung für die deutsche Bevölkerung. Hier!« Er nahm das großformatige Exemplar einer Zeitung. Dasselbe Format wie der *Völkische Beobachter*. »Erst haben die Alliierten versucht, die Zeitungsgebäude zu zerbomben, trafen aber daneben und haben die Arcisstraße und die Straßenzüge dahinter dem Erdboden gleichgemacht. Diese Gebäude hier haben kaum was abbekommen. Die Rotationsmaschinen blieben intakt. Jetzt haben die Amis alles, was sie brauchen, um eine Zeitung zu machen. Wann fängst du an?«

»Was soll ich denn anfangen?«

[...]

»Begreifst du denn nicht«, sagte er, »wir brauchen jeden, der eine demokratische Gesinnung hat. Du kannst sofort anfangen. Wir sind dabei, eine neue deutsche Republik aufzubauen, und wir wollen nicht dieselben Fehler machen, die sie damals in Weimar gemacht haben.«

Es war zu viel für mich.

»Ich bin erst so kurz hier«, sagte ich, »ich bin erst heute in diese Stadt gekommen.«

»Das bedeutet überhaupt nichts. Ich kenne dich. Du fängst sofort an. Einen Augenblick, ich bringe dich zum Feuilletonchef, zu Erich Kästner.«

Ursula Herking

Angsttraum

Ich saß in der Trambahn und war nackt
Und hatte schmutzige Füße.
Mein großer Zeh war giftgrün gelackt,
Der Schaffner, der sagte »Du Süße«.
Ein Fräulein nahm sich mein linkes Ohr,
Es sei nicht meins, es sei Erikas'.
Auf der Plattform sang ein Lemurenchor
»Das ist die Stimme Amerikas«.
Da füllte ich meinen Kopf mit Salz
Und preßte ihn still an die Hüfte
Und schrie: »Er sitzt ja nicht mehr auf dem Hals!«
Drauf hob ich mich in die Lüfte.
Auf meinem Kopf saß grau eine Maus,
Ich dachte »Mein Gott, die wächst nicht!«
Die sah wie der Erich Kästner aus
Und sagte »Du kannst deinen Text nicht!«
Ich flog verschreckt um die Schaubude rum
Und mußte ganz plötzlich weinen.
Und dann bewarf mich das Publikum
Mit lauter harten Steinen.
Es war nicht schön und ich starb dann gleich
Und ich flehte »Ach laß mich erwachen!«
Und als ich erwachte, da war ich bleich.
Nein, wirklich, es war nicht zum Lachen!

München

Du warst der Spielplatz meiner Kindheit: Stadt
Voll Kirchen, Säulen, Gärten und Arkaden,
Und von der Großhesseloherbrücke hat
Fern das Gebirg mich zu sich eingeladen.

Du warst die Stadt der ersten Abenteuer,
Und als die erste Strophe mir gelang,
Da war es mir, als wichen die Gemäuer
Und neigten sich und wurden zu Gesang.

Das Spiel verging und der Gesang verwehte.
Still steht das Karussell, das einst sich drehte,
Drehorgelklang mit Elefant und Schwan.

Es fließt die Isar, grün und ohne Ende.
Vorbei, vorbei. Du Kindheit, bist Legende.
Die Stadt und ich, wir schaun uns staunend an.

*

Café Stefanie

In München war's, im Café Stefanie,
als ich dir, Emmi, die Gedichte sagte,
die ich allein dir nur zu sagen wagte,
und häufig kam das Wort vor: »Irgendwie«.

Am Tisch daneben spielte Mühsam Schach,
und Frank saß einem Geldmann auf der Lauer.

(Vieleicht saß der indes im Café Bauer?)
Ein Denker hielt mit Kokain sich wach.

Franz Jung erschien mit seiner Tänzerin,
und Bing, der Zeichner, ließ das Billard fahren,
denn Däubler nahte sich mit Bauch und Bart...

Ihr Freunde, die ihr gute Freunde wart,
ich schreib euch dies zum Angedenken hin
an jene Zeit,da wir noch Kinder waren.

Luise Rinser

Martins Reise

Sie stiegen die endlose Stiege wieder hinunter und gingen auf den Marienplatz. Als sie dort ankamen, da schlug die Uhr gerade elfmal, und kaum hatte sie ausgeschlagen, begann eine zarte, fröhliche Musik.

»Das ist das Glockenspiel«, sagte die Frau, »schau dorthin auf den Rathausturm!«

Da sah unser Junge etwas, was ihm ungemein gut gefiel. Aus einem Turmfenster kam ein kleines, buntbemaltes Männchen getanzt und hinter ihm ein zweites und drittes uns so fort. Sie trugen Faßreifen in den Händen und tanzten zu der lustigen Musik des Glockenspiels.

»Das ist der Schäfflertanz«, sagte die Frau und begann ihm die Geschichte der Schäffler zu erzählen.

»Weißt du, was die Pest ist?« fragte sie, und unser Junge schüttelte den Kopf.

»Das ist eine schreckliche Krankheit«, fuhr sie fort. »Und diese Seuche war in die Stadt München gekommen. Die Leute starben nur so dahin. Ganze Häuser starben aus. Man war einen Augenblick zuvor noch gesund, plötzlich wurde einem übel, man bekam blauschwarze Beulen am Leib und ein paar Stunden später war man tot. Niemand wollte mehr aus dem Hause gehen. Die Stadttore blieben zu. Kein Mensch ging hinaus und keiner herein. Auf den Straßen sah man nur mehr die Totengräber und die schwarzen Leichenwagen.

Als die Hälfte der Leute gestorben war in der Stadt, hörte die Pest auf. Aber noch lange wagte sich kein Mensch aus dem Haus. Das war ein trauriges Leben. Niemand konnte mehr lachen oder singen. Damit schien es ein für allemal vorbei zu sein. Aber die Schäffler – weißt du, das sind die, welche Wasserschäffer und Fässer machen – die sagten sich: nein, so geht es nicht weiter, wir wollen wieder Leben unter die Leute bringen. Und sie zogen schwarze Hosen und rote Jacken an und setzten eine grüne Mütze mit blau und weißen Federn auf, so daß sie aussahen wie Buntspechte. Dann nahmen sie ihre Trommeln und Pfeifen, ihre Fahnen und Faßreifen, die sie mit Tannenzweigen eingebunden hatten, und so zogen sie durch die Straßen und machten Musik und tanzten. Die Leute schauten blaß und ängstlich durch die Fenster, dann kamen sie neugierig und vorsichtig an die Haustüren und dann an die Schwellen und schließlich auf die Straße, und weil die Schäffler gar so lustig waren, da wagte es der eine oder andere, ein bißchen zu lachen, und es dauerte gar nicht sehr lange, da lachten und sangen und tanzten alle, und da war der Bann gebrochen, und es war wieder Leben in der Stadt und die Pest war bald vergessen. Siehst du, zum Andenken daran tanzen die Schäffler jetzt jeden Mittag da oben, und alle Leute freuen sich noch immer darüber«; sie blieben auf dem Marktplatze stehen und schauten zum Glockenspiel hinauf.

Als das Glockenspiel verstummt war, gingen sie durch die Sendlingerstraße. Da sagte die Frau: »So eine Stadt hat viel erlebt, Schönes und Schweres. Die Pest war nicht das einzige Schlimme. Ebenso schrecklich war die Mordweihnacht.«

Das klang schaurig und unser Junge sagte gespannt: »Erzähl es mir, was war da?«

»Siehst du«, sagte die Frau, »wenn wir nun diese Straße immer weitergingen nach Süden, da kämen wir in einen Stadtteil, der Sendling heißt und da ist im Jahre siebzehnhundertfünf etwas Trauriges geschehen: Die Bayern hatten einmal einen Krieg mit Österreich, und den verloren sie, wie das manchmal so geht. Aber da kamen die Österreicher und besetzten München und regierten da und die

Bayern hatten nichts mehr zu sagen in ihrem eignen Land und in ihrer eigenen Stadt. Das war bitter für sie und da die Bayern ein mutiges Volk sind, ließen sie es sich auch nicht lange gefallen. Sie sagten: ›Lieber bayrisch sterben, als kaiserlich verderben‹ und das hieß soviel wie: Wir greifen lieber die Österreicher an, als daß wir uns von ihnen noch länger regieren lassen. Und so sagten sie allen Männern in der Stadt und im ganzen Land Bayern, daß sie einen Aufstand machen würden und wer mittun wollte, der sollte sich aufmachen und nach Tölz ziehen, denn dort sollte sich das Heer sammeln. Und das taten sie auch. Es ging ganz heimlich zu. Die Österreicher merkten nichts und so rückten die Bayern rasch bei Nacht und Nebel gegen München an. Sie hatten freilich keine richtigen Waffen, keine Kanonen und nicht viele Gewehre, sie hatten nur Sensen und Hacken und Mistgabeln, was eben die Bauern so haben, aber sie hatten Mut und so wäre vielleicht alles gut gegangen, wenn nicht ein Verräter dabei gewesen wäre, der wollte sich gut stellen mit den Österreichern und er sagte ihnen, daß die Bayern gegen München zögen. Da stellten die Österreicher natürlich auch sofort ein Heer zusammen und so erwarteten sie die Bayern, die isarabwärts kamen. In Sendling draußen stießen sie zusammen und es gab eine schreckliche Schlacht und das war gerade am Weihnachtsabend. Da ging es den Bayern furchtbar schlecht, so tapfer sie sich auch schlugen, denn die Österreicher waren mehr und sie hatten richtige Waffen, und all ihr Mut half den Bayern nichts, sie wurden gefangen und erschossen und die Anführer wurden in München an Bäumen aufgeknüpft. Siehst du, so schreckliche Dinge hat diese Stadt schon erlebt, aber es geht ihr wie den Menschen: Man vergißt die schlimmen Dinge bald wieder und ist fröhlich, und das ist gut so, nicht wahr, Martin?«

Da erschrak unser Junge darüber, daß sie wußte, wie er

hieß, denn das hatte er ihr noch gar nicht gesagt und sie hatte ihn auch gar nicht danach gefragt. Und als er aufschaute, da war es ihm wieder ganz so, als kenne er sie schon, aber er wagte nicht, sie zu fragen...

Peter Hacks

Schwabing 1950

Der Wasserdampf und die Bonmots
Rinnen von den Wänden.
Die Kerzen blaken. Der Zulauf ist groß
An allen Wochenenden.

Der ganze Keller steckt gedrängt
Voll von Persönlichkeiten,
Die, wenn man ihnen ein Glas Wein schenkt,
Sich über Fragen streiten.

Also über Zen. Oder die Existenz.
Sie haben sehr schmutzige Kragen.
Wer, meine Herrn, stellt Ihnen, wenns
Erlaubt ist, diese Fragen?

Am Tisch sitzt auch mein schönes Weib,
Sie gähnt fast ohne Pause.
Ich fasse sie um ihren Leib
Und gehe mit ihr nachhause.

Der Rest bleibt sitzen und kann kein Geld
Verdienen und keins borgen.
Nicht jeder, der mal Zeche prellt,
Ist schon ein Mensch von morgen.

PETER PAUL ALTHAUS

Traumstadt

In der Traumstadt ist ein Lächeln stehn geblieben;
niemand weiß, wem es gehört.
Und ein Polizist hat es schon dreimal aufgeschrieben,
weil es den Verkehr, dort wo es stehn geblieben, stört.

Und das Lächeln weiß auch nicht, wem es gegolten;
immer müder lächelnd steht es da,
kaum beachtet, und gescholten
und geschubst und weggedrängt, wenn ja.

Langsam schleicht es sich von hinnen;
doch auf einmal wird es licht verklärt;
und dann geht es ganz nach innen –
und du weißt, wem es gegolten und gehört.

Für A. N.

*

In der Traumstadt stehen Litfaßsäulen,
buntbeklebt
und bestrebt,
anzupreisen, kundzugeben, mitzuteilen
unerhörte Dinge, die dir selbst im Traum
nicht begegnen oder kaum.

Eine dieser Säulen flüstert kleingeschrieben die Adresse
(unter Chiffre
nur mit Ziffer)
eines Institutes »Aux suprêmes caresses« –
Irgend in der Finsternis der Nacht
wird, wie Blechkanisterklappern, grell gelacht.

Wachsfigurenkabinettplatz hundertzwo
wohnst du,
weißt du,
doch der Platz ist in der Traumstadt nirgendwo.
Und du gehst zum leeren Markt und stehst am Brunnenrund;
Kringel kräuseln tief im Wasser deinen Mund.

*

In der Traumstadt ging die letzte Hure
morgens früh und müde und ganz ohne Laster;
in der Traumstadt fuhr ein Leichenkutscher, noch mit leerer Fuhre,
langsam holpernd übers Kopfsteinpflaster.
Und das Mädchen dachte seiner Schwären —
und der Leichenkutscher zügelte die Mähren,
und er sagte: »Mademoiselle, si vous voulez –?«
Und das Mädchen nickte zweimal: »Oui, monsieur,
warten Sie, ich hole nur noch schnell mein gutes Négligé.«

JOSEF MARIA LUTZ

Der Ochse August

In der Ochsenbraterei auf dem Oktoberfest in München setzte ich mich zu einem Mann, der mir nicht durchaus oktoberfestlich gestimmt schien. Er begrüßte mich jedoch freundlich und deutete, das Gespräch beginnend, auf den Ochsen im Hintergrund der Halle, der eben im Drehen innehielt:

»Iatzt is er ferti – iatzt können S' oan hab'n.«

Und wie zur Bestätigung brachte die Kellnerin eine der ersten Portionen meinem Tischgenossen. Die Portion war so schön knusprig und duftete so heiß und herrlich, daß ich ebenfalls sofort bestellte. Mein Nachbar machte sich nun mit liebevoller Umständlichkeit an seinem Essen zu schaffen. Er roch am Fleisch, drückte leise mit der Gabel darauf, daß es mürbe nachgab und der Saft hervorquoll, betupfte zart mit dem Messer die Kruste und schnitt sich dann erst einen Bissen ab.

»Der is richti«, erkärte er mir darauf, »so muaß er sei – schö weich, aber doch kernig im Biß und die Kruste net z'hart – der is richti. Das liegt net bloß am Braten, so a Ochs muaß aa die richtige Mast hab'n.«

Inzwischen war auch meine Portion gekommen, ich probierte und bestätigte vollauf das eben gespendete Lob. Dadurch angeeifert, begann mein Nachbar wieder:

»Des war ein guater Ochs, kann i Eahna sag'n – ›August‹ hat er g'hoaß'n.«

»Warum?« fragte ich nun doch, »haben Sie den Ochsen näher gekannt?«

Er rückte vertraulich zu mir heran –

»Freili hab i'n näher kennt – weil er Eahna so guat schmeckt, iatzt sag i's Eahna: des war mei Ochs!«

»Soso, Eahna Ochs?!«
»Jawoi, mei Ochs – i bin eigens reig'fahr'n nach Münka – da muaß i anstandshalber do dabei sei, wenn mei ›August‹ brat'n werd, net wahr?«
Ich bestätigte und meinte: »Also deswegen san S' a bißl trauri?«
Er tat einen tiefen Schluck aus seiner Maß.
»Geln S', habn Sie's g'spannt?« sagte er. »Wenn ma zwoa Jahr lang z'sammg'arbat hat, nacha is des halt do eine Art Trauerfeier, net wahr?«
Ich nickte stumm, um diese Trauerfeier nicht zu stören. Er begann wieder:
»Es gibt so viele Ochsen auf der Welt – und grad den mein' trifft's auf's Oktoberfest. Des is halt Schicksal, net wahr!«
Ich bestätigte, indes er wieder einen tiefen Zug tat.
»Aber, wenn man's g'nau betracht«, fuhr er wieder fort, »ein schönes Schicksal is's eigentlich aa. Woaßt net in welchene Häuser und welchene Suppenhaferl andere Ochsen neikemma, bevors g'fress'n wer'n – aber mei August, so in Glanz und Glori und in allen Ehren, des is halt do was anders.«
Wie zur Bestätigung seiner Ansicht fing die Musik den Tölzer Schützenmarsch zu spielen an.
»Wissen S', von der Ochsenmast versteh i was«, wandte sich mein Freund wieder an mich, »d'Hauptsach is, neben dem richtigen Futter, daß man's net überanstrengt. Allaweil schö langsam geh lass'n, pressiert ja net. Ob's iatz schnell gehnga oder langsam, g'schlacht werden's ja doch, is also eh gleich. Bei uns is's ja im Grunde aa net anders. Und wenn oaner no dazua seine neun Zentner mit eahm rumschleppt, wia mei August, nacha geht er halt langsamer, des gaang uns grad so. – Prost, Herr Nachbar – Durst macht er, mei August.«
Wir tranken. Mein Nachbar war mit seiner Portion fertig. Er rief die Kellnerin und bestellte sich eine zweite.

»Wissen S'«, erklärte er mir, »am liebsten taat ich ihn ganz alloa fress'n, aber des geht halt leider net – aber zwoa Portionen, des kann er schon verlanga, mei August.«
Die zweite Portion kam und wurde wieder über alles Lob erhaben befunden.
»Des ist halt Schicksal«, philosophierte wieder mein Freund, »den oan von uns haut's sang- und klanglos in d' Gruab'n nei und den andern fressen s' in Glanz und Glori auf'm Oktoberfest. Ma derf net z'viel nachdenka, sunst werat ma glei spintisierat aa. Des ist halt der Lauf der Welt – aber in diesem Fall: wenn s' oaner verdeant hat, die Ehre, nacha hat's mei August verdeant, da hat's amal ausnahmsweise koan Unrecht'n troffa – prost, Her Nachbar!«

Ernst Hoferichter

Im Treibhaus der Poesie

Wo die letzten Häuser Schwabings stehen, da hockt das Gasthaus mit der Blüte »Seerose«.

Diese Blume hält sich durch alle Jahreszeiten geöffnet und besonders farbig im Winter,wenn es schneit.

Hier wurde in einem Nebenzimmer das sterbende Schwabing wiedergeboren. Von der Schenke her symbolisierte das Anzapfen eines Bierfasses die Böllerschüsse.

Draußen vor dem Fenster patrouillierten amerikanische Soldaten mit Maschinenpistolen, drinnen saßen ein paar verwehte Dichter und Maler. Und ein Schauspieler und Stammtischschöpfer von hohen Graden! Das war der Gustl Weigert.

Er sprach wörtlich: »Schwabing und die alten Schwabinger müssen wieder auferstehen...!«

Und es geschah, wie er es verheißen hatte. Die Knospe der »Seerose« sprang auf. Eine Blüte sagte es quasi der andern. Erste Gedichte und Bilder kreisten in der Runde. Gustl Weigert regte sich auf und die Brüder an. Und auch sein Lieblingsfeind wurde ihm zum Freund.

In der »Seerose« brodelte es von Atmosphäre. Unterm Tisch weideten Zigarettenstummel, Wursthäute und Stanniolpapier. Über Biergläser und Tabakqualm wehte es vom Anhauch des neuen Schöpferischen.

Gustl Weigert dirigierte die Dämonen. Aus ihrem Stimmen- und Farbengewirr entstand die neue Schwabinger Symphonie.

Und was damals wieder knospte, erklang und Gestalt wurde, das blüht, tönt und leuchtet heute weit über Münchens Grenzen in die Weiten des Planeten hinaus, die Wiedergeburt des unsterblichen Schwabinger Geistes verkündend. Aber, wie gesagt, es begann in dem Nebenzimmer einer kleinen Tafernwirtschaft. Wir sassen im engen Kreise, draußen in der Wirtsstube tarockten einige Stammgäste aus der Nachbarschaft. Und bei den braven Kleinbürgern stach noch immer der Ober den Unter.

Georg Schneider

Altes Karusell
Im Englischen Garten

Weißt du noch? Hier saßen wir:
Schwan zog die Karosse.
Vorne schwamm das Schuppentier
Mit der roten Flosse.
Rokoko und Brautgelock,
Ach, schon Biedermeier –
Raimund, der Verschwender,
Hob zum Menuett den Stock,
Drehte dann die Leier,
Und es flog der Bratenrock...
Weißt noch? Hier vergaßen wir
Trambahn und Kalender.
Und wir waren im Barock.

Dose zirpte leis Musik,
Roten Meisenton: pik, pik...
Klang wie Schneegestiebe.
König in der Republik,
Ninon, unsrer Liebe,
Trug ich dich im Blaupastell
Durch den Pfauengarten,
Und das kleine Karussell
Ließ nicht auf sich warten,
Drehte sich und knickste hell
Vor dem Pfau im Garten.

Dreh dich, dreh dich, Karussell!
Einmal komm ich wieder,
Und dann fahr ich mit dir schnell
Ins Geheimnis nieder.

Und ich stiege nicht mehr ab
Von dem alten Rappen,
Ob mich auch die Schatten knapp
Überm Abgrund schnappen.
Sagt mir doch, wann war das nur,
Menuett und Händel
Und ein kleines Herz in Dur,
Kutsche und Lavendel...
Sagt mir doch, wann war das nur,
Daß wir dieses hatten,
Lippenstift und Perlenschnur,
Walzer, Scherzo in A-Dur...?
Wieder fällt ein Schatten
Von der alten Sonnenuhr,
Dreht sich langsam, dreht sich schnell
Wie das kleine Karussell.

Michl Ehbauer

In München muaß i lebn!

Mich will, scheints, neamd bedauern,
Die Menschen denka hart.
Auslacha tean mi Bauern,
Weil i auf Zuzug wart.
Und liegt aa viel in Trümmer,
Is aa der Platz verschütt'
Wo mir scho' gspielt als Kinder,
Der Kindergarten mit,
Und 's Schulhaus und der Guatllodn,
Die Wirtschaft vorn am Eck,
Wo i beim Bierholn 's Geld verlorn –
Is rundum aa alls weg.

I möcht mei alte Wohnung
Wieder mitten in der Stadt,
Dees waar die schönst Belohnung,
Die München für mi hat.
Hoam möcht i halt gern wieder,
I habs scho oft probiert,
Dees druckt mi no ganz nieder,
Denn mi habn s' evakiert.
Ja mi habn s' evakiert,
Damit mir nix passiert.

Wia hab i in dem München
Mei Lebn so schö verbracht,
Im Fasching, auf der Wiesen!
I hab ja so gern glacht.
Und in der Altstadt hab i
Jeds Winkerl gwußt und kennt,

Am Anger, beim Jakobi,
Wo's Hebammliachtl brennt.
Daß i dees nia vergessen ko,
Wenn 's aa bloß halbert steht –
Es hängt ja doch mei Kindheit dro,
Verstehts denn ihr dees net?

Kriag i die alte Wohnung
Nimmer mitten in der Stadt,
Weil de iatz als Belohnung
Vielleicht a anderer hat,
Dann laßts mi nimmer warten,
Dann mag i liaba sterbn
Und mich im Friedhofgarten
No um an Platz bewerbn –
Ja wenigstens – bewerbn,
In München möcht i sterbn.

Wohl siehch i d'Sunna scheina
Und kann mich doch net freun,
Denn Fremde lassen s' einer
Und i – muaß draußen bleibn.
Drum is aa heut dees München
Wia früher nimmer so,
Bloß d'Frauentürm, de winken
Und sagn: Mir san no do!
Es werd schon wieder – in Gottsnam',
Laß nur von dir was hörn,
Kimm zruck und pack dei Zeugl zsamm,
Denn dich hat München gern.

I möcht mei alte Wohnung
Wieder in der Münchner Stadt,
Dees waar die schönst Belohnung,
Die München für mich hat.

Ich möcht in dir dahoam sei,
Verdank dir ja mei Lebn,
Es muaß doch in oam Winkerl
A Platzl für mi gebn?
Für mi a Platzl gebn –
In München muaß i lebn!

Horst Wolfram Geissler

Die Leopoldstraße

Meine Vorliebe für Straßen läßt in mir die Erinnerung wach werden an eine der schönsten Straßen, die es überhaupt gibt, ich darf das behaupten, denn ich kenne viele.

Ich meine die Leopoldstraße in München. Sie ist breit wie ein sanftes Tal, ihre Häuser treten in hübsche Gärten zurück und bleiben ohne Gewicht und Bedeutung, Hauptsache sind die vier Pappelreihen, zwei an jeder Seite des Fahrdamms, welche die Gehsteige einfassen. Sie wachsen aus einem Rasenstreifen, der sich dahinzieht wie ein grüner Läufer. Aber jenes Tages, an den ich denke, hatte der Läufer ein gelbes Muster, denn das erste Laub fiel von den Pappeln, es war Oktober.

Diese herrlichen, hellgoldenen Pappelsäulen vor dem tiefen Mittagsblau des Himmels, der hier so leuchtet und so groß ist! Und jenseits des Siegestores erblickt man die Ludwigstraße wie auf einem alten Gemälde, weit hinten schwebt das Patinagrün an den Türmen der Theatinerkirche. So licht und schön ist dies alles, daß auch der unaufhörliche Strom der Straßenbahnzüge und Autos nicht stört, er bleibt gleichsam für sich in der Mitte, an den Ufern aber schweigen die Gärten, die Bäume blicken still aus ihrer Höhe, sie rühren sich nicht und sind voll Sonne, und der Himmel schaut aus Italien herüber.

Freilich, jetzt, da die Pappelblätter wie gelbe Schmetterlinge aus dem Blau taumeln, mischt sich schon eine kleine Nachdenklichkeit in die strahlenden Farben, in ihrem Konzert klingt der Ton eines Instruments auf, das bisher nicht da war, eine weiche Hirtenschalmei des Heimziehens – ist es aber nicht sonderbar, daß man sie mitten in der großen

Stadt überhaupt vernimmt? Die Menschen kommen und gehen, das ist ihr Weg und ihre Straße.

Zu der Zeit, an die ich denke, begegnete man hier beinahe täglich dem weißbärtigen Prinzen Leopold, der seinem Bruder, dem König von Bayern, so ähnlich sah. Er ging Arm in Arm mit seiner Frau, der Prinzessin Gisela, die eine Tochter der österreichischen Kaiserin Elisabeth war, von der sie allerdings weder die Schönheit noch die Eleganz geerbt hatte; meistens trug sie schwarze Schnürstiefel und weißblaue geringelte Baumwollstrümpfe. Das Ehepaar machte einen ehrwürdigen und baufälligen Eindruck – vorausgesetzt, daß es überhaupt Eindruck machte, darauf legten es die beiden keineswegs an, das hatten sie nicht nötig, er war ein Wittelsbacher und sie eine Erzherzogin und kaiserliche Hoheit. Wenn aber ein richtiges Münchener Frühjahrswetter war, so daß ihr der Schneematsch oben in die Schnürstiefel gelaufen wäre, dann fuhren sie in einem Auto, das nun freilich Eindruck machte, so alt und hochbeinig war es, an jeder Seite blitzte eine blankgeputzte Messinglaterne und vorn baumelte die Kurbel, denn einen Anlasser hatte das Ding ebensowenig wie seine Vorgängerin, die etwas ältere Arche Noah. Aber statt der Nummer hatte es eine Krone. Die Schutzleute standen stramm und legten die Hand an den Helm, sie dachten nicht daran, den Wagen aufzuschreiben: Leute, in deren Familienbesitz früher einmal die Sonne nicht unterging, brauchen keine Nummer.

Und nahebei, in der Werneckstraße, im ältesten Schwabing, wohnte mein Freund, der Boisl, ein baumlanger, durch Armut und Alter freilich krummgezogener Flickschneider, in einem Haus, zu dessen Dachrinne ein Erwachsener leicht hinauflangen konnte; ich selber konnte es damals noch nicht. Er saß in seiner nie gelüfteten Stube auf dem alten Schneidertisch, es roch immer nach brauner Soß, beinahe zum Ohnmächtigwerden. Aber der

Boisl hatte die Ehre, die Hosen des Prinzen Leopold auszubessern, wenn sie durchgewetzt waren, und das war merkwürdig oft der Fall. Jedoch der Diener, der sie dann abholte, hatte eine Livree mit silbernen Tressen, und als Warschau erobert worden war, durfte der Boisl sogar die Generalfeldmarschalluniform aufbügeln. Das war der stolzeste Tag seines Lebens, er trug dabei die grüne Tuchweste mit den Hirschhornknöpfen, erzählte augenrollend von seiner Dienstzeit bei den Schweren Reitern und rauchte sogar eine Virginia, aber die bekam ihm schlecht, wegen des Asthmas, er lief ganz rot und blau an, Gott hab ihn selig.
Ja, die sind nun alle tot. Wenn man das so hinschreibt, sieht es aus, als ob es schon wer weiß wie lange her sei – aber du lieber Himmel, was sind zwanzig oder fünfundzwanzig Jahre in Wirklichkeit? Nichts. Nur sind die Weltereignisse seitdem in einem so rasenden Tempo abgerollt, daß eine fast unglaublich weite Strecke zwischen damals und heute zu liegen scheint.
Auch das Leopoldpalais ist abgerissen, es war zu bescheiden; aber die Leopoldstraße gibt es noch, die Pappeln leuchten hellgolden vor dem italienischblauen Himmel, und wieder einmal fallen also die Blätter. Viele Menschen gehen hier täglich stadtauswärts, stadteinwärts, das ist ihr Weg, ihre Straße. Studenten, Künstler, Beamte, Frauen mit Einkaufstaschen, hübsche junge Damen mit Krokodilledertäschchen, Kinder mit Schultaschen. Die Gehsteige sind mit dunklen Schamotteplatten gepflastert, da und dort haben der Frost oder die Pappelwurzeln eine der Platten etwas gehoben, über die stolpert dann jeder, was will man machen, schon der Prinz Leopold ist darüber gestolpert.
Warum also hätte nicht auch ich darüber stolpern sollen! Mein Vater erwischte mich gerade noch am Rockkragen, sonst hätte die neue Hose aus der Boislwerkstatt gleich ein Loch im Knie gehabt. Ich war damals Schüler des Maxgymnasiums, zu mehr oder weniger Hoffnungen berechtigend.

Die wenigeren haben sich inzwischen erfüllt, die mehreren stehen noch aus, deshalb ist das Leben so spannend. Übrigens war ich schon damals bei meinen Lehrern nicht so sehr wegen meiner Kenntnisse der lateinischen Grammatik als wegen meiner Zauberkunststücke berühmt, ja, ich darf mit einem gewissen Stolz sagen, daß die Lehrer – von der Zauberei sichtlich beeindruckt – mir wiederholt nahelegten, die Beschäftigung mit der lateinischen Grammatik lieber ganz aufzugeben. – Aber wohin gerate ich!

Mein Vater also erwischte mich gerade noch beim Rockkragen, doch die Bemerkung, die er vermutlich machen wollte, unterblieb, denn er mußte grüßen und ich zog natürlich ebenfalls meine Mütze.

Diesen Augenblick habe ich nun lange und umständlich genug angesteuert, es kommt wohl von meiner Vorliebe für Straßen und Umwege, verzeihen Sie.

EUGEN ROTH

Ein Erlebnis

Ein Mensch, der kürzlich ganz privat
Spazieren gehn in München tat,
An Leute aus Versehn geriet,
Die standen wo, in Reih und Glied.
Der Mensch wollt ahnungslos vorbei –
Doch schon erhob sich ein Geschrei
Und drohend wurde er gebeten,
Bei seiner Gruppe einzutreten.
»Wie?« denkt der Mensch, »das ist mir schnuppe,
Ich? Ich gehör zu keiner Gruppe!«
Er protestierte – doch vergebens:
Schon ward, trotz seines Widerstrebens,
Der Mensch mit abgezählt zu vieren
Und – Zeit war keine zu verlieren –
Nach Berchtesgaden abgerollt – –
Wo er ja gar nicht hingewollt.
Dort ward er pausenlos und stramm
Mit abgewickelt im Programm,
Mit allen Sorten von Vehikeln,
Daß, selber sich herauszuwickeln,
Der Mensch nicht fand den rechten Kniff:
Er fuhr mit Bahn, Bus, Lift und Schiff;
Und hat zum Schluß, schon halb betäubt,
Sich auch nicht länger mehr gesträubt.
Als unfreiwilliger Ersatzmann
Sah er den Königssee und Watzmann
Und ward auch, gegen Mitternacht,
Nach München heil zurückgebracht.

*

Am Friedensengel

Der Springquell, windverweht
Plätschert die Stufen naß.
Der Himmel darüber steht
So müd, so blaß.
Wie das Geranienbeet
Üppig in Farben prahlt
Als wär der Herbst noch hold.
Welt, ach, vergebens malt
Welkes Gesicht sich kraß...
Die Birke, sturmgedreht
Mit rasch blinkendem Gold
Des Sommers Freuden bezahlt...
Lust, die sich ausgelebt,
Leid, das im Herzen sitzt:
Name bei Namen webt
Hier, in den Stein geritzt,
Der, wie von Tränen glatt,
Steilauf als Brüstung strebt.
Wunschwort und heißer Kuß
Hängt noch in Lüften matt,
Weinfeucht am Boden klebt
Blatt neben Blatt.
Still, aus den Nebeln blitzt
Glasgrün der Isarfluß.
Golden die Schwinge hebt
Stumm jetzt der Engel, schwebt
Über der Stadt...

Wugg Retzer

Im roten Licht von Schwabylon

Wo im Schein der Neonleuchten am Randstein neben den Straßenkreuzern des Fremdenverkehrs ein herziger Dixi steht wie das zusammengebastelte Gartenhäusl eines Kleinsiedlers neben freifinanzierten Herrschaftsvillen, da findet sich garantiert in unmittelbarer Nähe ein Sündenpfuhl von Schwabylon. Als Schwabing noch ein Dorf war, mag an derselben Stelle ein feuchter Mistwagen abgestellt gewesen sein, dessen Kutscher auf eine Stehhalbe eingekehrt war; aber zu dieser Zeit war das heutige Nachtlokal ja auch noch ein ganz gewöhnliches Bauernwirtshaus.

Nichts davon ist geblieben. Sündiges rotes Licht erfüllt heute den Raum, an dessen Wänden ein Kunstmaler die Zerrissenheit des modernen Menschen verdeutlicht und das Gerümpel überkommener Anschauungen dem Gelächter der aufgeklärten Zeitgenossen preisgegeben hat. Der moderne Mensch ist für ihn ein Mannequin im Evaskostüm, und die Zerrissenheit ist ihm geglückt. Über der Bar befindet sich der Brustkasten der Dame mit einem leeren Vogelhäusl an Stelle des Kopfes, der abhanden gekommen ist. Ein Arm, mit Seegras gefüllt und mit einem Lilienstengel in der Hand, hängt über dem Wegweiser zur Toilette, ein Bein, das in den Zehen ein Büschel Radieschen hält, neben dem Klavier. Die Rückenpartie ruht über dem Garderobenständer auf einer Wolke aus Paradiesvögeln. Der Kunstmaler arbeitete auf Naturallohn, zechfrei und als Kostgänger. Als das Honorar abgespeist war, verließ er das Künstlerlokal, und seitdem hat es kein Künstler mehr betreten.

Aber der Ausfall dieser Hungerleider tut dem Geschäft keinen Abbruch. Sie werden vollwertig von bärtigen

schwabylonischen Jünglingen ersetzt, die Sherlock-Holmes-Pfeifen rauchen und nie ohne ungekämmte Begleiterin erscheinen. Gäste aus Hannover oder Fulda spüren bei ihrem Anblick ein wohliges Gruseln den Rücken hinunterschauern, das sich angesichts des Dekolletés der Wirtin zu einer Benommenheit steigert, in der die Preise auf der Getränkekarte ihre Schrecken verlieren. Jetzt tritt die Kapelle in Aktion und lockt eine Sängerin auf den Plan, die mit rostiger Gießkannenstimme von schwülen Sommernächten auf Hawaii erzählt und ihren Wuchs bewundern läßt wie eine Kokospalme am fernen Strand der Südsee.
Höllisch funkelt der Wein unter dem roten Licht. Die Verruchtheit steigt, wenn der bärtige Jüngling, der bisher fast regungslos in der Ecke saß, sich erhebt, als gälte es einen diskreten Gang anzutreten, und zum Tanze schreitet. Mechanisch folgt ihm die zottige Walküre von Schwabylon. Am Rand der Tanzfläche stehen sie müde und ergeben, von Tönen umjault, bis der Geist sie überfällt. Dann legen sie los mit der Präzision einer Maschine, die funktioniert, auch wenn sie leer läuft, und lassen tanzlustigen Gästen nur noch die Chance, sich neben dieser Perfektion provinziell und bürgerlich rückständig zu blamieren. Aber wer bliebe nicht sowieso gebannt an seinem Tisch, wenn Jung-Schwabylon eine solche Show aufzieht?
Da knistert der Sex, da glüht die Sünde, gefriert die Gänsehaut. Ja, so unbeschreiblich toll geht es zu im roten Licht von Schwabylon – wenn man dem glauben darf, was der Gast aus Fulda nach dem Urlaub daheim erzählt...

GÜNTER EICH

Gegenwart

An verschiedenen Tagen gesehen,
die Pappeln der Leopoldstraße,
aber immer herbstlich,
immer Gespinste nebliger Sonne
oder von Regengewebe.

Wo bist du, wenn du neben mir gehst?

Immer Gespinste aus entrückten Zeiten,
zuvor und zukünftig:
Das Wohnen in Höhlen,
die ewige troglodytische Zeit,
der bittere Geschmack vor den Säulen Heliogabals
und den Hotels von St. Moritz.
Die grauen Höhlen, Baracken,
wo das Glück beginnt,
dieses graue Glück.

Der Druck deines Armes, der mir antwortet,
der Archipelag, die Inselkette, zuletzt Sandbänke,
nur noch erahnbare Reste
aus der Süße der Vereinigung.
(Aber du bist von meinem Blute,
über diesen Steinen, neben den Gartensträuchern,
ausruhenden alten Männern auf der Anlagenbank
und dem Rauschen der Straßenbahnlinie sechs,
Anemone, gegenwärtig
mit der Macht des Wassers im Aug
und der Feuchtigkeit der Lippe –)

Und immer Gespinste, die uns einspinnen,
Aufhebung der Gegenwart,
ungültige Liebe,
der Beweis, daß wir zufällig sind,
geringes Laub an den Pappelbäumen
und einberechnet von der Stadtverwaltung,
Herbst in den Rinnsteinen
und die beantworteten Fragen des Glücks.

CARL AMERY

Putz beißt an

Ich stieß auf Putz im Delikatessenladen Kraus in der Maximilianstraße – es gibt nette kleine Lunches dort. Putz aß ein Paar Frankfurter Würstchen mit Gulaschsoße; er schob eine halbe Frankfurter auf einmal in den Mund und schluckte sie sofort hinunter. Klipp, klapp, klipp, klapp, die Proteinzufuhr war vorbei – dann schnappte er sich ein Brötchen, brach es in kleine Stücke und wischte damit die Gulaschsoße aus der Platte. Gräßliche, schaudervolle Poverté, das wars. Äußerst eindrucksvoll. Sein Trenchcoat war noch zerfranster als in der Zeitrechnung Prohmiller, und in seine Wangen, die der liebe Gott schön rund gemacht hatte, waren von der Nasenwurzel bis zum Kinn böse Falten eingegraben. Sie kamen nicht nur vom Existentialismus, sondern hauptsächlich vom schlechten Essen. Putz – so kann man sagen – war ein Wrack.
Ich bestellte was mit Yoghurt (damals hatte ich noch Anfälle von Schlankheitssehnsucht – eine schäbige Konzession an die Zeit, von der ich mich mittlerweile freigemacht habe). Ich setzte mich zu ihm, obwohl es ihm nicht ganz paßte, aber mir paßte es. Schließlich mußte etwas für ihn getan werden. Die Planet war nichts für ihn gewesen, und Prohmiller auch nicht; Putz ist ein Ästhet, er hat über was Griechisches promoviert – El Greco, glaube ich. Für ihn kam immer nur eine Position von wirklich geistigem Format in Frage. Und ich hatte schon meinen Plan für ihn.
»Was machst du, Putz?« fragte ich vorsichtig.
»Ich esse Frankfurter mit Gulaschsoße«, erklärt er düster und wischte mit einem weiteren halben Brötchen den Rest der Soße auf. Er war nicht in mitteilsamer Stimmung. Aber ich hatte meine Mission, ich fragte weiter: »Und dann?«

»Fahre ich fort, mich wegzuwerfen«, brummte er und aß die zweite Hälfte des Brötchens trocken, mit etwas Salz und Worcestershire-Sauce darauf. Es drehte einem das Herz im Leibe um, bei so etwas zuzusehen. Und er hatte meine Grashoppers immer so gerne getrunken! »Ich gebe amerikanischen Offiziersfrauen Unterricht in art appreciation. Kunstbetrachtung, wissen Sie. Naja, ich bekomme Geld dafür.«

»Du ißt jetzt noch ein Paar Frankfurter«, bestimmte ich freundlich, aber fest. »Was hat es für einen Sinn, sich wegzuwerfen, wenn man dabei verhungert? Dann hättest Du gleich bei Proh bleiben können – er klappert schon mit den Liebeskastagnetten.«

»Ich kann nichts mehr essen, ich habe einen Kater.« Er runzelte die Stirn, als ob er Kopfweh hätte. »Ich war gestern in Schwabing, habe Wodka mit Orangensaft getrunken. Schwabing ist übrigens sehr langweilig. Schwachsinnige Mädchen tragen Kästner-Gedichte vor, sie meinen, das sei revolutionär – und dann tanzen sie.«

»Waren sie wenigstens munter?«

»Die Kästner-Gedichte?«

»Nein, die Mädchen.«

»Die Mädchen!« Er machte eine müde Handbewegung. »Ich habe mit *einer* möglichen Blondine getanzt – ihre Büste war allerdings kommerziell verbessert –, und sie erklärte, Rock'n'Roll sei ihr zu wenig spirituel. Jawohl, sie sprach es französisch aus – *spirituel.* Jaja, man flirtet eben, man tut seine Pflicht.«

Ich war erschüttert. Hier bahnte sich der völlige Zerfall einer vielversprechenden Persönlichkeit an. Es war höchste Zeit. »Das alles macht Dir doch hoffentlich keinen Spaß?«

Er sah mich prüfend aus blaumarmorierten Augen an: »Spaß? Wir sind nicht auf Erden, um Spaß zu haben. Sie sollten Ihren Heidegger lesen, Frau Isa.« Inzwischen war das zweite Paar Würstchen eingetroffen und mein Yoghurt; er aß jetzt etwas langsamer; aber der Kater – wenn es ihn gab – hatte seinen Appetit nicht ruiniert. »Ich werfe mich weg«, erklärte er kauend, »weil ich mich in die Freiheit entwerfe. Ich bin schon an dem logischen Problem interessiert. Wer wirft wen, wenn man sich wegwirft? Und was ist ›weg‹? Wo ist man, wenn man ›weg‹ ist? Eine gründliche semantische Schlamperei, vermute ich. Aber schließlich beruhen fünfundneunzig Prozent aller Ideale auf semantischer Schlamperei. Wie dem auch sei – ich betrachte leidenschaftslos den steigenden Nikotinteer-Spiegel in meinen Lungen, und ich liebkose meine Nervenenden, die schon leicht zerfransen.«

Er hatte sogar einen philosophischen Dreh für sein Versumpfen gefunden. Diese Jugend – wie sie sich verschwendet! Seinerzeit – in meiner Backfischzeit – wars Langemarck, dann Großdeutschland, und jetzt gar noch Heidegger. Auf was sie nicht alles kommen, um sich zu verschleudern! Aber den Unsinn konnte ich nicht durchgehen lassen. »Hör zu, Putz«, sagte ich militärisch (und das kann ich), »der Unsinn ist jetzt zu Ende. Du brauchst eine Position von wirklich geistigem Format. Du bist schließlich ein Ästhet – hast über El Greco promoviert, oder? Na also. Und ich weiß auch, wo man Dich braucht. Komm, los, die Würstchen zahle ich, Handgeld sozusagen.«

Er machte ein hilfloses und verdrießliches Gesicht – aber er ging mir nicht durch, er war schon zu weit hinuntergerutscht. *Art appreciation!* Er konnte es einfach nicht abschlagen, die Würstchen bezahlt zu bekommen, und damit hatte ich auch gerechnet.

Wir stiegen in meinen alten, feuerroten MG, und auf der kurzen Fahrt in die Von-der-Tann-Straße erzählte ich ihm kurz das Wichtigste über Charlie Grunding…

Erich Kästner

Münchner Alltag

Der Journalist hat, wie der Name sagt, dem Tag auf die Finger zu sehen. Der Redakteur hingegen kehrt der Welt den Rücken und liest. Wenn nun der Redakteur, wie es gar nicht selten vorkommt, ein Journalist ist, gerät er in eine jener Zwickmühlen, die der selige Kant Antinomien und Herr von Kalau Kantinomien genannt hat. Er sieht den Wald vor lauter zu Druckpapier verarbeiteten Bäumen nicht mehr. Eine papierdünne Wand, dicker als Klostermauern, trennt ihn vom Leben, über das seine Zeitung unermüdlich berichtet. Ein einziges Mal im Quartal nimmt er die Lesebrille aus dem Gesicht und verläßt gemessen das Büro. Dann begibt er sich zum Haarschneiden.

Gestern war mein Quartal wieder einmal um. Bewegt nahm ich von den Kollegen Abschied und schritt, von Locken bis zur Schulter umwallt, ins Leben hinaus. Ein Buch, ›Tropic of Cancer‹ von Henry Miller, trug ich vorsorglich unterm Arm. Wie leicht kann die Welt den Redakteur enttäuschen! Dann ist es gut und nützlich, wenn er Lesestoff bei der Hand hat.

Der Himmel war, falls ich mich recht entsinne, frostig blau und blankgescheuert. Kräne reckten ihre Giraffenhälse aus den Trümmern, bückten sich kreischend und gruben ihre eisernen Mäuler gefräßig ins Gewesene. Die Gehsteige waren fast überall entrümpelt. Ja, man hatte die Schutthaufen vielerorts bereits durch neue Verkehrshindernisse ersetzt! Geschichtete Ziegel, Sand und Kies, knusprig und frisch, harrten der Maurer. Wie anders wirkt dergleichen auf uns ein! Die Schutthaufen der Vergangenheit stimmten uns düster und böse. Die der Zukunft gewidmeten Mörtelhäufchen auf dem Trottoir machen uns lächeln. Es ist eine

Lust, ihnen auszuweichen. Wenn sie nur größer wären! Mit welcher Wonne wollten wir klettern und stolpern und Haken schlagen und uns, wie fromme Inder von Elefanten, auf der Straße von ziegelbeladenen, zukunftsträchtigen Lastautos... Nein, das ginge wohl etwas zu weit. Aber eins ist wahr: Die funkelnagelneuen Nachwuchshügelchen aus Sand und Kies erfrischen Auge und Herz, als wären's die ersten Veilchen. Man geht wie auf Zehenspitzen an ihnen vorüber. Vivant, crescant, floreant!

Ich schritt fürbaß. In zugigen Torbögen, in fensterlosen Ladenecken, an wackligen Tischen mitten auf den Straßen hielten traurige Gestalten Lockenwickler feil, Fleckenwasser, eiserne Streichholzhülsen, Feuersteine, Knöpfe und klägliches Spielzeug. Es hätte mich nicht gewundert, wenn leicht zu rührende Passanten beim Anblick von soviel Armseligkeit in Tränen ausgebrochen wären. Doch die Empfindsamen schienen heute keinen Ausgang zu haben. Oder sie starben gerade aus.

Ich riß mich von dem trüben Anblick los und tat das, was jeder rechtschaffene Redakteur tut, wenn er seine papierene Welt endlich einmal verlassen hat und mitten ins pulsierende Leben tritt: Ich blieb vor den Buchläden stehen.

Da gab es viel zu bestaunen. Nicht eben Bücher, aber Stahlstiche und Kunstblätter und alte Landkarten und Aquarelle und unverkäufliche Mappenwerke – es konnte einem schon das Herz lachen, falls sich das Auge nicht auf Bücher, womöglich Neuerscheinungen, kaprizierte. Antiquarisches gab es eher. Zwei Foliobände über das ›Arteriensystem der Japaner‹, ein broschiertes ›Bekenntnis zur Radikal-Humanität‹, eine kartonierte ›Trennung von Staat und Kirche in Frankreich‹, aus dem Jahr 1907, und, Wunder über Wunder, ›Goethe und Schiller, je fünf Bände‹! Fast wäre ich mitten durch die Glasscheibe in den Laden gestürzt, da las ich im letzten Moment auf dem Pappschild-

chen, das an den zehn Bänden lehnte: »Nur im Tausch gegen Nietzsche und Rilke.« So blieb die Scheibe heil.
Still und bescheiden ging ich zur Lektüre von Plakaten und anderen Anschlägen über. »Flüchtlinge, Ausgewiesene! Heraus aus eurer Lähmung! Im Mathäser-Bräu spricht zu euch: Flüchtling Kurt Weidner, früher Breslau. Freie Diskussion.«
An einer anderen Säule riet die Deutsche Friedensgesellschaft zum Besuch einer Versammlung, die ›für Pazifisten und Interessenten‹ von Wichtigkeit sei. Am Kaufhaus Oberpollinger versicherten zahllose Zettel: »Unser Personal ist angewiesen, Ihnen alle vorrätigen Waren bereitwilligst zu zeigen und Sie recht höflich zu bedienen.«
Welch ein Zeitalter! Schiller wird gegen Rilke getauscht. Flüchtling ist ein Beruf geworden. Der Pazifismus sucht Interessenten. Und beim Oberpollinger wird man laut Anschlag höflich bedient!
Dicht vor dem Friseurgeschäft, dem ich zustrebte, stand ich noch einmal still. An einem Bauzaun klebte ein handgeschriebenes Papier, und ich las: »Electric tattooing in all kinds of colours. P. Holzhaus, Munich, Bayerstreet 55.« Dieser Herr Holzhaus aus der Bayerstreet in Munich, der sich sogar hinsichtlich seines Familennamens auf der Höhe der Zeit befand, war ein heller Kopf. Wahrhaftig, man könnte zu ihm gehen und sich von ihm elektrisch tätowieren lassen. Schön bunt und haltbar. Das wäre noch eine Möglichkeit, den Angehörigen und den Bekannten ab und zu eine kleine Freude zu bereiten. Wenn sie allzu deprimiert wären, würde man ihnen wenigstens etwas Abwechslung bieten können! Zum Beispiel die Arche Noah, die sich, von einer Taube umkreist, aus den blauen Fluten hebt. Oder einen Mann, der Briketts bringt. Oder einen Spruch von Goethe, den man gegen einen Spruch von Nietzsche eingetauscht hat. Oder einen immergrünen Baum, auf dem rote Äpfel und schwarze Halbschuhe wach-

sen. Oder... Man müßte nur viel größer und breiter von Statur sein, als ich's bin. Damit auf der Haut für Mister Holzhaus und seine heiter farbige, elektrisch betriebene Stichelkunst genügend Platz wäre.

Im Friseursalon mußte ich lange warten. Beim Friseur muß man immer lange warten. Ein Bekannter von mir hat ausgerechnet, wie groß die männliche Bevölkerung auf der Erde sein muß, wenn in jeder Haarschneiderei, bei achtstündiger Arbeitszeit, immer sechs bis acht Männer darauf warten, daß sie endlich an die Reihe kommen. Dabei hat sich herausgestellt, daß es viel mehr Menschen geben muß, als statistisch vermutet wird! Doch das bleibt, bitte, unter uns.

Unter den Wartenden befanden sich einige junge Herren, die mir besonders auffielen. Sie trugen schöne, neue Anzüge aus besten englischen Stoffen. Besonders apart wirkten die Jacketts. Sie reichten den smarten Jünglingen bis in die Kniekehlen und ähnelten am ehesten kleinen, dreiviertellangen Mänteln. Ich nehme an, daß es sich hierbei um etwas Modisches handelte. Einige der jungen Herren sprachen französisch. Es waren aber keine Franzosen. Zwei andere antworteten bayerisch. Das waren Bayern. Auch ihre Haartracht hatte ihre eigene Note. Es war eine Art von Windstoßfrisur, die auf dem Hinterkopf zu gleichen Teilen und von beiden Seiten her nach der Mitte zusammengekämmt wird. Sie benahmen sich ganz, als seien sie zu Hause. Am Ende ließen sie sich jeden Tag die Haare schneiden? Andererseits, wo nimmt man dafür die nötigen Haare her? Vielleicht gingen sie aber auch Geschäften nach, die mit Maniküren und Shampoonieren verhältnismäßig wenig zu tun haben? Es wollte mir nicht gelingen, dem Geheimnis dieser seltsamen Frisiersalonlöwen auf die Spur zu kommen. Und so wandte ich mich dem Buche zu, das ich bei mir hatte.

Währenddem stutzte mir, ohne daß ich's recht gewahr

geworden wäre, ein Mädchen die Fingernägel. Dann schnitt mir ein freundlicher Mann in einem weißen Kittel die Haare. Erst als er mich fragte, ob er mir die Spitzen abbrennen solle, fand ich mich aus dem Buch, das in Paris spielt, nach München zurück. Die Spitzen abbrennen? Ja, der Fettmangel unserer Ernährung begünstige das Ausfallen und Brechen der Haare, und das Abbrennen der Spitzen wirke dem entgegen. Ich bin kein Spielverderber und sagte: »Brennen Sie!« Er entzündete ein Wachshölzchen und begann, meinen Kopf sorgfältig in Brand zu setzen. Erst knisterte es, als würden Wunderkerzen angesteckt. Das war schon sehr schön. Später roch es, als würde eine gerupfte Gans abgesengt. Das war noch viel schöner und fast wie Weihnachten. Hinterher wusch er das, was mir trotz Schneiden, Sengen und Brennen an Haaren verblieben war. Dann setzte er den Fön in Betrieb. Und als ich das Geschäft verließ, glitzerten über den Ruinen längst die Sterne...

Marietta di Monaco

Schwabinger Glaubensbekenntnis

Schwabing ist ein Pol für geistig gesteigertes Sein und Leben.
Es gibt kein Thema, dem Schwabing nicht gewachsen wäre.
Schwabing ist nicht tot und wird nie sterben.
Schwabing ist international und spricht alle Farben, Töne und Sprachen der Erde.
Es liebt alles Exotische, Originelle, Neue und Fremde.
Schwabinger kann man nicht werden, Schwabinger muß man sein.
Beim Schwabinger ist ein gewisser geistiger Reifezustand Voraussetzung.
Man kann von dem Schwabinger in sich gar nicht gewußt haben und kann ihn plötzlich über Nacht entdecken.
Schwabinger sein ist ein Geschenk der Götter und wird durch eine gütige Fee bei der Geburt eines Kindes in dessen Wiege gelegt.
Der Schwabinger ist kein Herdentier.
Unerkannt geht er durch Armut und Einsamkeit.
Unerkannt geht er durch den Luxus der Hochfinanz.
Und unerkannt geht er sogar durch Schwabing...
Schwabinger sind Erdbewohner und Götterkinder zugleich.
Schwabinger sein ist ein seliger Zustand, der keinen Platz hat in engen Gehirnen.
Es gibt wenig zeitgenössische Dichter und Künstler deutschen Ursprungs, die nicht den Zustand Schwabing durchlebt, durchwandert oder durchtaumelt hätten.
Kennen tun sie ihn alle.
Der echte Schwabinger hat Bekennermut.

Er hat den Mut zum Leben und zum Leben über das irdische Leben hinaus.
Der läuternde Wermutkelch wird ihm Trost und Allheilmittel.
Unbekümmert lernt er sein Schicksalsschiff steuern.
Vorurteile werden über Bord geworfen.
Unwandelbar kennt und verfolgt er seine Richtung.
Vertrauen und Sorglosigkeit leuchten ihm wie führende Sterne.
Als Schwabinger braucht man nicht in Schwabing geboren sein.
Der Schwabinger ist an keinen Ort gebunden, und manchmal wächst er sogar über Raum und Zeit hinaus...

HANS-JOCHEN VOGEL

Thomas Wimmer und ich

Als ich Thomas Wimmer das erste Mal sah, war er vierundsechzig Jahre alt und seit sieben Jahren Oberbürgermeister der Münchner Stadt. Ich wohnte damals als blutjunger Referendar mit meiner Frau am Schießplatz in Freimann und hatte ihm wegen des miserablen Zustands der Heidemannstraße einen Brief geschrieben. Mit einer Antwort hatte ich eigentlich kaum gerechnet. Es kam auch keine. Statt dessen kam er an einem regnerischen Samstagvormittag selbst mit einem Oberbaurat, ließ mich aus meiner Wohnung holen und eröffnete das Gespräch mit einem grantigen »So, Sie ham mir g'schriem.« Dann frug er: »Wo sind denn die Badwanndln?« Auf meine Erläuterungen hin brummte er mißmutig, stapfte aber dann doch die Straße entlang und räumte schließlich ein, daß etwas geschehen müsse. Es geschah auch etwas. Drei Monate später war die Straße zumindest provisorisch gerichtet. Die Sache hat mich damals sehr beeindruckt. Und das Bild, wie der Oberbürgermeister von München in einem alten Lodenmantel und mit einem Gesicht, das schon damals einer Landschaft glich, im Regen die Schlaglöcher der Heidemannstraße inspizierte, weil ein vierundzwanzigjähriger Bürger ihn darum gebeten hatte, steht mir noch heute vor Augen.

In den folgenden Jahren bin ich Thomas Wimmer gelegentlich bei Parteikonferenzen und in der SPD-Landtagsfraktion begegnet. Allerdings ergriff er dort nur selten das Wort. Wenn er sprach, tat er es zunächst ganz leise und von seinem Platz aus. Dann erhob er aber seine Stimme immer mehr und bewegte sich dabei langsam in Richtung auf den Vorsitzenden. Am Schluß seiner Rede stand er meist unmittelbar vor dem Vorsitzenden und füllte mit seinem machtvollen Organ den ganzen Raum.

In seinem Arbeitszimmer im Rathaus war ich das erste Mal einige Zeit vor den Kommunalwahlen 1956. Eine Münchner Zeitung hatte ihn gerade unter der Schlagzeile »Wimmer soll abdanken! München braucht einen Bürgermeister und keinen Bieranzapfer« in verletzender Weise angegriffen. Der damalige Ministerpräsident Dr. Hoegner schickte deshalb seinen persönlichen Mitarbeiter und mich mit dem Auftrag zu ihm, ihn zu besänftigen und ihm von einer allzu scharfen Reaktion abzuraten. Thomas Wimmer war aber ganz ruhig, als wir zu ihm kamen. »Der Dreck regt mich gar nicht auf«, sagte er, und: »Bei der Wahl wird es sich schon aufweisen, ob ich für die Müchner nur ein Anzapfer bin.« Es wies sich auf. Trotz seiner nahezu siebzig Jahre wählten ihn die Münchner mit großer Mehrheit ein drittes Mal zum Oberbürgermeister.

Ab Juni 1958 habe ich als Rechtsreferent Thomas Wimmer fast täglich gesehen und in vielen Sitzungen erlebt. Seine Glanzzeit ging damals wohl schon zu Ende. Seine Gesundheit war nicht mehr die beste, und die zunehmende Herrschaft der Paragraphen war ihm ebenso unheimlich wie das immer raschere Tempo der Entwicklung. Aber manchmal blitzte die alte Meisterschaft noch durch. So wenn er sich im Plenum des Stadtrats absichtlich versprach (»Warum regen Sie sich auf, Herr Kollege, an Ihrer Unglaubwürdigkeit hat doch niemand gezweifelt«) und so alle Lacher auf seiner Seite hatte oder wenn er voll Lebensklugheit den Stadtrat dadurch zu der von ihm gewünschten Entscheidung brachte, daß er sich scheinbar auf die Seite der Widersacher stellte.

Dem Rechtsreferenten war er zu dieser Zeit nicht sonderlich zugetan. Juristen mochte er ohnehin nicht besonders und junge Leute hatten seiner Meinung nach die ersten Jahre über hauptsächlich nur zuzuhören. Da ich diese

Regel nicht gerade streng befolgte, zog ich mir manchen Tadel aus seinem Munde zu. Auch Dritten gegenüber äußerte er sich recht kritisch über die »neumodischen Bräuche«, die der junge Vogel im Rathaus einführen wolle. Er war deshalb auch von meiner Nominierung als Kandidat für seine Nachfolge wenig begeistert. In seiner Geradheit und Ehrlichkeit machte er daraus auch gar kein Hehl. Auf einer Wahlversammlung sagte er vielmehr ohne viel Umschweife: »Der Dr. Vogel ist schon noch sehr jung. Aber ihr könnt ihn euch vielleicht noch so herziehen, wie ihr ihn braucht.« Und auch auf einer Pressekonferenz drei Tage vor der Wahl meinte er geradeheraus, daß er an Stelle des Dr. Vogel lieber einen anderen Kandidaten gesehen hätte. Aber noch in der Wahlnacht schmolz das Eis. Er akzeptierte das Urteil der Münchner und anerkannte allmählich auch, daß sich sein Nachfolger jedenfalls Mühe gab. So kamen wir uns bald auch menschlich näher, und ich spürte mehr und mehr, daß Thomas Wimmer im Grunde ein gütiger und sehr feinfühliger Mensch war. Besonders deutlich wurde mir das, als er mich während meiner Krankheit im Sommer 1963 in kurzen Abständen im Krankenhaus besuchte, mir rührende Geschenke aus dem eigenen Garten mitbrachte und mich in vornehmer Weise über mein Mißgeschick zu trösten suchte.

Dann kam seine Krankheit, die er mit großer Geduld ertrug. Unvergeßlich bleibt mir, wie er sich – nicht zuletzt dank der Hilfe seiner treuen Frau – immer wieder aufraffte, wie er – den Tod schon vorausahnend – beim Oktoberfest 1963 das letzte Mal anzapfte und kurz darauf das letzte Mal mit mir zusammen in der Kutsche beim Oktoberfestzug durch die Stadt fuhr, von den Münchnern umjubelt wie ein ungekrönter König oder eher noch wie ein guter Vater. Am 7. Januar 1964, seinem siebenundsiebzigsten Geburtstag, war ich zusammen mit den beiden Bürgermeistern in seiner Wohnung in der Bruggspergerstraße, um ihm zu gratulieren. Er war auffallend lebhaft und erzählte mit fester Stimme seine Lebensgeschichte, von seiner harten Jugend über die wegen der Armut seines Vaters abgebrochene Holzbildhauerlehre, die Militärzeit in Metz, den Eintritt in den Stadtrat, die bitteren Jahre nach 1933 bis hin zur Holzaktion, zur Schutträumung und den zwölf Jahren als Oberbürgermeister. Elf Tage später, am 18. Januar 1964, ist er gestorben, ohne viel Aufhebens, während die Schwester für ein paar Minuten nicht in seinem Zimmer war.

Das sind meine Erinnerungen an Thomas Wimmer, an einen Mann, der schon zu seinen Lebzeiten ein Stück Münchner Geschichte geworden ist; an einen Mann, dem München unendlich viel, nämlich die Erhaltung seiner Eigenart in der Zeit des Wiederaufbaus zu verdanken hat, der, so wie er war, aber wohl auch nur in München wachsen und wirken konnte. Wer an München denkt, wird fortan auch an ihn zu denken haben.

Werner Heisenberg

An der Universität

Wenn andere Universitäten etwa als Stätten des soliden Fachwissens oder als Ausgangspunkt neuer Entwicklungslinien in der Forschung berühmt wurden, so zeichnete sich die Wissenschaft in München vor allem durch eine menschliche Unmittelbarkeit und Lebendigkeit aus, die auf dem Nährboden einer sehr konservativen, im Katholizismus der heimischen Bevölkerung wurzelnden Geistigkeit erstaunlich gut gedeihen konnte. Die Sinnenfreude der bayrischen Barockkirchen hatte sozusagen ihr weltliches Gegenstück in der Freudigkeit, man kann fast sagen Heiterkeit der wissenschaftlichen Arbeit an den Hochschulen, und beide hingen in irgendeiner Weise zusammen mit dem Licht, das an Sonnentagen die Wiesen und Bergketten des südlichen Bayern überflutet.

Diese Verbundenheit mit dem Land und mit den Bergen wirkte sich bis in das Leben an den Instituten und Seminaren hinein aus. So etwa, wenn mein Lehrer Sommerfeld mit einigen seiner jungen Physiker auf die Institutshütte am Sudelfeld zog, um dort Skilauf und wissenschaftliches Gespräch zu verbinden, oder wenn der oberste Raum im mächtigen Turm des physikalischen Instituts anläßlich einer Faschingsfeier zur Skihütte erklärt wurde und der Turm daher von den Alpinisten nur von außen bestiegen werden durfte.

Es ist mir zugleich aus der damaligen Zeit – dem Anfang der zwanziger Jahre – auch aufs deutlichste in Erinnerung, wie sehr sich das Leben der Universität und der oft aus dem Norden kommenden Professoren im Kontakt mit den Münchner Mitbürgern abspielte. So war es für Sommerfeld, der ebenso wie der Maler Corinth aus Ostpreußen stammte, längst zur Gewohnheit geworden, vor den physikalischen Kolloquien mit jüngeren oder älteren Physikern zusammen im Hofgarten zu sitzen und dort Kaffee zu trinken wie so viele andere Münchner. Dabei wurden die physikalischen und mathematischen Probleme diskutiert, die gerade im Mittelpunkt des Interesses standen, und gelegentlich bedeckte sich der Marmortisch, auf dem der Kaffee serviert worden war, mit langen mathematischen Formeln. Es wurde mir damals erzählt, einmal habe Sommerfeld seine Rechnungen auf dem Marmortisch mit einem komplizierten Integral abbrechen müssen, das nun nicht mehr ausgerechnet werden konnte, da nur noch wenige Minuten bis zum Beginn des Kolloquiums in der Universität blieben. Als Sommerfeld einige Tage später mit seinen Schülern wieder dort Kaffee trank und zufällig an den gleichen Marmortisch geraten war, stand die Rechnung mit dem komplizierten Integral noch dort, aber die Lösung war in einigen Zeilen darunter geschrieben. Inzwischen hatte ein anderer Mathematiker der Münchner Universität – ich glaube, es soll Herglotz gewesen sein – am gleichen Tisch seinen Kaffee getrunken und sich die Zeit mit der Auflösung des Integrals vertrieben.

Als vor einigen Jahren der Atomreaktor der Technischen Hochschule bei Garching eingeweiht wurde, waren nicht etwa nur einige Würdenträger des Staates, der Stadt und der Hochschulen versammelt. Es war im Gegenteil ein Volksfest, an dem auch die Einwohnerschaft Garchings voll beteiligt war und an dem die bayrischen Nationalgerichte zu den Klängen einer Trachtenkapelle verzehrt wurden.

Wissenschaft und Kunst haben in München immer ein Element von Romantik bewahrt. Auch die abstrakteste Malerei in München hat noch Licht und Farbe von den Wiesen und Seen des durchsonnten Voralpenlands empfangen. Als Arnold Sommerfeld, der mit der mathematischen Strenge der klassischen Physik so wohlvertraut war, auf die neuen und noch ungeklärten Zusammenhänge der Quantentheorie stieß, begeisterte er sich so an den geheimnisvollen ganzzahligen Beziehungen in den Experimenten über die Spektrallinien, daß seine Vorlesungen an die hymnischen Äußerungen zur Harmonie der Sphären erinnerten. Auch als seine Kritiker ihm Zahlenmystik und Schwärmerei vorwarfen, als von ihm gesagt wurde: »Sind's ganze Zahlen, geh zu Sommerfeld«, konnte das seine Freude nicht stören; denn in München nehmen wir die Dinge nie ganz ernst, und doch wieder ganz ernst, und am Schluß hat Sommerfeld sehr viel mehr recht behalten als seine Kritiker.

Georg von der Vring

Nymphenburger Herbst

Bald, vor dem frostigen Wetter,
Am nebeldunstigen Tag,
Kommt um die steinernen Götter
Wieder ein Bretterverschlag.

Die sich hier sommers entzückten:
Demeter, Bacchus, Merkur –
Morgen tönt den Entrückten
Leiser die Giebeluhr.

Unter den Kuben stehn sie
Nackt, in gelassenem Stolz;
Winterschäden entgehn sie
Hinter Wänden aus Holz. –

Unsre vertrackten Gestalten,
Die mit dem Fleisch und Bein
Leidlich sollen haushalten
Brauchen ein Haus von Stein.

München wie es ist und bleibt

Mitten in Bayern, dort wo grundlos die Autobahn aufhört, fängt München an. So wie der Krieg die Fortsetzung der Politik mit anderen Mitteln ist, so ist München die Fortsetzung des Autobahnverkehrs mit anderen Mitteln. Zu diesem Zweck verwenden seine Verkehrsstrategen spielautomatenartige Ampeln, die zu gleicher Zeit in den überraschendsten Kombinationen nach den verschiedensten Seiten aufleuchten und Fußgänger und Autofahrer gemeinsam auf den trügerischen Zebrastreifen locken. Deshalb werden die Fußgänger auch nicht einfach aufgefordert zu »gehen«, sondern »vorsichtig zu gehen«, weil die Verkehrsregler anscheinend ihrer eigenen Regelung nicht über den Weg trauen. Dessenungeachtet brandet der Verkehr einer Weltstadt durch die ausgewaschenen Straßen und läßt den einfahrenden Fremdling hinter jeder Ecke so etwas wie den Anblick der Skyline von Manhattan erwarten. Statt dessen steht dort schließlich, wie es im Lied so schön heißt, ein Hofbräuhaus. München, einst die Hauptstadt der Bewegung, hat diese kritische Phase seiner Entwicklung erfolgreich überwunden. Heute ist es die Bewegung ohne Hauptstadt.

Die Bewegung ist imposant. In den Straßen drängt sich die Menge. In den Auslagen und Läden drängen sich die Waren. Und zwischen den Ladentischen drängen sich die Käufer. Es gibt von allem zuviel. Die Auswahl ist enorm. Die Preise sind nicht hoch. Die Leute sind alle auffallend gut angezogen. Elegant angezogen sind sie nicht. Der Trubel, besonders bei den großen Sommerausverkäufen, erreicht amerikanische Maße. Man könnte in Chikago sein und ist doch eigentlich in Oberammergau. In Oberammer-

gau, wo das ganze Jahr Kirchweih ist. Aber – Oberammergau in Illinois.
Man muß es den Amerikanern lassen, sie haben München amerikanisiert. Sie haben die Konjunktur so lange angekurbelt, bis sie selbst hinter ihr zurückgeblieben sind. Amerikanische Soldaten finden heute in München ungefähr so viel Beachtung wie ihre Kollegen von der Wach- und Schließgesellschaft. Bedrückt und komplexbehaftet sieht man sie nachts in den Kneipen um den Bahnhof über die Auswirkungen ihrer Außenpolitik grübeln und fühlt sich versucht, ihnen eine Zigarette zu schenken. Wir begegneten einem Sergeant, der mit einer chinesischen Bardame das Formosaproblem zu lösen versuchte und jedesmal, wenn die Verhandlungen sich festgefahren hatten, apodiktisch erklärte: »I'm from California...«
München ist das, was Schwechat zu sein vorgibt: eine Bierstadt. Wo in anderen Städten Restaurants sind, befinden sich in München »Bräus«. Bier gibt es hier in allen Graden, Schattierungen und Abarten. »Heller Bock«, »Salvator«, »Kulminator«. Thomas-, Spaten-, Löwen-, Pschorr-, Paulaner-, Franziskaner-, Augustinerbräu, in Tulpen, Zinnkrügen, Deckelgläsern, Stutzen und Maßkrügen aus Steingut, welche seit 800 Jahren von den Eingeborenen mit Vorliebe auch als Waffe verwendet werden. Maß für Maß, Zahn um Zahn. Es ist daher nicht ratsam, die Volksseele zu reizen. Wer trotzdem entschlossen ist, es zu tun, braucht nichts weiter als ein Glas Pilsner oder Dortmunder zu bestellen. Sonst kann er bestellen, was er will. Das Essen in diesen Restaurants spielt eine untergeordnete Rolle. Es ist eine Art Bierbeilage.
Man kann in München italienisch, jugoslawisch, spanisch, türkisch, indonesisch, chinesisch, man kann in einigen Lokalen sogar international essen; sonst kann man in München nicht essen. Zur Entschädigung dafür gibt es den Dallmayer – unseres Wissens wahrscheinlich das größte

Delikatessen- und Spezialitätengeschäft Europas. Vom Reiswein bis zum Agavenschnaps, von chinesischen Wachteleiern bis zu afrikanischen Palmherzen gibt es dort alles, was sich das Wirtschaftswunder leisten kann. Und noch mehr. Wir hegen den Verdacht, daß man hier sogar Inzersdorfer Eiernudeln bekommt.
München besitzt aber auch eine Theaterkultur. Es hat auffallend viele Kabaretts. Sie gehen alle. Es hat auch viele Theater. Auch sie gehen alle. Sie brauchen deshalb gar nicht alle gut zu sein. Aber jedesmal, wenn man das Münchner Theaterleben kritisieren möchte, werfen die Ortsansässigen das Wort Burgtheatergastspiel ins Gespräch, und man verstummt.
Aber abgesehen von der Kultur ist München auch ein Zentrum der Filmindustrie. Die Filmbranche ist bekanntlich wie ein Eisberg: Nur ein Zehntel ist sichtbar. Das sind die Filme, die wirklich gedreht werden. Neun Zehntel bestehen aus der sinnlosen Aktivität, die diese Produktionstätigkeit begleitet, behindert, unterbinden soll, unterbindet und doch nicht ganz unterbinden kann. Diese neun Zehntel füllen den öden Landstrich zwischen Schwabing und Geiselgasteig. In den Weinstuben, in den Hotelhallen, in den Espressos wird disponiert, umdisponiert, besetzt, umbesetzt, wird um Kredite angesucht, werden Kredite verweigert, legen Produzenten die Geldgeber herein und die Geldgeber die Leute, welche die Bundesbürgschaft verteilen, man spricht vom künstlerischen Gewinn, den Eddie Constantine dem deutschen Film brachte, und vom Verlust, den Marischka dem Salzburger Kasino zugefügt hat.
[...]
Die Bevölkerung Münchens besteht, wie aus jedem Geographiebuch zu ersehen ist, zu neunundneunzig Prozent aus Bayern. Merkwürdigerweise aber trifft man im Wirtschafts- und Kulturleben immer wieder jenes eine Prozent, welches sich aus dem allseits abgelehnten preußischen

Element zusammensetzen dürfte. So erscheint München, auch wenn es keine ist, wesentlich mehr als westdeutsche denn als bayrische Hauptstadt. Von ihrer besten Seite zeigte sie sich anläßlich der 800-Jahr-Feier, wobei ihre Gebäude mit zahllosen blauweißen Fahnen geschmückt waren. Im übrigen nahm das Leben einen genauso normalen Verlauf wie bei uns in Wien während der Festwochen. Als wir nach längerem Suchen einen wirklichen Münchner zu Gesicht bekamen und ihn fragten, was die Münchner anläßlich der Festwochen unternähmen, antwortete er kurz, aber bündig: »Gar nix. Mir warten aufs Oktoberfest...«

Theo Riegler

Der alte Stammgast

Er setzt sich hin mit schnaufendem Behagen
und greift nach dem verzierten Deckelkrug.
Als wüßt' er, daß die Uhr bald ausgeschlagen,
genießt er stumm den ersten langen Zug.

Er wischt den Schaum sich aus dem grauen Barte,
der sanft gezwirbelt sich nach oben schwingt,
und freut sich auf das Tellerfleisch, das zarte,
das ihm die Agnes so betulich bringt.

Dann stopft er nach dem Mahl sich seine Pfeife,
mit einem schwachen Zittern seiner Hand;
er läßt sich Zeit, daß der Genuß ihm reife,
und setzt sie mit bedächtger Lust in Brand.

Stumm schaut er zu, wie andre Karten dreschen,
die Augen werden müd, der Kopf wird schwer.
Sein Lebenslamperl ist schon am Verlöschen,
doch hat er längst schon keine Frage mehr.

Die Träume, denen er sein Herz verschrieben,
sie sind verweht so wie ein flüchtger Hauch.
Das einzige, was ihm an Lust verblieben,
ist die Erinnrung und ein bißchen Rauch.

HERBERT SCHNEIDER

November im Schloßpark

Die Kälte beugt der Bäume Nacken,
auf stillen Wegen welkt ihr Kleid.
Die Götter in den Holzbaracken
erstarren in der Dunkelheit.

Die Enten holn sich kalte Füße,
sie schnattern, und mit Recht sogar!
Sie meinen, eine Welt wie diese
sei praktisch aller Freuden bar.

Wo sind des Sommers Semmelbrocken,
der Promenanten Lockgeschrei?
Nicht mal ein alter Wehrmachtssocken
treibt an dem Schnabel-Pulk vorbei.

Die weißen Schwäne sagns den schwarzen,
sie müßten mal zur Reinigung.
Wenn sie ans Ufer steigen, knarzen
die Beine in der Halterung.

Und Worte wenn gesprochen werden,
dann wehn sie gleich als Blasen fort.
Man trifft sie nimmermehr auf Erden.
Doch siehst du auch den Führer dort?

Der Führer führt durchs kleine Schlößchen,
ein Meisterwerk des Rokoko.
Hier saßen Edeldamen Schößchen
und warn dabei von Herzen froh.

Man nannte so was Schäferspiele,
selbst im November spielte man.
Die Diener heizten, die Gefühle,
die heizten sich von selber an.

Was tats, hing draußen auch der Nebel,
hier glänzte Stuck im Kerzenschein.
Man wußte nichts von Marx und Bebel.
Die Untertanen hielt man klein.

Die Zeiten haben sich gewandelt,
das Volk latscht jetzt durch Schloß und Park.
Selbst wenn sichs um November handelt,
doch nicht wie im August so stark.

Hans F. Nöhbauer

Liebeserklärung, nachgerufen und vorausgeschickt

Seine Hoffnung sind die Türken. Für die Zukunft erwartet er sich viel von den Griechen, und er ist auch fest davon überzeugt, daß in dieser Angelegenheit die Italiener, die Jugoslawen und selbst die Brüder aus dem deutschen Norden ihren Beitrag leisten. Noch ist München nicht verloren.

Die große Stadt hat einmal klein angefangen – gute vierhundert Meter in der der einen, knappe vierhundert Meter in der anderen Richtung, und rundherum eine Mauer.

Als er nach München kam – an einem trüben Novembertag des Jahres 1950 –, war die Mauer längst schon geschleift und mehr als sechzig kleine Bauerndörfer, die sie einst umgeben hatten, waren eingemeindet. Traditionsreiche, selbstbewußte Ortschaften (viele von ihnen sehr viel älter als das wuchernde, wachsende München, dem sie nun angehörten) wurden degradiert zu Stadt-Teilen.

In der Münchner Wirklichkeit behaupteten diese verschluckten Orte aber auch weiterhin ihre Eigenart – die Au war und blieb etwas ganz anderes als das Viertel um den Odeonsplatz, in Giesing ging es ein wenig freier und luftiger zu als bei den kleinen Beamten in Neuhausen. Und Schwabing war ohnedies ein Kontinent für sich.

München war eine bairische Stadt, die aus vielen kleinen bairischen Städten bestand und ein Laimer beispielsweise ist nach Berg am Laim kaum öfter gereist als nach Traunstein oder Mühldorf. In den Vierteln hat man sich gekannt, jeder war (fast) jedem der Nachbar und die Buben haben ihre »Blasn« straßenweise organisiert. In diesem München mit den vielen Gesichtern ist der Sigi Sommer herangewachen, und von ihm erzählt der Herbert Schneider in seinem Tulbeckstraßlerlied. München leuchtete. *Über den festlichen Plätzen und weißen Säulenkomplexen, den antikisierenden Monumenten und Barockkirchen* – und über den Hinterhöfen – *spannte sich strahlend ein Himmel von blauer Seide.*

So war es auch noch anno 50, als er in die Stadt kam. Der Schnee lag über dem Bombenschutt und der graue Himmel schaute aus vielen hohlen Fassaden. Er ist trotzdem untergekommen. In der Nachbarschaft des Schwabinger Silvesterkircherls, in einem Zimmer mit Kanonenofen. Das Kammerl war eine Couch lang, eine Couch breit, und der große Barockschrank stand draußen im Gang.

Die Welt, in die er damals zog, war überschaubar wie die niederbayerische Stadt, aus der er gekommen war. Heimat wurde ihm das Gebiet zwischen Haimhauser- und Feilitzschstraße, von der Biedersteinerstraße bis hinauf zur Münchener Freiheit. In diesem Revier kannte er sich aus, hier hatte er seinen Metzgerladen für die hundert Gramm Streichwurst, den Bäcker für das Stückchen der Sarah Bernhardt-Torte (nur am Sonntag!), das Geschäft, in dem er die Milch holte – einen halben Liter, offen – und einen Tante-Emma-Laden, den man dazumal noch Kolonialwarenhandlung nannte und in dem alle Düfte der Welt sich zu mischen schienen.

München war arm, München war zerstört, aber in der Armut und Zerstörung war es selbst noch in Schwabing eine bairische, bäurische Stadt. Und Bairisch war auch die Sprache.

Der Schnee ist bald geschmolzen, die Fassaden wurden wieder mit Wohnungen »hinterfüttert«, auf den Trümmergrundstücken entstanden neue Häuser, viele Geschäfte, viele Versicherungen...

Damals etwa muß es angefangen haben, daß die bayerische Hauptstadt schick wurde: Man pries München als »Weltstadt mit Herz«, nannte es »Europas Geliebte« und war stolz, wenn es die »heimliche Hauptstadt« genannt wurde.
Das Schwabinger Haus, in dem er mehrere Jahre gewohnt hatte, wechselte den Besitzer und bald auch seine Bewohner. Eine reiche Frau vom Land hat hier ihr Geld angelegt und genau darüber nachgedacht, daß es sich vermehre.
Gerade als hätte es die kommenden Veränderungen geahnt, war kurz zuvor das alte kunstmalende Fräulein, das jahrzehntelang unterm Dach gewohnt hatte, an Altersschwäche gestorben. Der Schauspieler im ersten Stock, der von Ludwig Thoma noch gelobt worden war, folgte ihr bald nach. Verstummt ist dann auch die Sängerin, der man zwar nie ein Engagement gegeben, die aber dennoch (oder deswegen) so unerbittlich und erbarmungslos die Tonleiter geübt hat; tagtäglich von zwei bis drei, sommers wie winters.
Seit den zwanziger Jahren waren neben der verschnörkelten Haustüre die gleichen Namensschildchen zu lesen gewesen und nur die Pappschildchen der Untermieter an den Wohnungstüren haben gewechselt.
Nun aber leerte sich das alte Haus auf eine merkwürdige Weise; es war, als wirkte ein böser Zauberspruch. Zuletzt hat man auch den kriegsversehrten Rentner aus seiner Dreizimmerwohnung im Parterre getragen. Für seine Frau, die ihr Zimmerfräulein und deren Bruder so oft zum Essen eingeladen hat – immer mit dem liebenswürdig flunkernden: »Mögens Sie's net essen? Sonst muß ich's nämlich wegschütten« – fand die Hausherrin in einem nahegelegenen Neubau ein Appartement mit Kochnische.
Das Haus wurde (kostensparend) saniert, und als die Handwerker fertig waren, fuhren Möbelwagen aus KR und DU

und DO und BO vor. München leuchtete, doch vom alten Glanz war nur noch wenig zu finden.
Die 30 000 Hektar der fast-schon-Millionenstadt München hatten sich in den frühen fünfziger Jahren für die meisten Bürger auf ein paar tausend Quadratmeter und ein paar Handvoll Leute reduziert. Das Auto hat bald die weite Stadt erschlossen und sie zugleich zusammenschrumpfen lassen. Die U-Bahn machte sie schließlich zum dunklen Tunnel zwischen hellerleuchteten Stationen.
München ist modern geworden und Bairisch sprechen (nur) noch die Standlfrauen am Viktualienmarkt, die Ladnerinnen, die Straßenbahnschaffner und ein paar übriggebliebene Altbaiern.
Die Stadt München hat in ihren 826 Jahren schwedische, österreichische und französische Besatzungen überstanden. Sie ist unter mehr als dreieinhalb Millionen Bomben nicht gestorben. Die Amerikaner haben zwar ihr Gesicht verändert (wie das Gesicht aller Städte der Welt) und die Norddeutschen nahmen ihr, die sich so gerne anpaßt und anbiedert, die Sprache. Aber diese Stadt an der Isar hat noch jeden Invasor und jeden Gast verwandelt, sie war immer stärker: der Valentin, immerhin, hatte einen hessischen Vater und eine sächsische Mutter; das königliche Geschlecht der Wittelsbacher war nach einem Erbschaftsfall aus der Pfalz zugezogen, und daß früher die Mädchen in der Au besonders rassig waren, hatten sie ihren Vorvätern zu verdanken, die unter Max Emanuel als gefangene Türken hier untergebracht waren. Doch davon hat er ja anderswo schon geschrieben...

Jetzt, wo die Zuzügler in München rarer werden, kann sich die Stadt wieder erholen. Seine Hoffnung – wenn es denn noch eine gibt – sind die Türken. Für die Zukunft erwartet er sich viel von den Griechen und er ist auch fest davon überzeugt, daß in dieser Angelegenheit die Italiener und die Jugoslawen ihren Beitrag leisten – in ein, zwei Generationen werden daraus die echten Münchner, und in der dritten Generation werden selbst aus nachgeborenen Norddeutschen kernige Altbayern. Noch ist also München nicht verloren.

Bibliographie und Quellennachweis

Herausgeber und Verlag danken allen Inhabern der Urheberrechte für die freundlichst erteilte Genehmigung, die aufgeführten Beiträge abdrucken zu dürfen. Wo in Einzelfällen die Rechtsnachfolger einiger Autoren nicht ermittelt werden konnten, erklärt sich der Verlag bereit, rechtmäßige Ansprüche nach Anforderung abzugelten.

Althaus, Peter Paul (1892–1965): *Traumstadt* (S. 725)
Aus: Traumstadt und Umgebung. Sämtliche Gedichte. München o. J. (1975), S. 19, 20, 28
Mit freundlicher Genehmigung des Süddeutschen Verlages, München

Amery, Carl (geb. 1922): *Putz beißt an* (S. 267)
Aus: Die Große Deutsche Tour. München 1986, S. 36–38
Mit freundlicher Genehmigung des Süddeutschen Verlages, München

Apollinaire, Guilleaume (1880–1918): *Kleinhesseloher See* (S. 95)
Zitiert nach: Schwabing – verliebt, verrückt, vertan. Hrsg. von Oda Schaefer. München, 1972; aus »Süddeutsche Zeitung«, Ostern 1959

Bayern, Konstantin von (1920–1969): *Nach der Sintflut* (S. 221)
Aus: Nach der Sintflut. Berichte aus einer Zeit des Umbruchs 1945–1948, S. 12, 15–17
Mit freundlicher Genehmigung des Süddeutschen Verlages, München

Becher, Johannes R. (1891–1958): *München – Café Stefanie* (S.238)
Aus: Gesammelte Werke, Band IV. Gedichte 1936–1941
Mit freundlicher Genehmigung des Aufbau Verlages, Berlin und Weimar

Ben-Chorin, Schalom (geb. 1913): *München* (S. 212)
Aus: Hans Lamm, Von Juden in München. Ein Gedenkbuch. München 1958
Mit freundlicher Genehmigung des Ner Tamid Verlages, München

Bergengruen, Werner (1892–1964): *Liebe zu München* (S. 196)
Aus: Deutsche Reise. München o. J., S. 178/179
Mit freundlicher Genehmigung des Arche-Verlag, Zürich

Bierbaum, Otto Julius (1865–1910): *München* (S. 73)
Aus: »Morgen«, Jhg. 1907, Nr. 23

Münchener Studentenlied (S. 78)
Aus: Irrgarten der Liebe. Leipzig 1908

Britting, Georg (1891–1964): *Auf dem Sankt Anna Platz – Nachts im Englischen Garten* (S. 198)
Aus: Sämtliche Werke. Bd. II u. IV (in Vorbereitung)
Mit freundlicher Genehmigung des Süddeutschen Verlages, München

Busch, Wilhelm (1832–1908): *Nach München, der berühmten Stadt* (S. 72)
Aus: Gruß an den Münchner Verleger der »Lustigen Blätter«, Kaspar Braun, München (1907), zitiert nach Jürgen von Hollander (Hrsg.), München, ein deutscher Himmel. München 1972

Carossa, Hans (1878–1956): *Ein Tag in München* 1943 (S. 205)
Aus: Sämtliche Werke in zwei Bänden, 1978
Mit freundlicher Genehmigung des Insel Verlages, Frankfurt am Main

Christ, Lena (1881–1920): *Das Mädchen vom Lande* (S. 92)
Aus: Erinnerungen einer Überflüssigen. In: Sämtliche Werke in drei Bänden, Bd. I. München 1988
Mit freundlicher Genehmigung des Süddeutschen Verlages, München

Ehbauer, Michl (1899–1964): *In München muaß i lebn!* (S. 254)
Aus: Gereimtes und Ungereimtes. München 1984, S. 9–11
Mit freundlicher Genehmigung des Süddeutschen Verlages, München

Eich, Günter (1907–1972): *Gegenwart* (S. 265)
Aus: Botschaft des Regens. Frankfurt am Main 1955
Mit freundlicher Genehmigung des Suhrkamp-Verlages, Frankfurt am Main, »Gegenwart«

Feuchtwanger, Lion (1884–1958): *Balthasar Hierl* (S. 173)
Aus: Erfolg. Frankfurt am Main 1973, S. 214/215
Mit freundlicher Genehmigung des Albert Langen-Georg Müller Verlag GmbH, München)

Finck, Werner (1902–1978): *Lizenz!* (S. 232)
Aus: Alter Narr – was nun? München 1972, S. 223/224
Mit freundlicher Genehmigung des F. A. Herbig Verlagsbuchhandlung GmbH., München

Fleißer, Marieluise (1901–1974): *In den Kammerspielen* (S. 138)
Aus: 50 Jahre Schauspielhaus, 25 Jahre Kammerspiele im

Schauspielhaus. München 1951; zitiert nach: Hollweck, Ludwig (Hrsg.), Begegnung mit München. Regensburg 1984

Frênes, Alix du (1925–1981): *Oktoberabend 1901* (S. 63)
Aus: Die Goldenen Zeiten. München 1958, S. 5–8
Mit freundlicher Genehmigung des Süddeutschen Verlages, München

Geissler, Horst Wolfram (1893–1986): *Die Leopoldstraße* (S. 257)
Aus: Alles kommt zu seiner Zeit. München 1953, S. 23–26
Mit freundlicher Genehmigung des Ehrenwirt Verlages, München

George, Stefan (1868–1933): *München – Herbergen in der Au* (S. 71)
Aus: Werke. Ausgabe in zwei Bänden. Band 1, Stuttgart 1984
Mit freundlicher Genehmigung des Verlages Klett-Cotta, Stuttgart

Graf, Oskar Maria (1894–1967): *... München?* (S. 149)
Aus: Notizbuch des Provinzschriftstellers Oskar Maria Graf 1932. Erlebnisse, Intimitäten, Meinungen. Basel, 1932
Mit freundlicher Genehmigung des Süddeutschen Verlages, München

Hacks, Peter (geb. 1928): *Schwabing 1950* (S. 244)
Aus: Schaefer, Oda (Hrsg.), Schwabing – verliebt, verrückt, vertan. München 1972, S. 182 (Ms.)
Rechte beim Autor

Halbe, Max (1865–1944): *In den Umsturztagen* (S. 127)
Aus: Elixiere des Glücks. Salzburg 1942, S. 47–49

Hausenstein, Wilhelm (1882–1957): *Dichtermilieu in der Ainmillerstraße* (S. 120)
Aus: Erinnerung an Rilke. In: Liebe zu München. München 1958
Mit freundlicher Genehmigung von Margot Hausenstein, Gainesville/Florida

Heimeran, Ernst (1902–1955): *Mein erster Kuß* (S. 117)
Aus: Lauter wahre Geschichten. München 1969
Mit freundlicher Genehmigung des Heinrich Hugendubel Verlages, München

Heine, Heinrich (1797–1856): *In München* (S. 31)
Aus: Buchers Miniaturen: München. Bd. 32. Luzern und Frankfurt am Main 1972

Heisenberg, Werner (1901–1976): *An der Universität* (S. 282)

Aus: Schritte über Grenzen. München, 1971
Mit freundlicher Genehmigung des R. Piper Verlages, München
Herking, Ursula (1912–1974): *Angsttraum* (S. 237)
Aus: Das literarische Kabarett. München 1946
Mit freundlicher Genehmigung der Erben von Ursula Herking
Heyse, Paul (1830–1914): *König Max und das alte München* (S. 43)
Aus: Jugenderinnerungen und Bekenntnisse. Berlin 1900, S. 174–176
Weihspruch in das »Goldene Buch« der Stadt München (S. 45)
Aus: München im Lied. Hrsg. v. Wilhelm Steuerwald. München und Leipzig 1907
Hoegner, Wilhelm (1887–1980): *Der Neubeginn* (S. 224)
Aus: Proebst/Ude (Hrsg.), Denk ich an München. München 1966, S. 267–269
Mit freundlicher Genehmigung des Heinrich Hugendubel Verlages, München
Hoferichter, Ernst (1895–1966): *Im Treibhaus der Poesie* (S. 250)
Aus: Die Seerose. Ein Beitrag Schwabings zur 800-Jahr-Feier der Stadt München. München 1958
Mit freundlicher Genehmigung von Karl Ude, München
Holitscher, Arthur (1869–1941): *Die Münchner Jahre* (S. 127)
Aus: Lebensgeschichte eines Rebellen. Berlin 1924, S. 197–199
Mit freundlicher Genehmigung der S. Fischer Verlag GmbH, Frankfurt am Main
Horvath, Ödön von (1901–1939): *Wiesenbraut und Achterbahn* (S. 152)
Aus: Notizen zu einem Abend auf dem Oktoberfest. Zitiert nach einem Nachwort zu »Kasimir und Karoline«. Frankfurt am Main 1984, S. 159
Mit freundlicher Genehmigung des Suhrkamp Verlages, Frankfurt am Main
Huch, Ricarda (1864–1947): *Kurt Eisners Ermordung* (S. 122)
Aus: Erinnerungen an das eigene Leben. Köln 1980, S. 435–441
Mit freundlicher Genehmigung des Verlages Kiepenheuer & Witsch, Köln
Kästner, Erich (1899–1974): *Münchner Alltag* (S. 270)
Aus: Kästner für Erwachsene. Hrsg. v. Rudolf Walther Leonhard. Frankfurt am Main 1966, S. 500–503

Mit freundlicher Genehmigung von Dr. Ulrich Constantin, München

Keller, Gottfried (1819–1890): *Begegnung mit München* (S. 33)
Aus: Der Grüne Heinrich; zitiert nach Buchers Miniaturen, Bd. 32: München. Luzern und Frankfurt am Main 1972
München (S. 34)
Aus: Sämtliche Werke, Band 13: Frühe Gedichte. Bern und Leipzig 1939

Klabund (1890–1928): *Marietta* (S. 133)
Aus: Marietta. Die »Silbergäule«. Eine radikale Bücherreihe. Bd. 79, Hannover 1920, S. 6–8

Koelwel, Gottfried (1889–1958): *Der Hofgarten – Beim Anblick der zerstörten Stadt* (S. 214)
Aus: Münchner Elegien. In: Prosa/Dramen/Verse. Bd. III. München 1964, S. 171–181
Mit freundlicher Genehmigung des Albert Langen-Georg Müller Verlag GmbH, München

Kolb, Annette (1870–1967): *Ein ungeheures Fest* (S. 87)
Aus: Die Schaukel. Frankfurt am Main 1934, Copyright renewed 1962 by Annette Kolb, S. 25–34
Mit freundlicher Genehmigung der S. Fischer Verlag GmbH, Frankfurt am Main

Kolbenhoff, Walter (geb. 1908): *In der Schellingstraße* (S. 235)
Aus: Erfahrungen mit Deutschland. Frankfurt am Main 1984, S. 19–21
Mit freundlicher Genehmigung des Fischer Taschenbuch Verlag GmbH, Frankfurt am Main

Kreis, Julius (1891–1933): *Der Fremdling und die Weißwurst* (S. 131)
Aus: Kleine Welten. München 1936, S. 82–84
Mit freundlicher Genehmigung des Heinrich Hugendubel Verlages, München

Kühn, August (geb. 1934): *Nur ein Ausflug?* (S. 186)
Aus: Zeit zum Aufstehen. Frankfurt am Main 1975, S. 351–355
Mit freundlicher Genehmigung des Franz Schneekluth Verlages, München

Ludwig I., König von Bayern (1786–1868): *In München nach meiner Zurückkunft aus Griechenland – Bey Legung des Grundsteins zum großen Münchner Theater – An Lola* (S. 26)

Aus: Gedichte. Hrsg. v. Hannes Macher. Pfaffenhofen an der Ilm 1980, S. 90, 91, 139

Lutz, Josef Maria (1893–1972): *Der Ochse August* (S. 247)
Aus: Die schönsten Geschichten. Pfaffenhofen an der Ilm 1974
Mit freundlicher Genehmigung des W. Ludwig Verlages, Pfaffenhofen an der Ilm/München

Mann, Heinrich (1871–1950): *Kampf um München als Kulturzentrum* (S. 162)
Aus: Kampf um München als Kulturzentrum. Sechs Vorträge. München 1926, S. 13–19
Mit freundlicher Genehmigung des Aufbau Verlages, Berlin und Weimar

Mann, Klaus (1906–1949): *München, Sommer 1929* (S. 181)
Aus: Der Wendepunkt. München 1969
Mit freundlicher Genehmigung des Ellermann Verlages, München

Mann, Thomas (1875–1955): *München leuchtete...* (S. 67)
Aus: Gladius Dei. 1902, in: Sämtliche Erzählungen, 1963
Stadt der Menschlichkeit (S. 184)
Aus: München und das Weltdeutsche. In: Gesammelte Werke, Bd. X, Reden und Aufsätze, 1960, 1974
Mit freundlicher Genehmigung der S. Fischer Verlag GmbH., Frankfurt am Main

Mairetta (di Monaco; eigentlich Maria Kirndörfer) (1893–1981): *Meine erste Skizze – Eine Autobiographie* (S. 111)
Aus: Ich kam – ich geh. München 1962, S. 6
Mit freundlicher Genehmigung des Süddeutschen Verlages, München
Schwabinger Glaubensbekenntnis (S. 275)
München o. J. Privatdruck, zitiert nach: Geliebtes Schwabing. Hrsg. von Werner Rukvid. München, 1970

Mozart, Wolfgang Amadeus (1719–1787): *Unter all den Städten...* (S. 17)
Zitiert nach Buchers Miniaturen. Bd. 32: München. Luzern und München 1972

Mühsam, Erich (1878–1934): *Beschauliche Weisheit* (S. 112)
Aus: Ausgewählte Werke. Band 1. Düsseldorf 1961, S. 65
Mit freundlicher Genehmigung des Brücken Verlages, Düsseldorf
Fasching 1914 (S. 112)

Aus: Namen und Menschen. Unpolitische Erinnerungen. Berlin 1977, S. 208/209

Nicolai, Friedrich (1733–1811): *Der Karakter der bairischen Nation* (S. 21)
Aus: Westenrieder/Nicolai, In München Anno 1782. Hrsg. v. Ludwig Hollweck. München 1970, S. 131–134

Nöhbauer, Hans, F. (geb. 1929): *Liebeserklärung, nachgerufen und vorausgeschickt* (S. 293)
Aus: Liebeserklärung an München, hrsg. von Kurt Wilhelm, Pfaffenhofen, 1984

Owlglass, Dr. (Hans Erich Blaich) (1873–1945): *Der Sündenbock* (S. 197)
Aus: Des Leib- und Seelenarztes Dr. Owglass Rezeptbuch. München 1955
Mit freundlicher Genehmigung der Nymphenburger Verlagshandlung GmbH, München

Panizza, Oskar (1853–1821): *Über die Stadt München* (S. 57)
Aus: Das Liebeskonzil und andere Schriften. Neuwied 1964, S. 166f.
Mit freundlicher Genehmigung des Hermann Luchterhand Verlages, Neuwied–Darmstadt

Pezzl, Johann (1756–1823): *München 1784* (S. 24)
Aus: Reise durch den Baierschen Kreis. 1784. München 1973, S. 123–125

Possart, Ernst von (1841–1921): *Von Franz Lachner zu Hans von Bülow* (S. 47)
Aus: Erstrebtes und Erlebtes. Berlin 1916
Mit freundlicher Genehmigung des Verlages Toeche-Mittler, Darmstadt

Preetorius, Emil (1883–1973): *Münchener Erinnerungen* (S. 228)
Aus: Über die Kunst und ihr Schicksal in dieser Zeit. Reden und Aufsätze. Stuttgart 1953, S. 59f.

Qualtinger, Helmut (1928–1987): *München wie es ist und bleibt* (S. 286)
Aus: Qualtingers beste Satiren. München 1975
Mit freundlicher Genehmigung des Albert Langen-Georg Müller Verlag GmbH, München

Queri, Georg (1879–1919): *Münchner Märchen* (S. 94)
Aus: Das Georg-Queri-Buch. Bamberg 1953
Mit freundlicher Genehmigung des R. Piper Verlages, München

Raimund, Ferdinand (1790–1836): *Ich lob die Stadt* (S. 29)
Aus: München im Gedicht. Hrsg. v. Hermann Gerstner. München 1966, S. 161

Retzer, Wugg (1905–1984): *Im roten Licht von Schwabylon* (S. 263)
Aus: Münchner Notizbücherl. München 1960
Mit freundlicher Genehmigung von Herrn Florian Retzer

Reventlow, Franziska von (1871–1918): *Tagebuch-Notizen* (S. 98)
Aus: Tagebücher 1895–1910. München 1971, S. 476–480
Mit freundlicher Genehmigung des Albert Langen-Georg Müller Verlag GmbH, München

Riegler, Theo (1904–1985): *Der alte Stammgast* (S. 290)
Aus: München im Gedicht. Hrsg. v. Hermann Gerstner. München 1966, S. 126
Mit freundlicher Genehmigung des Süddeutschen Verlages, München

Ringelnatz, Joachim (1883–1934): *Das Simplicissimus-Lied* (S. 146)
Aus: 30 Jahre Simpl. München 1932
München (An die Schwiegereltern) – München (Nach einer Herrenstammtisch-Nacht, versehentlich an die Steuerbehörde gesandt) (S. 147)
Aus: Und auf einmal steht es neben dir. Gesammelte Gedichte. Berlin 1950, S. 181/182
Mit freundlicher Genehmigung des Karl H. Henssel Verlag, Berlin

Rinser, Luise (geb. 1911): *Martins Reise* (S. 240)
Aus: Martins Reise. Zürich 1949, S. 147/148
Mit freundlicher Genehmigung des Verlag pro juventute, Zürich

Roda-Roda, Alexander (1872–1945): *München* (S. 139)
Aus: Schwabylon oder Der sturmfreie Junggeselle. Wien 1922, S. 9–17
Mit freundlicher Genehmigung des Paul Zsolnay Verlages, Wien

Roth, Eugen (1895–1970): *Ein Erlebnis* (S. 261)
Aus: Das neue Eugen Roth-Buch. München 1970, S. 112
Am Friedensengel (S. 262)
Aus: Traum des Jahres. München, 1985
Mit freundlicher Genehmigung von Dr. Eugen Roth Erben, München

Ruederer, Josef (1861–1915): *Der Fasching* (S. 79)
Aus: München. Bierheim und Isar-Athen. Satiren und Erzählungen. München 1987

Schlagintweit, Felix (1868–1950): *cand. med. in München* (S. 54)
Aus: Ein verliebtes Leben. München 1981, S. 59–62
Mit freundlicher Genehmigung des Süddeutschen Verlages, München

Schneider, Georg (1902–1972): *Altes Karussell* (S. 252)
Aus: Atem der Jahre. München, 1960
Mit freundlicher Genehmigung des Albert Langen-Georg Müller Verlag GmbH, München

Schneider, Herbert (geb. 1922): *November im Schloßpark* (S. 291)
Aus: Turmschreiber-Kalender 1986. Pfaffenhofen a. d. Ilm 1985
Mit freundlicher Genehmigung des W. Ludwig Verlages, Pfaffenhofen an der Ilm/München

Sommer, Siegfried (geb. 1914): *Mietshaus 46 in der Mondstraße* (S. 192)
Aus: Und keiner weint mir nach. München 1984, S. 10–13
Mit freundlicher Genehmigung des Süddeutschen Verlages, München

Steub, Ludwig (1812–1888): *Des Kronprinzen Maximilian Hochzeit im Oktober 1842* (S. 35)
Aus: Kleinere Schriften. Bd. IV. Stuttgart 1875

Stieler, Karl (1842–1885): *Die nationale Metropole des Südens* (S. 42)
Aus: Zur künstlerischen und wissenschaftlichen Entwicklung Münchens im XIX. Jahrhundert. 1878. In: Bilder aus Bayern. Stuttgart, 1908, S. 363–366

Strauss, Richard (1864–1949): *Die Münchener Oper* (S. 171)
Aus: Betrachtungen und Erinnerungen. Hrsg. von Willi Schuh. Zürich/Freiburg/Brg., 1949
Mit freundlicher Genehmigung von Frau Alice Strauss, Garmisch-Partenkirchen

Thoma, Ludwig (1867–1921): *Torggelstube* (S. 83)
Aus: Gesammelte Werke in 6 Bänden, Bd. 1. München 1968
Mit freundlicher Genehmigung des R. Piper Verlages, München

Valentin, Karl (1882–1948): *Am Marienplatz – Gespräch am Springbrunnen* (S. 176)

Aus: Gesammelte Werke. München 1961
Mit freundlicher Genehmigung des R. Piper Verlages, München

Vogel, Hans-Jochen (geb. 1929): *Thomas Wimmer und ich* (S. 278)
Aus: Proebst/Ude (Hrsg.), Denk ich an München. München 1966, S. 296–298
Mit freundlicher Genehmigung des Heinrich Hugendubel Verlages, München

Vring, Georg von der (1889–1968): *Nymphenburger Herbst* (S. 285)
Aus: Der Mann am Fenster. Neue Gedichte. München–Wien 1964
Mit freundlicher Genehmigung der Albert Langen-Georg Müller Verlag GmbH, München

Wassermann, Jakob (1873–1934): *Gründung des Simplicissimus 1896* (S. 59)
Aus: Lebensdienst. Berlin 1928
Mit freundlicher Genehmigung des Albert Langen-Georg Müller Verlag GmbH, München

Wedekind, Frank (1864–1918): *Tagebücher 1889* (S. 51)
Aus: Die Tagebücher. Ein erotisches Leben. Hrsg. v. Gerhard Hay. Frankfurt am Main 1986
Mit freundlicher Genehmigung des Athenäum Verlages, Frankfurt am Main

Wedekind, Tilly (1886–1970): *»Franziska«* (S. 81)
Aus: Die Rolle meines Lebens. München 1969, S. 139/140
Mit freundlicher Genehmigung der Erben von Tilly Wedekind

Weiß-Ferdl (1883–1949): *Ein Wagen von der Linie acht* (S. 200)
Aus: Bayerische Schmankerl. München 1968
Mit freundlicher Genehmigung des Süddeutschen Verlages, München

Westenrieder, Lorenz (1748–1829): *Von dem Karakter der Eingebornen* (S. 18)
Aus: Westenrieder/Nicolai, In München Anno 1782, S. 129–131
Herausgegeben von Ludwig Hollweck. München 1970

Wolfe, Thomas (1900–1938): *An Aline Bernstein* (S. 153)
Aus: Wolfe, Briefe. Reinbek bei Hamburg, 1961
Mit freundlicher Genehmigung des Rowohlt Verlages GmbH, Reinbek b. Hamburg

Wolfskehl, Karl (1869–1948): *Das unsterbliche München* (S. 103)
Aus: Bild und Gesetz. Gesammelte Abhandlungen. Deutsch-Schweizerische Verlagsanstalt 1930, S. 109–116

Zuckmayer, Carl (1896–1977): *»Dieser Herrbscht 1923..«* (S. 135)
Aus: Als wärs ein Stück von mir. Frankfurt am Main 1966, S. 368–371
Mit freundlicher Genehmigung der S. Fischer Verlag GmbH, Frankfurt am Main